ドキュメント

# アメリカ先住民

## あらたな歴史をきざむ民

鎌田 遵

KAMATA, Jun

大月書店

ドキュメントアメリカ先住民

# 目次

装丁　桂川　潤
写真　鎌田　遵

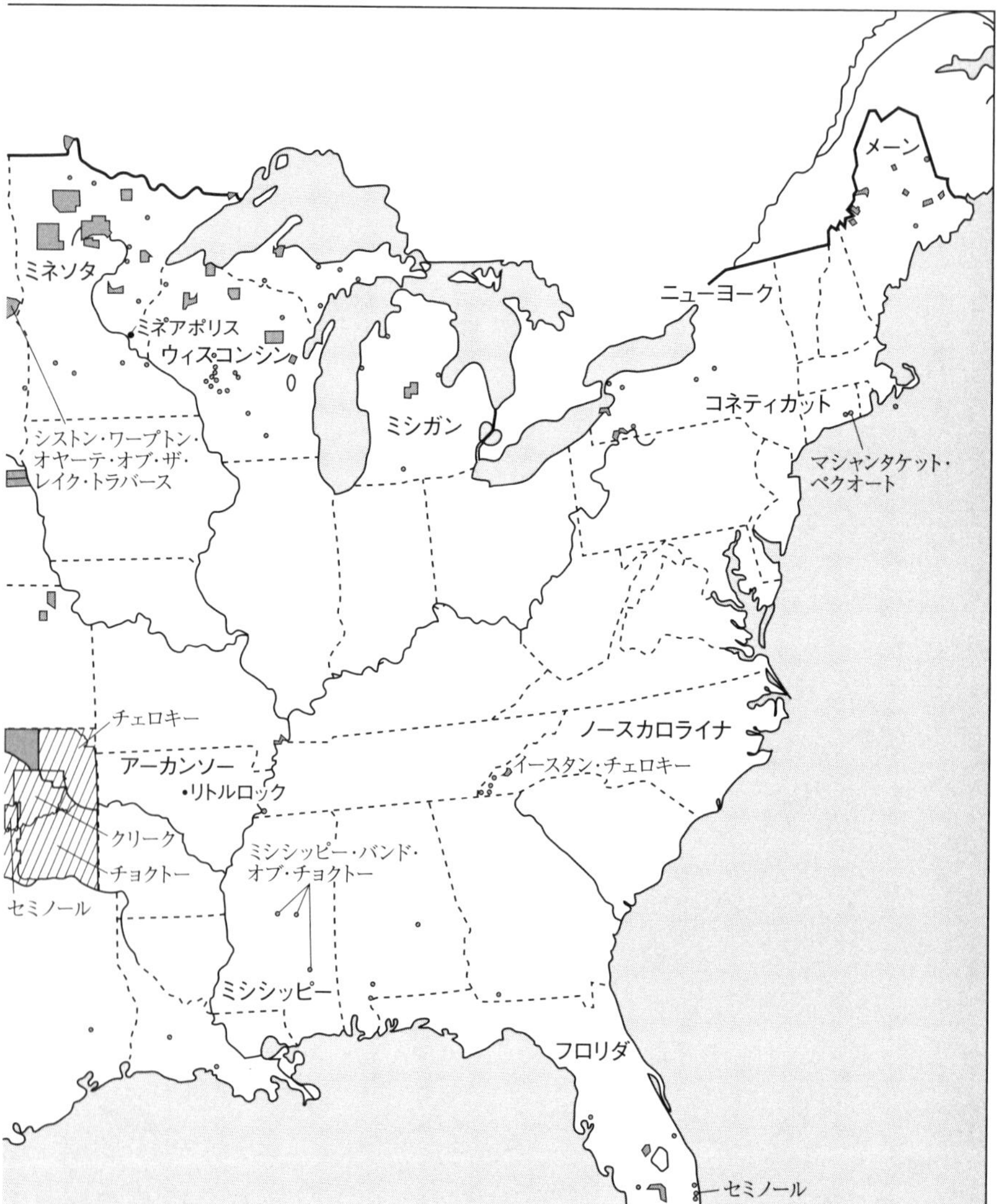

メーン
ミネソタ
ニューヨーク
ミネアポリス
ウィスコンシン
ミシガン
コネティカット
シストン・ワープトン・
オヤーテ・オブ・ザ・
レイク・トラバース
マシャンタケット・
ペクオート
チェロキー
ノースカロライナ
アーカンソー
イースタン・チェロキー
•リトルロック
クリーク
ミシシッピー・バンド・
オブ・チョクトー
チョクトー
セミノール
ミシシッピー
フロリダ
セミノール

## 本書に登場するおもな部族（■は連邦政府承認居留地）

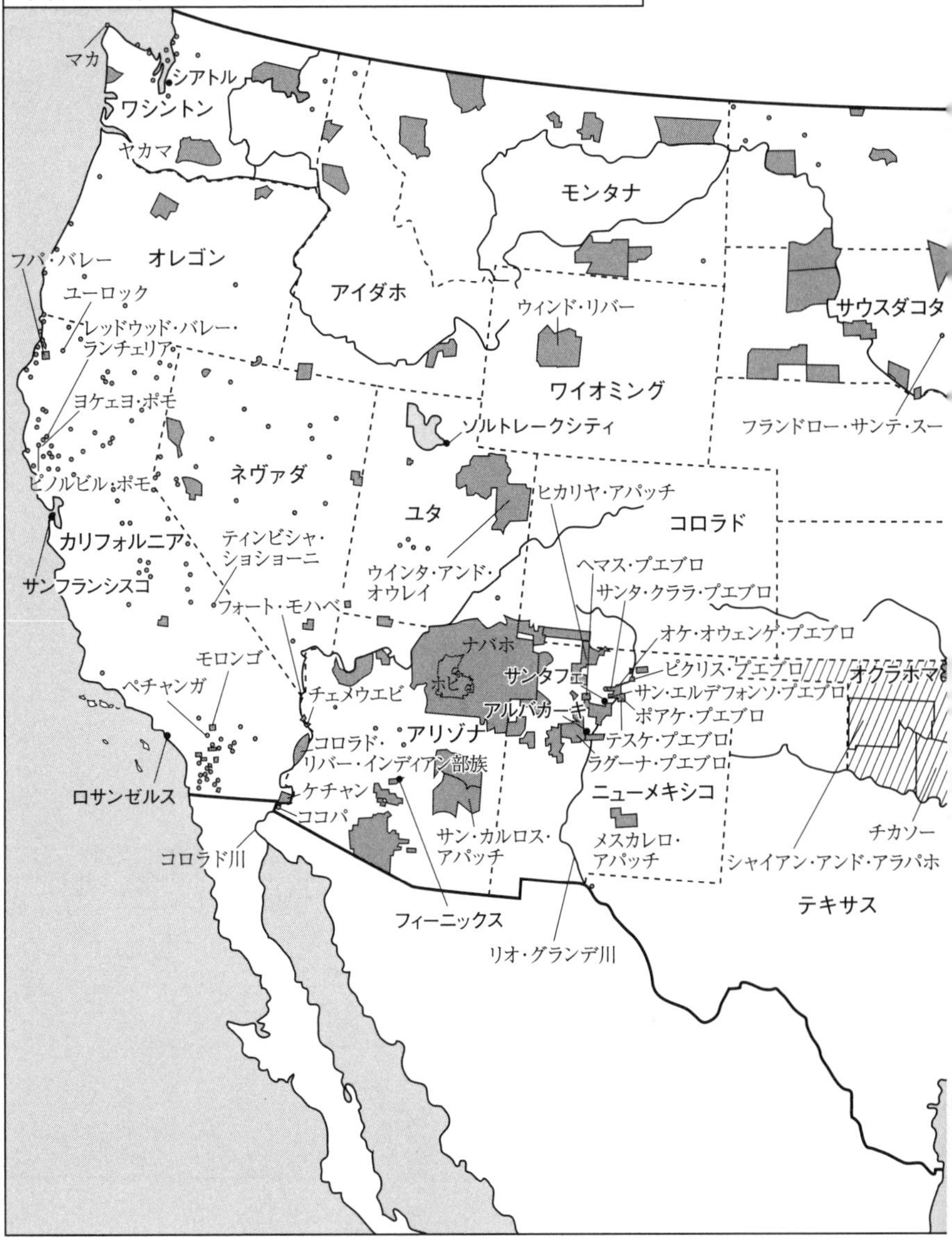


注：チェロキー、チョクトー、チカソー、クリーク、セミノールの5部族は、1830年代にオクラホマ州のインディアン・テリトリーへの移住を強制された。現在にいたるまで、その多くがオクラホマ州東部と中部に居住しているが、これらの5部族に関して、連邦政府が承認する居留地は同州に存在しない（詳細は第5章）。

# はじめに——ちいさな部族の記録

## 「インディアンを殺せ」

二〇一一年三月一四日、東京電力福島第一原子力発電所三号機が水蒸気爆発を起こした。

そのときわたしは、ワシントン州沿岸部、太平洋にせりだしたオリンピック半島の西端、ニア・ベイ（以下、ニア湾）に面した、アメリカ先住民マカ族の居留地に滞在していた。州最大の都市であるシアトルから、クルマで五時間。伝統文化の捕鯨について調査するために訪れた海辺の居留地で、部族の人たちから日本の原発が不気味な煙を天空に放出している、と知らされた。居留地にいるあいだ、原発による未曾有の惨事、「エコサイド」（環境への壊滅的な影響によって生じる生態系破壊、および人びとの暮らしや健康、文化などを根こそぎ破壊する暴力）の詳細は把握できなかった。しかし、日本の原発事故は、太平洋をはさんだマカ族の居留地でも、一大関心事になっていた。

マカ族は海への信仰が厚いことで知られている。目の前にひろがる大海は神々が宿る場所であり、彼らの宗教儀式に欠かすことのできない聖地だ。海での営みが生活の大部分を占めるマカ族は、どこの海の水も自分たちと密接につながっていると考えている。だから、はるか日本の原発が引き起こした最悪のエコサイドを、対岸の火事とはとらえていなかった。

部族長のマイカ・マッカーディー（四〇歳）は厳しい面持ちで、

「遠くの海で起こっていることは、必ず自分たちのところにやってくる。これは世界中に影響する大惨事です。海とともに生きる民はこれからどうすればいいのでしょうか」

と、太平洋にひろがる核汚染を心配していた。

三月一一日に大津波が東日本地域を襲った翌日、余波は遠く離れたニア湾にもやってきた。部族の人たちは、海面が三〇センチほど盛り上がったのを目撃したという。地図の上では遠い日本だが、大海はたしかにつながっている。

海はひとつと信じる彼らの思想は、部族の歴史にも垣間見ることができる。マカ族はむかしから、アジアやロシアから漂着した難破船がもたらした鉄や銅（食器や工具など）、漂着物を大事に保管し、生活に取り入れてきた。一九世紀半ばに白人と接触する前から、すでに鉄製の道具を積極的に活用していた点で、ほかの内陸部の部族とはことなっていた。

さらに、日本とマカ族の関係は意外にも深い。一八三四（天保五）年、現在の愛知県知多郡美浜町の漁師、音吉ら三人が漁の最中に行方不明になり、ニア湾の海岸に漂着した。日本の海で遭難した漁師が波と風に流されて、マカ族の世界にたどり着いたことは、先住民の土地と日本とが、海で結ばれていることの証明である。

部族の人たちは、日本人が流れ着いた史実に特別な思いを抱いており、居留地の中心部にある博物館には、太平洋を渡ってきた漁船を縮小したレプリカが展示されている。

マカ族には二〇〇〇年以上もつづく、ザトウ鯨とコク鯨の捕鯨の歴史がある。彼らにとって捕鯨は、一致団結しておこなう宗教行事であり、伝統文化の根幹をなす精神的な支えでもある。しかし、激減した鯨を保護するため、部族は一九二〇年代から伝統捕鯨を自主的に中止し、鯨の復活を祈っていた。

けれども、一九九四年には鯨の数がふえ、絶滅の危機を脱したとの判断から、マカ族は捕鯨再開を目指すようになった。彼らの訴えをうけて、国際捕鯨委員会は一九九七年、二年間に四頭までという制限を守ることを条件に、マカ族の捕鯨を認めた。

それ以来、反捕鯨団体、環境団体、動物愛護団体など、国内外のさまざまな団体、または個人から、嫌がらせの電話や脅迫メールが数多く届くようになった。

博物館の職員、カート・ハッチェンドーフ（六一歳）は、部族の捕鯨についてこう話す。

「自分たちはむかしから細々と捕鯨をしていただけです。それなのに、鯨は絶滅寸前になりました。白人の乱獲が原因で、鯨が海から姿を消してしまったのです」

マカ族の捕鯨を許せば、日本やノルウェーの商業捕鯨を容認することになると危惧した環境団体や動物愛護団体の人たちが、人口およそ一〇〇〇人あまりのちいさな居留地につぎつぎとやってきて、派手な抗議行動をおこなった。

そして、マカ族の伝統捕鯨に反対する運動のうねりは、一九九八年に頂点に達した。

「鯨を殺すな、インディアンを殺せ」

過激な文言のプラカードを掲げた人たちは、一〇〇人以上におよんだ。ハッチェンドーフは当

カート・ハッチェンドーフ

時をこうふり返る。

「彼らは、純粋に環境保護を訴えているというより、ただ単に人種差別的な攻撃をしているように見えました。本当の環境保護主義者とは対話をもつことができましたが、人種差別を前面に押しだす人たちとは、話をすることもできませんでした」

部族は、こうした反対を受けながらも、一九九九年に一頭のコク鯨を捕獲した。それはおよそ七〇年ぶりの捕鯨だった。しかしそれ以降、二〇〇七年に部族内の急進派が許可を得ずに、コク鯨一頭を捕獲した一件以外、捕鯨は実現していない。

激化する反対運動を踏まえて、地方裁判所は二〇〇九年、マカ族が捕鯨を再開するにあたっては、海洋哺乳類保護法の免除を受けなければならないという規制を設けた。部族への同法の免除は、二〇一一年現在もまだ審議中なので、マカ族の人びとは先祖代々つづけてきた捕鯨をおこなえない状態にある。

彼らは一九世紀半ばに白人に侵略されて以来、土地の大半を奪われただけでなく、伝統的な食文化の継承もできない状況に追いこまれている。

## 白人の病

マカ族は、アメリカ合衆国（以下、アメリカ）の四八州（アラスカ、ハワイを除く）で、アメリカ連邦政府（以下、連邦政府）と国際捕鯨委員会から捕鯨の許可を得ている唯一の部族だ。その発端は一五六年前、部族が白人と交渉の席についたときにさかのぼる。

一八五五年にマカ族は、連邦政府と「ニア湾条約」を締結した。開拓者精神《フロンティア・スピリット》を掲げ、西にむかう侵略者が作成した条約には、白人による部族社会への干渉の容認、土地の譲渡（正確には一方的な押収といえる）などが盛りこまれており、きわめて不平等な内容だった。

この条約に関しては、連邦政府の代表者と四二名のマカ族の代表者が議論をおこない、合意にいたったといわれている。しかしこのとき、白人との話し合いに参加したマカ族の代表者は、誰も英語がわからなかった。そのため、交渉にはチヌーク混成語（おもにチヌーク族などの太平洋沿岸部の部族の言語とヨーロッパ系の言語などを混ぜた貿易用の言語）が使われたのだが、条文は英語で記されていた。法律や土地の譲渡に関する複雑な文章は理解されないままだった。

白人から不平等な関係を押しつけられながらも、部族は条約のなかに、捕鯨をつづける権利だけは確保した。部族文化にもっとも重要な伝統を、彼らはなによりも優先し、守ろうとしたのだ。ところが、せっかく死守した権利も、現在は連邦政府からないがしろにされている。

また、条約が認めた部族の領土は、オリンピック半島一帯をふくむ広大なものだった。しかし、約束は履行されず、現在のマカ族居留地は、半島の突端に位置する土地のほんの一部、約一〇キロ四方にすぎない。

マカ族の代表者たちが不平等な条約に同意した背景には、先住民が歩んできた悲惨な歴史がある。部族が交渉の席につく三年前の一八五二年ごろ、白人との接触によって天然痘が集落に蔓延《まんえん》し、あっというまに部族の人びとの命を奪った。

「白人たちは、条約に署名すれば、不治の病を治す薬を全員にあたえるといい寄ってきました。わたしたちの祖先は天然痘に完膚なきまでに打ちのめされ、藁《わら》にもすがる思いで署名に応じたのですが、薬はおろか食料も支給されませんでした」

と、ハッチェンドーフは歴史の不条理を訴える。

その後も白人がもちこんだ伝染病は、なんどとなく部族を襲い、人口は減少の一途をたどった。ハッチェンドーフによると、白人がやってくる前は、地域に一万人以上ともいわれた部族人口は、一八九〇年にはわずかに四五四人を残すだけになった。

先住民の歴史はつねに、あとからやってきた白人の迫害や圧政にどうむきあっていくか、という苦闘の連続だった。鯨だけでなく、オヒョウ（カレイの仲間）などの魚も、白人漁民や娯楽目的の釣り人の乱獲によって激減した。

連邦政府は、白人企業による漁業は認めるいっぽうで、先住民の漁師にはさまざまな規制を課している。結果として、居留地内では漁業労働者の雇用を生めない状況がつくりだされた。大都市から離れた沿岸部の部族から漁業をとってしまえば、できる仕事は限られており、居留地の経済は困窮を極めている。

しかも、ニア湾沿岸で獲れた魚はすべて大都市に運ばれる。海の幸が豊富な地域であるにもか

ニア湾に停泊している漁船。しかし、そのほとんどが部族員のものではない。漁場は白人に独占されている。

かわらず、居留地には生魚店が一軒もなく、唯一のスーパーマーケットの生鮮食品コーナーには、遠くから運ばれてきた冷凍の牛肉や豚肉が並んでいるだけである。

「三〇年前まで、景気が悪いときでも失業率は一五パーセントぐらいでした。いまでは六〇パーセントになります。完全に漁ができない時期は八〇パーセントにまで上がります」

辺境に位置しているため、限られた観光業か小規模の経済開発しか見込めない漁村の現状を、ハッチェンドーフは額に手をあてがって切々と訴えた。漁業を生業としてきた部族の、生活文化の継承が危うくなっている。

## 伝統捕鯨と未来

マカ族の人たちは、歴史的に捕鯨に携わってきた家族（氏族）を高貴な家系と位置づけている。大海原に銛《もり》を撃つ銛師は、部族社会でもっとも尊敬される職業だ。銛師の家庭では、伝統的な捕鯨の方法と哲学が、いまにいたるまでひそかに伝えられてきた。子孫はその血筋を誇りにしている。捕鯨は部族全体の宝であり、共同体の意識と団結力を高める行事である。

マカ族捕鯨委員会のグレッグ・コルファックス（六三歳）は、こう説明した。

「捕鯨は鯨の肉を得るためだけの行為ではなく、精神世界とのつながりを確認することでもあり、宗教儀式の役割があるのです。白人が教会に行くのとおなじようなものです」

コルファックスによると、銛師の妻は、夫が漁にでているあいだ、寝室で静かに待つしきたりがあるという。妻と鯨はつながっており、彼女の挙動は鯨の動きと連繋《れんけい》している、と部族社会では伝えられているからだ。銛師の妻が家で安静に過ごしていれば、鯨も人間が放つ銛をやさしく身体に受け入れ、魂を捧げてくれる。そんな信仰が部族には残っている。

捕鯨は先祖代々、いくつもの寓話《ぐうわ》とともに語り継がれてきた。しかし、語られるだけではなく、いつか実際に捕鯨を再開できる日がきてほしいというのが、コルファックスをはじめ、部族の人たちの願いである。

マカ族にとって捕鯨とは、先祖から譲り受けた大事な伝統文化で、自分たちが誰であるかを証明する意味合いがある。また、鯨との関わりを大切にすることは、部族が環境にたいしてもつべき責任を示している。それは生きるための訓練でもあるし、みずからに宿る精神的、肉体的な可能性を知覚することでもあるのだ。

部族長のマッカーディは、まだ四〇歳の若いリーダーだ。彼は、マカ族の社会は捕鯨を中心に発展してきたので、早ければ二〜三年後には捕鯨を再開したいと意気込む。

「捕鯨を復活させれば、部族員全員がよりよい社会をつくっていくことに、もっと積極的になれると信じています」

マッカーディは、日本やノルウェーの沿岸捕鯨ばかりでなく、調査捕鯨も擁護する立場を貫いている。それぞれの国に伝わる捕鯨文化を尊重することを、なによりも重視しているからだ。

二〇一一年二月、彼はバラク・オバマ政権から、国立海洋評議会の管理調整委員会を組織する一五人のうちのひとりに任命された。ちいさな部族のリーダーがこの委員会の一員になったことは、オバマ政権の勇断として評価できる。

「これまで海を守ることは、上から下へ、まさにトップダウンでおこなわれてきました。これからは実際に海とともに暮らしている地域住民の声を連邦レベルの政策に反映し、底辺から海を守っていく発想を波及させていきたい」と彼は張り切っている。

マッカーディは会議に参加するために訪れた首都ワシントンDCで、地下鉄に乗り、携帯電話のメール機能を使いながら、居留地の人たちと連絡を取りあっていた。一緒にいた連邦政府の役人たちは、首都から四

グレッグ・コルファックス

七〇〇キロ以上も離れた遠隔の地からきた先住民が、最先端のテクノロジーを駆使していることに驚いていたと苦笑する。

「インディアンも携帯電話でメールを送るのか、と笑っていましたが、ちいさな部族が生き残るには、ハイテクを駆使して、貪欲《どんよく》に情報を吸収していくしかないのです」

白人が開発した技術を有効に利用することは、あらたな抵抗のかたちを示している。マッカーディのフェイスブックの友人は、二〇〇〇人を超える。部族が直面する諸問題を世界中の人たちと議論するために、コンピューター・ネットワークをフルに活用している。居留地の外にひろがる世界とつながっていくことが、部族が生き残る術《すべ》であると信じているのだ。

彼はいま、居留地に波力発電や風力発電などの再生可能なエネルギーの生産拠点を誘致しようと積極的に動いている。世界で五本の指に入るほど潮の動きが活発なニア湾の海流を最大限に活かし、マイクロソフト社やワシントン大学とも提携して、海洋生物学の研究所を誘致する構想もある。マウンテンバイクのコースやジップラインパーク（屋外のアスレチック施設）の建設も視野に入れている。

いっぽうで、マカ族部族政府は、一九九〇年代から多数の部族が参入している、カジノなどの賭博産業に乗りだす気はない。地理的に孤立しているニア湾では、集客が見込めないからだ。地域に合った独自のやりかたで、マカ族がいかに自立していけるか。若いリーダーのまなざしは真剣だ。

マッカーディに、日本全国を恐怖に陥れた原子力発電所の事故についてきいた。彼はまず、事故を起こした福島第一原子力発電所が、四〇年も前に建設された老朽化した施設であることを指摘した。

「いまはハイテクの時代です。だからこそわたしたちは、つねに平和な未来を見据えて、新しい技術を開発していかなくてはなりません」

彼にとっては、福島原発のみならず、原子力発電というシステム自体が、一昔前の発想とふるい技術のうえに成り立った時代遅れの産物にみえるようだ。

「原子力発電は、まわりのコミュニティに迷惑をかけます。これまでも、原子力関連施設を建設しないか、との誘いがありましたが、すべて拒否しました。これからも興味はありません」

原子力開発を推進する企業が、マカ族の居留地に興味を示したのは、周囲から孤立した貧しい部族だからだ。しかし、マッカーディの意志は固く、地域社会との共生を第一に考えている。アメリカ社会からの圧力によって、生活を破壊されつつも、共同体を維持しながら生き抜いてきた部族長の言葉は重い。

マイカ・マッカーディ

　マカ族のたどってきた歴史と現在は、たいがいの先住民部族に共通している。どの部族も、虐殺、疫病、条約の破棄、自治権の蹂躙《じゅうりん》、そして人種差別を経験してきた。

いま、マカ族の人たちは最新の科学技術にも目をむけ、企業や大学とも協力関係を築きながら、再生可能なエネルギーの開発を中心に据えた部族国家の再建を目指している。捕鯨をはじめとする伝統を重んじながら、先見的なアイディアを着実に実施していこうと必死だ。

次世代に多大な期待をかけているマッカーディは、「部族の将来は教育を軸に発展していくべきです。捕鯨は伝統教育の中心になります」と述べた。

これは、アメリカ社会に暮らす先住民の挑戦のひとつである。すべての部族は植民地主義や虐殺を乗り越えてきた部分を共有しているが、これからどう生き残るかに関しては、それぞれがまだ模索段階にある。

## ある殺人事件

二〇一〇年八月三〇日、まだ陽が高い午後四時過ぎに、先住民の男性、ジョン・ウィリアムス（五〇歳）がシアトル市内で横断歩道を歩いていた。そして、そのすぐ目の前で信号待ちをしていたパトカーの運転席に座っていたのが、二七歳の警官、アイアン・バークだった。

バークは、ウィリアムスが道路を横断するやいなや、パトカーを降り、ウィリアムスを呼び止めた。「ナイフの不法所持」の容疑だった。が、耳に障害のあるウィリアムスに、その声は届かなかった。彼はそのまま歩きつづけた。

自分の指示に従わなかったウィリアムスを、バークはその場で射殺した。バークがウィリアムスに最初に声をかけてから、わずか七秒後の出来事だった。その短さは、警官が先住民および有色人種に抱いている偏見の強さをあらわしている。

ウィリアムスはニア湾をはさんでカナダ側の対岸に位置する、マカ族とおなじ言語を話すヌー・チャ・ヌル族の血をひく伝統工芸の職人だった。彼が手にもっていたのは、木彫り用の彫刻刀だった。仕事に使う道具を手にしていた、ただそれだけの理由で、彼は警官に銃殺された。ウィリアムスがホームレスだったことや、酔っぱらっているように見えたのも射撃された原因といわれている。

幸いにも、パトカーが搭載していたカメラが、一部始終を録画していた。裁判所のもとめに応じて、警察はビデオの一部を公表した。その映像はテレビのニュースやインターネットの動画投稿サイトで流され、全米の先住民および有色人種の人びとを震撼《しんかん》させることになった。

映像のなかで、ウィリアムスは歩きながら黙々と板を彫っているように見えた。シアトル市内では、警察の暴力に抗議するデモがおこなわれ、その後バークは辞職したが、警官による殺人を正当化しようと訴える声は依然として顕著だ。

シアトル市はウィリアムスの誕生日である二月二七日を、「ジョン・ウィリアムスの記念日」と定め、彼の遺族におよそ一五〇万ドルの賠償金を支払った。しかし、どれだけの賠償がなされても、ウィリアムスと彼が保持していた伝統技術は永久に失われたままである。

このように、理由もなく殺される先住民は、あとを絶たない。先住民にたいする暴力は歴史物語ではない。現在進行形の話なのだ。

おなじ地域にあるマカ族の居留地でも、木彫りは部族の伝統として、先祖から継承されてきた。

人口六〇万人のシアトルには、仕事をもとめて居留地を離れた部族員が数多く住んでいる。この殺人事件によって、先住民は居留地の外にでたら、突然容疑をかけられ殺される可能性があるという漠然とした恐怖がひろがった。

「ただ街なかを歩いていた先住民が撃たれたのです。先住民はいまでも、「開拓時代」のように、理由もなく殺される対象なのです。虐殺はつづいています」

ハッチェンドーフは、やり場のない怒りを抑えながら、絞りだすように声を発すると、そのまま下をむいた。

木彫り職人でもあるコルファックスは、わたしがウィリアムスの事件を話題にすると、悲しげな顔になって遠くを見つめた。部族の伝統工芸は、一部のアメリカ人のあいだでは称えられるいっぽうで、蔑視《べっし》されている一面があるのも事実である。大事な工具を手にしていただけでウィリアムスが警官に殺された事件は、伝統継承への迫害ともとらえられているのだ。

「前よりはよくなってきましたが、わたしたちがおかれている状況は異常です」とコルファックスは嘆いた。先住民が、アメリカの大地で普通に生きる権利を回復したとはいえない。

## 移民社会の先住民

アメリカは「移民の国」といわれている。この巨大な国の一番の醍醐味《だいごみ》は、多人種がつくりだす都市の喧噪《けんそう》であり、多様な景観や文化であり、広大な大地が育んできた自然であり、その場所に生きる人たちが織りなすダイナミックな人間模様だ。

移民の国として成長をつづけるアメリカに、先住民は二九三万二二四八人（米国国勢調査局の二〇一〇年の統計）おり、総人口（三億八七四万五五三八人）の約〇・九パーセントを占めている。連邦政府が承認している部族数は五六五部族にものぼる。

そのほとんどは居留地をもち、部族政府をおき、部族国家を維持してきた。それらはアメリカ国内における「従属国家」であると同時に、「自治国家」でもあるが、その位置づけにはいまだに法的なあいまいさが残る。

もともと先住民と呼ばれる人たちは、白人の移民にとってジェノサイドの対象だった。それでも、虐殺、強制移住、同化政策にいたる困難な歴史をへて、現在も多くの先住民が、部族社会の一員であるという強いアイデンティティをもちながら生活している。

ひとくちに先住民といっても、彼らに突きつけられる問題は、部族の規模や居留地の地理的条件などによって大きくことなる。白人との接触のありかた、植民地化の過程、連邦政府と結んだ条約の内容、連邦政府や州政府との関係により、個々の部族国家はそれぞれの歴史や文化、政治体制を形成してきた。とくに、これからの生き残りをかけようとしている経済開発の分野で、部族ごとの文化や歴史的背景を考慮した連邦政府の政策が必要とされている。

先住民社会にはもっともアメリカ的でない面と、もっともアメリカ的な面とが同居する。資本主義社会に生きる彼らは、経済的に発展しなければ生活が成り立たないという現実にむきあいながら、「効率の悪い」文化的な伝統をどうやって守っていくか、という切実な問題を抱えてきた。

居留地で踏ん張る人たちがいるいっぽうで、先住民の半数が居留地の外に生活の場を移している。仕事を得るために居留地を離れた人たちは、差別や偏見に耐えながら、都市部の移民社会で暮らしてきた。そして、居留地の内外にかかわらず、彼らの多くは、差別、偏見、貧困、疾病、公害、暴力、アルコール、ドラッグ、ギャンブル依存症の問題などに苦しんでいる。

アメリカ社会の変化とともに、先住民社会も大きな曲がり角を迎えている。果たしてこれからの先住民は、つぎの世代へ自分たちの伝統や文化を残し、部族として持続する希望を見いだすことができるのだろうか。

本書は、わたしがアメリカの先住民社会を歩いてきた記録である。そこで出会った人びとの生きかた、抑圧されながらも語り継いできた哲学や伝承、独特のユーモアや民話などを盛りこみ、さまざまな部族がいま直面する社会問題を、多角的にとらえることに主眼をおいた。

部族社会の再建を掲げて奮闘する先住民の日常生活、歴史、文化、さらには連邦政府や州政府との関係を調査しながら、わたしはアメリカ社会の複雑な脈動を見つめてきた。人種や文化を越えて、さまざまな人びとがともに暮らし、持続可能な社会をつくるためのヒントが、辺境の先住民社会にあると信じている。

## 付記

アメリカに住む先住民の総称には、アメリカ先住民やネイティブ・アメリカン、アメリカン・インディアンなどが使われている。彼らのことをどう呼ぶかについては、いくつかの議論があり、PC（ポリティカル・コレクトネス）の観点からも、意見が分かれるところである。

また、コロンブスが「発見」したカリブ海のサンサルバドル島をインドと勘ちがいして、「インディアン」という言葉を使いはじめたことはよく知られている。侵略者の稚拙な誤りを踏襲してもいいのかという問題はあるが、その呼称をあえて好んで利用している先住民がいるのも事実だ。いっぽうで、ネイティブ・アメリカンやアメリカン・インディアンという呼称を、いずれもヨーロッパ人が考えた概念ととらえる先住民もいる。

もっとも適切なのは、先住民の人に出身部族やアイデンティティをきき、部族名やその人が好む呼びかたを用いることである。しかし、すべての部族が白人による侵略とジェノサイドの経験を共有しているため、総称の必要性は高い。本書では混乱を避けるために、アメリカ先住民あるいは先住民で統一することにした。

なお、「部族」という言葉には差別的な意味合いがふくまれているため、使用を制限するむきがある。しかし、現在のアメリカ社会で、先住民は部族としての単位を守り、自治権と居留地を死守してきた。彼らの闘いに尊敬の念をこめて、本書ではあえてこの言葉を使用する。

# 第1章　第七世代への旅路

▲ペチャンガ族居留地で、孫娘カルメンにパウワウの衣装を着せるリーアン・トールベアー

## 白人の監視員

二〇〇九年、キンバリー・トールベアー（四二歳）の娘、カルメン（七歳）が、カリフォルニア大学バークレイ校のキャンパスで毎年五月の初旬に開催される、先住民のダンスの祭典パウワウにはじめて参加することになった。

キンバリーとその母リーアン・トールベアー（六二歳）から写真を撮ってくれと頼まれたので、気合いを入れてシャッターを切ることになった。トールベアー一家にとっては、貴重な記録になるはずだ。

パウワウは部族を問わず、さまざまな地域の先住民が参加するお祭りで、居留地の内外で開催される。サンフランシスコ近郊には、一九五〇年代以降に全米各地の居留地から仕事をもとめてやってきた先住民が暮らしており、パウワウは部族社会から離れた人たちが定期的に集い、親睦《しんぼく》を深め、情報交換をする場ともなっている。

バークレイの学生が主催するパウワウは、集まったダンサーの数が五〇人未満と小規模だった。ほかのダンサーに混じって、輪の中心で懸命に踊るカルメンの姿を撮影していると、いきなり背の高い初老の白人女性から怒鳴りつけられた。

「写真を撮るなら、本人から許可をとりなさい」

かなり高圧的だった。もちろん、そうあるべきだ。ただわたしは、少女の家族から頼まれているので問題はないはずだ。許可を得ている旨をきちんと説明したが、彼女はきく耳をもたない。そして、「とにかく、写真を撮るのをやめなさい」とすごい剣幕だ。

わたしはバツが悪くなり、そのままトールベアー一家のところにある自分の席に引き返した。一部始終を見ていたキンバリーが、「バカにするんじゃない。文句をいってくる」と息巻き、席を立とうとした。これは、先住民の大切なお祭りである。わたしが喧嘩《けんか》の発端をつくってしまってはまずい。気にしないからと伝え、この場をおさめた。

大学の構内でおこなわれたこのパウワウは、わたしが学部学生時代に、先住民の友達と一緒に企画・運営に携わったイベントだ。思い出深いパウワウで、見たこともない白人女性から「ここはわたしたちの場所だ」といわんばかりに写真を撮るのを咎《とが》められたのは、納得がいかなかった。

パウワウは、元来が一般に公開されており、けっして排他的なものではない。ところがその女性は、よそ者は入ってくるなという態度だった。パウワウが終わったあと、「なぜ、すぐにわたしに教えてくれなかったのか」と、キンバリーの母親、リーアンがやさしく声をかけてきた。

リーアンはサウスダコタ州の居留地で生まれ育った先住民で、パウワウでもひときわ貫禄《かんろく》があった。娘から、ことの顚末《てんまつ》をきいた彼女は、「パウワウで白人が監視役になっているのはおかしい」と、怒りを隠さなかった。

白人女性に怒鳴られたわたしのことを気の毒に思ったのか、それ以来リーアンは会うたびに、ぽつりぽつりと自分のことや先祖のこと、ダコタ族のことを話してくれるようになった。そして、それを日本語でも英語でもいいから文章にまとめてほしいといわれた。

自分の半生を綴ったものをつぎの世代に残したい、と強く感じていたようだった。

## 守られた名字

眼光は鋭く、その存在感はいままで出会った先住民のなかでも突出している。瞳の奥には、穏やかさと厳しさがあり、ときおり見せる笑顔はやさしい。

まず、一家の名字、トールベアー（背の高い熊）について教えてもらった。先住民の名前には、部族古来の言語をそのまま使用しているもの、白人が先住民に名づけた西洋的なもの（その地域を植民地化した国の言語である英語、フランス語、スペイン語などを起源にしたもの）、また、トールベアーのように、もともとの名前を英訳したものがある。

この名字は彼女の父方の先祖、シャイアン・アンド・アラパホ族（以下、シャイアン＝アラパホ族）から受け継いだものだ。英訳されたことで、部族の名前を残せたのは「幸運だった」とリーアンは感慨深げだ。

ちなみに、シャイアン族とアラパホ族はまったくちがう部族である。白人による虐殺をへたあとに、生き残った人たちは、連邦政府の決断で一カ所に集められ、共生を強いられた。彼女の父親、ランドルフ・トールベアーは、シャイアン族とアラパホ族の血を五〇パーセントずつひいていた。

母親のアーリン・ヘミンジャーは八分の三がダコタ族で、残りは白人（カナダ人）として記録されている。当時はカナダ国籍の人はすべて白人とみなされていたために、詳細は記されなかったが、実際にはアシニボイン族とクリー族の血をひく、カナダ先住民だった。

アーリンとランドルフはカンザス州にあるハスケル学校（一八八四年に先住民への教育を目的に建設された機関）の寄宿学校で出会う。アーリンはサウスダコタ州の居留地から、ランドルフはオクラホマ州にある居留地からきていた。ランドルフは第二次世界大戦の退役軍人で、ハスケル学校では職業訓練を受けていた。そこでの彼の滞在は一年ほどだった。

アーリンがリーアンを身ごもったとき、ふたりはおたがいの居留地で離ればなれに生活をしていた。妊娠がわかってすぐに、彼女はランドルフと暮らすべく、オクラホマ州に引っ越したが、しばらくしてふたりは、べつべつの人生を歩むことを決意する。居留地でのランドルフの態度に問題があったようだ。ふたりが婚姻関係を結んだことはない。

リーアン・トールベアー

ランドルフとの暮らしに見切りをつけたアーリンは、長距離バスに乗ってサウスダコタ州に引き返し、一九四八年にリーアンを出産した。以来リーアンは、同州南東部の町フランドローの、ダコタ族が生活するフランドロー・サンテ・スー居留地で、祖父と母親に育てられた。だから、名字の起源である父方のシャイアン＝アラパホ族の文化を継承しているわけではない。

リーアンは同部族の居留地で暮らしたことはないが、ゆくゆくは家族全員でオクラホマ州に移り住む予定でいた。ランドルフが生まれ育った場所で暮らすのが夢だったのだ。

リーアンのように複数の部族の血をひく先住民は、自分の意思で登録する部族を選ぶことができる。部族員資格を得るために設けられた血筋の割合は、部族によってことなるものの、大半が四分の一以上に定めている。

先住民の子どもは、たいてい出生時に親の意思によって部族員登録がなされるが、のちに変更することもできる。そのため、リーアンは当初、キンバリーをはじめ、子どもたちをシャイアン＝アラパホ族に登録したが、父親の部族であるということ以外につながりはなかった。

結局、のちにリーアンとキンバリーは、ダコタ族が暮らす、サウスダコタ州にあるシストン・ワープトン・オヤーテ・オブ・ザ・レイク・トラバース居留地（以下、レイク・トラバース居留地）で部族員登録をおこなった。

母方の祖父の、そのまた祖父にあたる人物は、ダコタ族の偉大なリーダーとして名を残すリトル・クロウ（一八一〇～一八六三年）である。リーアンはリトル・クロウから数えて五代目、パウワウで踊った孫のカルメンは七代目だ。ダコタ族のいい伝えによると、虐殺や蹂躙によって略奪されたものが癒やされ、また新しいサイクルがはじまるまで、七世代かかる。カルメンは、トールベアー家の希望の象徴だ。

## あるリーダーの一生

リトル・クロウという名前は、ダコタ語の「ちいさなカラス」を英訳したものであるが、リーアンはこれを誤訳であるという。本当の意味はカラスではなく、ホーク（鷹）だった。彼女は、当時の白人による稚拙な翻訳の誤りを指摘しつつも、先祖が部族固有の名前にちかいものを残せたことに、安堵《あんど》しているようだった。

一九世紀の広大な平原部（現在のサウスダコタ州、ノースダコタ州、ミネソタ州周辺地域）では、狩猟を生業としていたダコタ族をはじめとする先住民が、白人の侵略によって自由を奪われ、生活は困窮していた。主食のひとつだったバッファローは、白人の意図的な乱獲によって絶滅寸前になり、日々の食料にも事欠く状態だった。狩猟やそれにともなう移動、宗教行事は禁止され、伝統的な暮らしを営むことは不可能になった。

白人社会では、開拓の邪魔になる先住民を殺し、その死体、または頭皮など身体の一部を軍隊や警察、自治体などにもっていけば、報奨金を受けとれる制度が確立されていた。悪名高き「頭皮狩り」である。領土の拡大と一攫千金《いっかくせんきん》をもとめて西に侵略の矛先をむけた白人にとって、先住民は報酬のために殺すべき対象でもあったのだ。

連邦政府は、生き残った先住民の男性に狩猟をやめさせ、全員一様に農夫になるように強制した。しかし、ダコタ族の社会では、畑仕事は女性が担当しており、伝統的な役割を失った男たちは存在意義を奪われ、空虚な生活を強いられた。さらに、先述したワシントン州同様、この地域でも一八世紀半ばからは白人がもちこんだ天然痘などの伝染病が部族を襲い、人口は激減する。

先住民はそれらの疫病にたいする抵抗力が弱く、まさに生き地獄を経験した。

白人の入植がすすむにつれ、先住民が生活圏としていた土地は略奪の対象になった。ダコタ族をはじめとする地域の先住民は、連邦政府から土地を手放す条約に合意するように圧力を受けていた。自由を奪われ、どん底の貧困に瀕《ひん》していた彼らは、迫りくる白人の猛威に屈し、物資の援助を受けるかわりに、条約を締結する道を選ばざるをえなくなっていた。

ダコタ族は、一八五一年にトラバース・デ・スー条約とメンドタ条約というふたつの条約を連邦政府と締結した。リトル・クロウはいずれの条約にも、部族の代表のひとりとして交渉にあたっている。

どちらの条約も、ダコタ族に、彼らが生活圏としてきたミネソタ州南部周辺の大部分を白人に売り、そのかわりに定められた居留地（白人が必要としない不毛な土地）で、食料や生活必需品の援助を受けながら暮らすことを義務づけていた。しかし、土地の代金の支払いは滞り、物資の援助もこなくなった。飢え死にを待つしかなかったのだ。

その後も白人は部族への弾圧をくり返し、先住民は殺されつづけた。ふたつの条約は彼らの安全を守ってはくれなかった。

約束を履行しない連邦政府にたいして、リトル・クロウの怒りは頂点に達した。一八五四年、希望の見えない状況を打開するため、彼は首都ワシントンDCに、第一四代大統領フランクリン・ピアース（在任一八五三〜一八五七年）を訪ね、部族の窮状を訴えた。

それでも、状況は一向に改善される見込みがなく、彼は一八六一年に再度ワシントンDCに行き、第一五代大統領ジェームス・ブキャナン（在任一八五七〜一八六一年）と会談した（リトル・クロウの訪問に関しては諸説あり、ピアースとブキャナンの両大統領と会ったとする説のほかに、ブキャナンだけだったとの説もある）。

「統率力があり、雄弁だっただけではありません。遠く離れたワシントンＤＣに赴くなど、フットワークも軽く、相手が誰であっても物怖じしない、才能に恵まれたリーダーでした」

リーアンは、先祖が大統領と謁見《えっけん》したことについて得意そうだったが、最後まで約束を守らなかった白人の政治家には憤りをあらわにした。

リトル・クロウの奮闘もむなしく、部族の暮らしは回復の兆しをまったく見せないまま、日々悪化の一途をたどった。そして、生活の改善と自由をもとめ、一八六二年八月、ダコタ族の勇士は連邦軍を相手に蜂起した。のちにダコタ戦争と呼ばれる対白人戦争に突入したのである。

この戦いでリトル・クロウは、非凡なリーダーシップを発揮したのだが、彼自身は当初、白人との話し合いによる平和的な解決をあきらめておらず、蜂起することには積極的ではなかった。しかし、ダコタ族のあいだには戦いを支持する声が強く、リトル・クロウはリーダーとして、部族の意見を尊重したのだった。

ところで「戦争」というと、あたかも対等な戦いがあったかのようだが、戦力の差はあきらかで、ダコタ族はおもに奇襲作戦に終始するだけだった。断続的に白人たちにダメージをあたえることに成功するものの、それ以上の痛手を負わせることはできなかった。圧倒的に武力で上回る連邦軍はすぐに態勢を立て直し、ダコタ族を一掃するための報復戦に打ってでた。

連邦軍は女、子ども、年寄りをふくむ一七〇〇人を捕虜にし、最後まで抵抗をつづけるダコタ族の男性を拘束した。第一六代大統領エイブラハム・リンカーン（在任一八六一～一八六五年）の命令によって、捕虜は刑務所に送られ、屈強な戦士のうち三八人は、一八六二年一二月二六日、ミネソタ州マンカトで絞首刑に処された。これは、アメリカ史において、一日におこなわれた処刑の最高記録になっている。

奴隷制廃止を掲げ、アフリカ系アメリカ人（以下、黒人）の解放者といわれるリンカーンだが、こと先住民には非道な殺戮《さつりく》と強権的な姿勢で迫ったことで知られている。翌年、彼は白人開拓者が一定期間耕作すれば、土地を所有する権利を認める「ホームステッド法」を成立させ、先住民の土地をつぎつぎに奪っていく。彼は一貫して、先住民の殲滅《せんめつ》と、生き残った者を居留地に囲いこむことに執念を燃やした。

## ダコタの大地へ

同胞が処刑されたとき、リトル・クロウはカナダに潜伏していた。しかし、責任感が人一倍強かった彼は、そのままカナダにとどまることはなく、しばらくして生まれ育った土地に帰ってきた。そのときの彼の心境を、リーアンはこう解説する。

「リトル・クロウは、もどってくれば自分の身がどうなるかはわかっていました。それでも自分とつながりのある土地で最後まで堂々と生きたかったのです。先住民にとって、先祖から受け継いだ土地はかけがえのないものなのです」

郷里にもどってすぐに、リトル・クロウは最期を迎えることになる。

一八六三年七月三日、リトル・クロウとその息子、ウィウィナペ（一八四七〜一八八六年）は、クランベリーの実を採集している最中に、入植者ネーサン・ラムソンの襲撃を受けた。リトル・クロウは、その場で銃殺された。ウィウィナペは重傷を負ったものの、命からがら逃走し、運良く一命を取りとめた。

リトル・クロウを殺したラムソンは、サウスダコタ州から報酬として、当時としては破格の五〇〇ドルを受けとっている。

「殺されたあと、リトル・クロウの身体は切りきざまれて豚の餌《えさ》にされました。いまなら人を殺せば刑務所送りですが、当時は先住民を殺せばヒーローになれたのです」と、リーアンは声を荒らげた。先述したように、報奨金目的で先住民を殺すことが賞賛されていた当時のアメリカ社会では、リトル・クロウの殺害もよくある白人の手柄話のひとつにすぎなかった。

「重い任務を背負い、責任感のあるリーダーでした。ただ、部族全員の人生が双肩にかかっていたので、気の毒に思うことがあります」。まさに部族のために生きた人生だった。

バッファローを狩猟する部族のリーダーだったリトル・クロウを武闘派と描くむきもある。ダコタ戦争の指揮官として記録されているためか、部族を導いて叛乱《はんらん》を指示したという印象が強い。

しかし、わたしがリーアンやその娘キンバリーからきいたリトル・クロウは、知識と戦略を用いて、連邦政府と粘り強く交渉をつづけた、温厚で知的な指導者だった。攻撃的で粗暴なイメージはない。

リトル・クロウの伝記（ゲリー・クレイトン・アンダーソン著）

リトル・クロウが洋服を着て写っている有名なポートレートがある。着慣れないジャケットは窮屈そうだが、白黒写真に収まった彼の表情には、独特の威厳がある。おそらくワシントンDCに大統領を訪ねた際に撮影されたものだろう。

　晩年、彼はキリスト教に改宗している。先住民の精神世界で特別な力があったと認められる彼は、白人の生活スタイルだけでなく、宗教までも受け入れて、部族がアメリカ社会で生き延びていく道を模索していたのだ。それは、彼なりの必死の抵抗だったのかもしれない。

　彼の子孫であるリーアンは、ミネソタ州パイプストーンのインディアン病院で生まれた。母アーリンが暮らしていたサウスダコタ州のフランドロー・サンテ・スー居留地からは、約二八キロ離れた場所だ。アーリンがリーアンを出産するためにこの地を選んだのは、先住民ならば無料で医療が受けられる、インディアン病院（アメリカ保健福祉省内のインディアン衛生局の管理下にある）があったからだ。

　現在人口約四三〇〇人のパイプストーン。この地名は、神聖な儀式の際に用いるタバコをふかす、パイプの材料になる石が採掘されていたことに由来する。リトル・クロウはこの場所をなんとか守り抜こうと、連邦政府と交渉にあたったが、白人にとっても交通の要所になっていたため、受け入れられなかった。そのむかし、リトル・クロウが必死に子孫に残そうとした町で、リーアンは産声をあげた。

## 先祖の声

生き残ったリトル・クロウの息子ウィウィナペは、キリスト教に改宗し、英語名である「トーマス・ウェークマン」を名乗るようになる。その後、トーマスの娘ルースは、アルバート・ヘミンジャーと結婚し、息子であるフィリックスを産んだ。その娘アーリンが、リーアンの母親にあたる。ウィウィナペが運良く生き延びたからこそ、現在のトールベアー家につづく家族の歴史が受け継がれてきた。

リーアンは、リトル・クロウやダコタ族の文化と歴史について、祖父フィリックス・ヘミンジャーから詳細にわたって教わった。フィリックスは聡明な孫娘リーアンに、「インディアンであることを、ぜったいに忘れてはいけない」と毎日のようにいいきかせた。

祖父の言葉を心にきざみこんだリーアンは、「インディアンとして、先祖を裏切るような生きかたはできない」と、先住民としての強いアイデンティティを抱くようになる。

フィリックスの時代、先住民には国籍も選挙権もなく、宗教儀式さえ自由におこなえず、部族の言語を口にすれば罰せられた。先住民として生きることは、つねに生死の境を歩むことを意味していた。

彼が幼いころ、居留地に一台の馬車がやってきた。ちいさかったフィリックスは抵抗することもできず、強引にそのまま荷台に拘束され、一〇時間以上も離れたインディアン寄宿学校（以下、寄宿学校）に連れて行かれた。当時は同様に大勢の子どもたちが拉致され、部族社会から引き離された。寄宿学校で彼らを待ち受けていたのは、苦しい同化教育の日々だった。

寄宿学校は、連邦インディアン局（一八二四年に陸軍省に設置された政府機関。現在は内務省におかれている。以下、インディアン局）が同化政策の一環として、「インディアンを殺し、人間を救う」という植民地主義的なモットーに基づいて、一八七九年に設立した制度である。

外の世界とは完全に遮断された全寮制の学校内では、先住民の子どもたちに、キリスト教の教えを強要し、部族の言語と文化を撲滅するために、後遺症が残るほどの厳しい体罰が日常的にあたえられていた。男は農夫に、女は白人に仕えるメイドにするための教育を受けさせ、アメリカ社会の最下層に押しこむことが狙いだった。

全米の居留地内外に設置された一五〇を超える寄宿学校で、一〇万人以上の先住民が同化教育を受けさせられた。それらの寄宿学校は、教師や職員による暴力のみならず、性的虐待や殺人の舞台にもなった。居留地に暮らす先住民の子どもを拉致する行為は、一九三〇年代半ばまでおこなわれた。

リーアンの祖父、フィリックスは、寄宿学校での虐待や徹底したスパルタ教育で、人権を蹂躙され、部族の文化を奪われながらも、必死の抵抗を試みた。そして、自分が守った伝統を孫娘に伝え、つぎの世代に希望をつなごうとしていたのだ。

## 生き残るために

「白人にはなかなかわかってもらえないことですが、わたしたちの先祖は、白人の宗教、キリスト教を自分たちの意思で受け入れました。そうすることによって、自分の子どもたちが生き残れると思ったからです。自分の部族のために、すこしでも安全な暮らしができる道を探るのが真のリーダーだと思います」

リーアンは先祖の決断を、尊敬の念をこめて説明する。リトル・クロウも、曾祖父ウェークマンも、白人の神を信じることにより、白人との友好を築こうとした。先祖から伝わる精神世界と結びつきをもち、先住民としての強いアイデンティティを内に秘めつつ、生き残る道を模索していた。そのほかに生きていく選択肢がなかったのだ。

一九五八年、リーアンは一〇歳になり、ミシガン州にあるカトリック教会の寄宿学校に入ることになる。そのころは、先住民の子どもを寄宿学校に拉致することはもうおこなわれていなかったが、彼女は母親の意向で寄宿学校に預けられた。そこでは、自分と同世代の子どもたちが生活していた。

その寄宿学校も例に漏れず、最初は部族の言葉しか知らない子どもが、九カ月後には英語しか話せなくなるほどの徹底した同化教育がおこなわれた。ダコタ族、オジブエ族、クロー族など、ちがう部族を一緒に住まわせ、英語でしか会話ができない状態をつくっていた。

送られた寄宿学校で、リーアンは、熾烈《しれつ》な虐待にただただ耐えつづけるだけの時間を過ごした。

「シスター・ナオミと呼ばれていた修道女が、とても意地悪でした」

と、彼女は当時のことをはっきりと思いだす。

子どもたちは毎日、理由もなく殴られた。暴力は幼い子どもにもおよび、四歳の女の子が修道女に卓球のラケットで頭部を激しく叩かれ、床に倒れて動かなくなった光景をいまも忘れられない、とリーアンはつらそうな面持ちになった。

痛い思いをする回数を減らすために、子どもたちは一日にひとり「殴られ役」を決め、その日の代表として暴行を受けることにした。順番制にすることで、被害を最小限に抑えようとする、生き残るための悲しい知恵だった。

リーアンはくる日もくる日も、修道女の衣服を洗い、掃除や食事の支度をしなければならなかった。朝から晩までこき使われるだけの日々がつづく。あまりに厳しいので、一致団結して「暴動」を起こしたことがあったが、すぐに修道女から反撃を受けて押しつぶされた。

毎週日曜日には、正装をして教会に行くのが義務だった。その服はすべて借り物で、着用が許されたのは教会内だけだった。「インディアンの子どもの面倒をみて、文明化している」と、みずからの善行を一般にむけてアピールすることに余念がない教会は、子どもたちを見せ物に寄付を募った。幼いながらもリーアンは、「自分たちの存在は寄付金のため」と意識していた。

修道女からは、先住民であるというのは恥ずべきことであり、「もしもいい子でいれば、死んでから白人になれます。白人のようになることが、人生の喜びであり、ご褒美なのです」と刷りこまれた。

「わたしは反抗心が強く、頑強な態度をとっていました。それが正しいことだと思っていました。でも、おなじ寄宿学校に入れられた弟は反抗的ではありませんでした」

抵抗への懲罰は、リーアンだけではなく、同時期に預けられていた弟（厳密には異父弟）にもむけられた。強固な姿勢を貫くリーアンに、教会の大人たちは報復にでた。ある日、修道女の命令に背いた彼女は、教会内の薄暗い小部屋に閉じこめられた。まわりの子どもたちからは完全に隔離されたが、それでも、芯の強い彼女はへこたれなかった。

しかし、弟は姉の安否を知らされず、数日後に「死んだ」ときかされた。ただでさえ孤独な寄宿学校で、弟はどんなに悲しかったことか。二週間後にやせ細り衰弱しきった弟をみたとき、「態度を改めないと、弟がつぶされる」と痛切に感じた。

一歳年下の弟ロナルドは、現在にいたるまで、当時の体験に一切触れようとはしない。それは彼なりの生きかたなのだろう。いまでも弱りきった弟のことを思うと切ないといって、リーアンはさめざめと泣きだした。

「なぜ両親は、こんなひどい境遇に幼い自分たちを置き去りにしたのか。ただ、そのことが許せなかったのを思いだします」

当時は両親を恨んでいた。しかし、自分の家族や、まわりの先住民が必死に生き抜こうとしていた時代を理解していくにつれて、その怒りは徐々におさまっていった。

「母はあまりにも貧しく、子どもに食べさせることができなかったのです。つぎの世代に生き抜いてほしい。そのためには、最愛の子どもを手放すしか、方法がなかったのでしょう。インディアンでいることが、本当につらい時代でした」

先住民への差別や暴力が横行していた当時、リーアンの母親は老人ホームでおまる（簡易便器）を清掃する職に就いていた。時給はわずか五〇セント。朝から晩まで働いても、生活はままならなかった。その後、母親はおなじ老人ホームでコックに昇格するが、時給は変わらなかった。

寄宿学校の記憶は、大人になってもリーアンを苦しめた。悪夢にうなされる日々がつづいていた。一九八〇年に仕事でミシガン州を訪れた際、彼女は悲痛な思い出しかない寄宿学校を約一七年ぶりに再訪した。彼女は夢になんどもあらわれる場所を、もう一度だけ自分の目で確かめたかったのだ。

入口で彼女を出迎えた白人の神父が、なかを案内してくれた。衝撃的だったのは、リーアンの来訪に神父がまったく驚かなかったことだ。「成長した寄宿生が訪ねてくるのは、べつに珍しいことではありません」と、神父はいった。

そして彼は、リーアンをちいさな部屋に連れて行った。なんでもない薄暗い小部屋だった。それを見たとき、彼女にはたちまち胸を締めつけるような記憶がよみがえってきた。「いまでは当時のような虐待はおこなわれていません」と、神父はなにくわぬ表情だった。最後まで、彼から謝罪の言葉はなかった。

「仮に謝られても、なにも変わりません。自分はよかったのです。ただ、彼らが弟にしたことは許せません。卓球のラケットで殴られて、意識をなくした四歳の子どもは、いまどうしているのでしょうか。とても気になります」

このとき以来、寄宿学校のことを夢に見ることはなくなった。
「一緒に耐え忍んだあの仲間たちも、過去に一区切りつけるために、あの場所を再訪したのかもしれません」

## 六〇年代を生きる

一六歳になったリーアンは、ニューメキシコ州サンタフェにあるアメリカン・インディアン芸術学校に通いはじめる。ここは一九六二年に創立された美術学校で、現在は四年制大学になっている。多才な先住民の芸術家を育てた学校として知られており、後述するジェラルド・ネイラー（第4章参照）とダニエル・ワイナンス（第10章参照）も学んでいる。

在学は約一年間だったが、リーアンはそこで油絵や伝統工芸の基礎を学んだ。入学したのは高卒の資格がなくても参加できる専門課程で、彼女ははじめて先住民の教員から授業を受けることになった。

「教員がインディアンだったのには驚きました。それまでは、インディアンは学びたくないものを白人から強引に押しつけられるしかないと思っていましたから」

彼女の心のなかに深い根を生やしていた大人への反抗心は、ゆっくりと薄れていった。先住民にも悪い人がいるように、白人にもいい人と悪い人がいる。白人のすべてが悪いのではなく、憎むべきは人種差別だと気がついたのは、大学に入ったときだ。

リーアンはサウスダコタ州のアバディーンにある北サウスダコタ州立大学に通った。心理学の白人教授が、彼女の内面に深く染みわたった頑迷な怒りを学術的に分析してくれた。彼は自分を、「怒るインディアン」としてではなく、「怒るひとりの人間」として見ていた。この経験は、白人社会に敵意をもち、塞《ふさ》ぎこんでいたリーアンに、風穴をあけてくれた。

アメリカ社会が大きく変容する一九六〇年代、自分の怒りをエネルギーに、社会の役に立ちたいと思った彼女は、先住民やほかのマイノリティの社会運動に参加するようになった。とくにリーアンが没頭したのは、都市部に移住した先住民とともに、社会改革を目指す活動だった。

当時、ロサンゼルス、シカゴ、サンフランシスコ、ミネアポリスなどの大都市には、仕事がない居留地から都市部へでてきた先住民が数多く暮らしていた。それはインディアン局が設立した「インディアン転住プログラム」によるものだった。

一九五〇年代からおこなわれた転住プログラムは、まず三万人の先住民を都市部へと移住させ、おもに工場などでの労働を斡旋《あっせん》した。六〇年代には都市部の先住民人口が一六万人を超え、そのあとも増加の一途をたどった。

現在、先住民の総人口の半分以上が居留地以外の場所に暮らしているが、居留地から都市部への人口流出の傾向をつくったのが、このプログラムだった。それは同時に、居留地の人口を減少させ、部族の文化を弱体化させる同化政策の一端でもあった。

五〇年代から六〇年代にかけて、転住プログラムによって都市にでた先住民は、低所得者層が住む地域に住居をあてがわれた。彼らのほとんどは部族社会とのつながりを失い、慣れない環境で働かされただけでなく、都市のゲットーで危険と隣り合わせの生活を送らざるをえなかった。

ミネソタ州ミネアポリスでも、先住民はゲットー化した治安の悪い地域にまとまって住んでいた。リーアンは、同市の一角に先住民を優先的に受け入れる集合住宅を設置するために奔走するようになる。都市部に安心して暮らせる部族のコミュニティができれば、居留地から離れた環境でも伝統の継承は可能である、と彼女は考えたのだ。

一九七三年、住宅都市開発省の援助を受けて、集合住宅リトル・アースの建設が実現した。リーアンは初代代表に就任し、ミネアポリスを拠点に、居留地とはべつに都市部でも先住民文化を守りつづけるために奮闘した。

リトル・アースには現在、二一二の住戸があり、九〇〇人以上（九八パーセントが先住民）が暮らす。オジブエ族やダコタ族を中心にした住民は、パウワウをはじめとする文化行事の企画に積極的だ。彼らは居留地で受け継いだ伝統文化を守るだけでなく、新しい都市の先住民文化の発展にも力を入れている。

集合住宅の代表になって以降、リーアンはサウスダコタ州の居留地とミネアポリスを頻繁に往復し、先住民の住宅環境を整備するプランナーとして活躍するようになる。彼女の行動力はとどまるところを知らず、「アメリカ先住民ビジネスコーポレーション」の設立や、虐待を受けた若者などを引きとるシェルターの建設にも携わった。

そのほか、複数の部族政府のもとで働き、各種団体の監査役などを務め、ミネソタ州周辺では、八〇年代、九〇年代の先住民運動になくてはならない存在になる。さらに、全国アメリカン・インディアン評議会の代表に就任するまでになった。彼女は先住民社会に大きな足跡を残している。

都市にでた先住民のための集合住宅リトル・アース（ミネソタ州ミネアポリス）

全速力で時代を生き抜いた彼女は、当時の原動力についてこう回顧する。

「あのころのわたしを動かしていたのは、怒りでした」

彼女の関心は地元の先住民社会の輪からさらにひろがり、政治の世界にもむけられるようになっていった。彼女の目覚ましい活躍は、黒人の上院議員（当時）、ジェシー・ジャクソンの目にとまった。一九八四年と一九八八年、民主党の大統領選候補者選挙に出馬したジャクソンのキャンペーンで、リーアンは先住民の票を集める責任者に抜擢《ばってき》される。

ジャクソンが一九八八年の候補者選挙に敗退したあとには、大統領候補者に選ばれたマイケル・デュカキスの選挙陣営に引き抜かれた。彼女は、先住民のためにアメリカを変えたいという目標にひた走っていた。

わき立つ活力の根幹にあったのは、「インディアンであることを、ぜったいに忘れてはいけない」という、祖父フィリックスが残した言葉だった。

いまもリーアンは、さまざまな居留地で経済開発および環境問題に携わるプランナーとして活躍している。彼女は、環境保護の思想に則った再生可能なエネルギーの開発を居留地ですすめていくことが、先祖から受け継いだ大地を守り、部族社会に潤いをもたらすと話す。先住民の将来を見据えた彼女の考えに賛同する部族は多い。

二〇一〇年一二月二六日、ダコタ族の戦士三八人が処刑された日からちょうど一四八年目の夜、リーアン（五代目）、彼女の長女キンバリー（六代目）、その長女カルメン（七代目）と夕食をともにした。リトル・クロウが子孫を残したからこそ、彼女たちから、先祖たちの経験について語ってもらえる現在があることを実感した。

### 母から娘へ

リーアンの娘キンバリーは、現在カリフォルニア大学バークレイ校環境政策・科学・管理学部の専任講師である。彼女は一九六八年、母とおなじくミネソタ州パイプストーンのインディアン病院で生まれた。

リーアンは当時二〇歳で、ドイツ系白人男性と結婚していた。彼女は社会運動家と学生という二足のわらじを履いており、多忙を極めていたため、キンバリーは、サウスダコタ州フランドローで曾祖母に育てられた。

人口およそ二〇〇〇人、二キロ四方のフランドローは、フランドロー・サンテ・スー居留地を中心に、一区画を先住民が、そのまわりを白人が占め、チェス盤のように規則正しく人種の棲み分けがなされた町だった。アメリカ文化へ同化させるために、連邦政府によって白人が先住民を囲いこむ環境がつくられていたのである。

キンバリーの曾祖母アグネスはオジブエ族だったが、彼女はダコタ族の曾祖父フィリックスと結婚したので、ダコタ族の一員として登録されていた。そのため、キンバリーはダコタ族のほかにも、複数の部族の血をひいている。

キンバリーに流れる先住民の血筋の割合は、三二分の一三。記録には、先祖が所属した居留地名でこう記されている。一六分の四がシャイアン‐アラパホ族、フランドロー・サンテ・スー（ダコタ族）とタートル・マウンテン・バンド・オブ・チペア（オブジエ族）が一六分の一ずつ、そして、三二分の一がレイク・トラバース（ダコタ族）。複雑な血筋には、部族が歩んできた歴史がきざみこまれている。

自身の血筋を詳細にわたって説明してくれたとき、キンバリーは「科学的で、人工的ですね」と笑った。三歳のときに両親が離婚したため、彼女は父親やその家族についてはあまり知らない。先述したように、キンバリーは幼いころ、リーアンによってオクラホマ州のシャイアン‐アラパホ族に部族員登録された。「母には、一家でオクラホマに移り住む夢があったのですが、わたしを育てたのはダコタ族の文化です」といい切る。

フランドローからクルマで二時間ほどのところにある、ダコタ族が暮らすレイク・トラバース居留地には親戚が住んでいた。キンバリーにとって、子どものころから馴染みの深い場所である。二〇〇〇年代に入ってから、彼女はみずからの意思で、この部族の部族員になった（同部族の部族員登録の規定は、ダコタ族の血をひいていることと、先住民の血を合計で四分の一以上ひいていることである）。彼女自身のシャイアン-アラパホ族へのこだわりは薄い。

　幼少期のキンバリーは、リーアンが北サウスダコタ州立大学に通っていた関係で、大学のあるアバディーンと曾祖母の住むフランドローを頻繁に行き来していた。リーアンは幼い娘に手あたり次第に本を読ませ、社会問題にも敏感であるようにしつけた。早熟だったキンバリーは、五歳のころすでに、先住民研究の大御所バイン・デロリアの思想について、自分なりに考え、理解していたという。

キンバリー・トールベアー

　自分の子どもたちだけでなく、部族社会の将来を考えれば、リーアンが政治的な思想を強くもつようになったのは自然の成り行きだった。彼女が通う大学があったアバディーンは、一九六〇年代から七〇年代にかけて、「アメリカン・インディアン・ムーブメント」（一九六八年にミネアポリスで創設された先住民活動家のグループ）をはじめとする先住民の社会運動が盛んな町で、活動家たちが家に集まっては、熱い議論をくりひろげるのが日常の光景だった。

寝る間を惜しんで運動に邁進《まいしん》するリーアンの姿を目の当たりにしたキンバリーは、このころから先住民としてのアイデンティティを強くもつようになっていた。

彼女は八歳のころ、およそ半年間、リーアンが建設に携わったリトル・アースで暮らした。当時からアルコールやドラッグの問題が先住民社会に深刻な影を落としており、リトル・アースも例外ではなかった。まわりには両親から見放された先住民の子どもたちがおり、その多くは非行に走っていた。キンバリーや、ふたりの妹たちは、入居してすぐに同世代の子どもたちから猛烈ないじめにあう。

「学校からの帰り道、歩道橋の角で、ほかの子どもたちに待ち伏せをされた挙げ句に袋だたきにあったり、とにかく大変でした」

二〇〇九年五月にキンバリーとリトル・アースを訪れたときに、つらい思い出が残る歩道橋の付近を散策した。いまは完全に吹っ切れたようなキンバリーだが、歩道橋からはなにげなく目をそらしていた。

自分とおなじ先住民にいじめられた体験は、まだ幼い彼女にとっては酷だったはずだ。リトル・アースの正面入口付近で記念撮影を頼むと、「ここはお気に入りの場所ではないから」と、彼女はやんわりと断り、ファインダーから外れた。

当時リーアンはプランナーの仕事を順調にこなしており、リトル・アースに住むほかの家庭よりも経済的に余裕があった。身なりがよく、母親がクルマをもっていることが嫉妬《しっと》を生み、いじめの原因になったのだ。一般社会ではあきらかに低所得者層に属していたが、リトル・アースでは立派な中流家庭だった。

その後キンバリーは、リーアンの仕事の関係で、セントポールにある「アメリカン・インディアン・ムーブメント」が創設に関わったレッド・スクール・ハウスでも学んでいる。この学校は小中高の教育が受けられる施設で、別名をサバイバル・スクールといった。もともと公立の学校で落ちこぼれた先住民の子どもたちに、伝統的な文化を教えることを目指していた同校で、彼女は短期間だったが、部族の言語やダンスなどを身につける機会を得た。

一四歳になったキンバリーは、それまでとはことなり、セントポールのおもに白人中流家庭の子弟が通う公立高校に行くことになった。高校をでたあとテキサス州の大学に入学、そして、マサチューセッツ大学ボストン校に編入する。卒業後、マサチューセッツ工科大学で都市計画学の修士課程を終え、環境保護庁をはじめとする連邦機関や部族政府と契約し、居留地の環境問題に取り組むプランナーになった。その後、エネルギー、資源、環境問題を取り扱う先住民の団体に就職した。

リーアンから譲り受けた政治的な問題意識は、彼女の進路に大きな影響をあたえ、さまざまな場所で活かされてきた。のちに彼女は仕事を辞め、カリフォルニア大学サンタクルーズ校の歴史認識学研究科の博士課程に入り、二〇〇五年に博士号（Ph.D.）を取得した。

キンバリーは、博士課程の学生だったころ、家族とともにレイク・トラバース居留地に住んでいたことがある。大学院の必修科目の復習を終え、博士論文の執筆に集中するため、彼女は故郷にもどる決心をしたのだった。当時わたしはロサンゼルスで暮らしていたが、彼女を訪ねるために、三五〇〇キロ以上も離れた同居留地に足をのばした。

遠方からの来客は稀《まれ》だったようで、キンバリーは居留地をくまなく案内してくれた。飲酒やドラッグ、家庭内暴力など、問題が山積みになっている居留地だったが、ダコタ族の仲間に囲まれて、キンバリーは居心地がよさそうだった。居留地の外にも、先住民のコミュニティや教育機関があり、大平原で狩猟をしていた部族の文化が深く根づいていた。

「生まれ育ったサウスダコタに帰郷すると、地面と自分自身がつながっていて、ルーツがあることを実感します。空と雲、そして地平線までつづく平原、そのすべてに、慣れ親しんだ特別な匂いがあり、心が落ちつくのです。先祖から引き継いできたものを感じます」

それでも、心の底にある土地への強い思いは、もっと深く、あまりうまく言葉では説明できない、とキンバリーははにかんだ。

彼女は、「都市部にある大学で教鞭《きょうべん》をとりながら、部族社会に貢献をしていくのは難しい」と感じている。先住民の文化は土地とともにあるべきだ、と信じているからだ。大地に根ざした文化をもとに、部族が暮らすコミュニティが形成される。そのため、彼女は先住民社会について学ぶには、居留地に立ち返る必要があると考えている。

## 部族への貢献

リーアンとキンバリーにとって、先祖が残した文化と大地は切っても切れないものなのだ。

キンバリーの研究は、先端的でユニークなため、学界での評価がきわめて高い。彼女は先住民が直面する数々の社会問題について、アメリカの科学技術の発展のプロセスや、フェミニズムの思想、カルチュラル・スタディーズなどにも関心をむけながら分析をつづけている。アメリカ社会における人種、階級、ジェンダーの不平等が、科学的とされる知識の生産に密接に関わっていることを、批判的に見つめているのだ。

遺伝子学、法医学、環境科学、科学技術の分野における知識の構築に、先住民がどのように関わってきたのか、もしくは排除されてきたのか。そして部族社会が、よきにつけ悪しきにつけ、どのような影響を受けたのか。それらの問題を検証する壮大なテーマに、キンバリーは研究意欲を注いでいる。

たとえばこれまで、居留地やその周辺にあるインディアン病院から、健康診断や検査などの名目で、患者の同意なしに彼らのDNAの採取がおこなわれた。科学者は、そうしたサンプルを大学に運び、さまざまな研究に利用してきた。研究成果が、先住民の利益になったのか、もしくはその反対なのか、それは一概にはいえない。

ただ、知的エリートである科学者と、病院にやってきた先住民のあいだの力関係はいびつだった。先住民が知らず知らずのうちに、自分のコミュニティの不利益につながるような情報を、自分の身体データとして提供させられていたとしたら、そこには倫理的な問題が発生する。先住民のDNAを採取し、その民族学的起源を探りだそうとする科学者は数知れない。

先住民ははるかむかしにベーリング海峡を渡ってきた、とする見解があるのはよく知られてい

カリフォルニア大学バークレイ校のキャンパス

る。なかには、先住民はもともとアジアからの移民であると結論づけることで、現在のアメリカ国内にある土地の権利を要求するのはおかしい、と主張する学者さえいる。

先住民の起源を、科学的なデータをもとに説明したとしても、それが部族社会への貢献になるとは限らない。逆に部族が守ってきた信仰を破壊することになりかねない。

たとえば、ナバホ族には、代々伝わる創造神話がある。彼らは神秘的な山や大地が民族の誕生と深いつながりがあることを固く信じている。しかし、科学的な知識とされるものは、部族の伝承とは必ずしも一致しない。

一般社会では往々にして、科学的なデータは先住民の信仰よりも正しいと判断される。部族の信仰や、先住民社会に伝わる伝承は、科学者が示すデータの前では根拠がないとされ、ないがしろにされてきた。研究の対象となることに嫌悪感を抱く先住民がいるのも当然だ。

キンバリーは、このような問題を指摘したうえで、科学技術をうまく利用し、部族社会を活性化させる可能性に希望を託している。現代アメリカにおける部族の発展に、科学技術が果たしてきた役割は大きい。地理情報システム（GIS）を利用して、居留地の内外に残された文化遺産を記録した地図を作成し、歴史的な土地の権利を主張する部族もある。科学技術者の育成プログラムを設け、部族員の教育と訓練の場、そして雇用をつくりだすこともできる。

肝心なことは、マイナス面を背負いこむのではなく、科学的な知識をうまく利用し、先住民の生活の向上を目指すことである。キンバリーは「科学技術と部族の共生は可能である」という揺るぎない理想を掲げ、研究に励んでいる。

## 娘から孫へ

カリフォルニア大学バークレイ校の専任教員の職を手に入れ、学内外から引っ張りだこのキンバリーには悩みがある。

「一流の研究機関に身をおいているわけですから、専門的な論文や本を書いたり、学会での発表を積極的にこなしていく必要があります。だから、自分の部族やそのほかの部族と、科学的な知識の活用や、それによって生じる問題に取り組む時間的な余裕がありません」

大学での仕事は、知的生産力が問われる。キンバリーの場合、週のうち九〇時間以上の知的労働をおこなっている。大学と大学院での講義でも、要求されるレベルは高い。居留地に帰り、土地に根ざした知識を改めて学ぶと同時に、都市部に住んで大学で教えるのは不可能だ。講義をしなくてもよい夏は、調査、執筆、学会等の予定でびっしり詰まっている。

土地との絆を保つために、現在も頻繁に居留地に訪れているリーアンとはちがい、キンバリーは自分の研究成果を積極的に発表していくことで、部族社会に長期的に貢献していきたいと語る。

彼女は、愛娘カルメンへの教育に、家族全体で関わる必要性を感じている。学術的なことや、政治的な問題意識について、彼女がカルメンにあたえる影響は計り知れない。だが、先住民としてのアイデンティティや、文化面においては、リーアンや自分の妹スージーのほうが、部族社会での経験が豊富な分だけ長けている。家族にも、なるべくカルメンとの時間を大切にしてほしい、とキンバリーはいう。

そのいっぽうで、大学都市であるバークレイで、いろいろな人種に囲まれ、知的な環境で成長するのも、ひとつの豊かな人生を導けるのではないか、とポジティブな面を強調した。

「母の世代は、差別と闘うのに精一杯でした。あからさまな人種差別を体験し、どん底の貧困も経験しました。祖母や曾祖母の世代は、食べるものもなく、もっと大変だったはずです」

懸命に生き抜いた彼らの経験と、闘いがあったからこそ、キンバリーは大学の教授職に就き、これからのアメリカ社会を担う若者の教育に携わることができるのだ。

「わたしの世代は、たくさんではなかったけれども、生きていくのに十分なお金はありましたし、食べ物もありました。奨学金をもらって、大学や大学院に行くこともできたのです」

バークレイのパウワウで踊るカルメン（2010年5月）

先住民やほかのマイノリティの社会運動に、感謝する気持ちは強い。アファーマティブ・アクション（女性やマイノリティ、先住民など、社会的弱者を積極的に優遇する措置）の恩恵も受けてきたことを認める。キンバリーより一世代あとのカルメンは、さらに恵まれており、貧困には縁がない。

カルメンは二歳のときから一年半ほど、レイク・トラバース居留地で生活している。ちょうどわたしが訪ねたとき、カルメンは三歳で、部族の子どもたちと一緒に居留地の芝生で遊んでいた。

現在もカルメンは祖母リーアンに連れられて、カリフォルニア州北部の部族を定期的に訪ねており、先住民文化に触れる機会は豊富にある。これまで親しくしてきた友人や親戚には、先住民が多い。

しかし、カルメンはキンバリーの元夫である白人男性との子どもであるため、先住民の血筋の割合は三二分の七になる。白人に見える分、人種差別を受けることはないものの、血筋の割合はわずかに四分の一におよばず、どこの部族にも部族員として登録することができない。

現在は異人種間の婚姻がすすみ、カルメンのような混血の子どもがふえているので、これから先、部族が規定を八分の一以上に変えることも考えられる。そうすれば、部族員の登録が可能になるかもしれないが、彼女たちには、ふたたび居留地で生活する予定はない。仮に住んだとしても、カルメンはよそ者として扱われることが目に見えているからだ。だからキンバリーは、娘の部族員登録にはこだわらないという。

彼女は、誰にどのような環境で育てられてきたかが、自分のアイデンティティの形成に大きく影響したと回想する。彼女を育てたのは白人の父親ではなく、曾祖母、祖母、母親であり、その全員がダコタ族の文化を愛していた。

キンバリーは、幼少期に父親の実家をなんどか訪ねたことがある。しかし、そのすべてがダコタ族とあまりにちがうので驚愕《きょうがく》したという。たとえば、父親の一家では、挨拶《あいさつ》がわりに軽く抱きあう習慣があった。ダコタ族の社会では、家族ぐるみのつき合いが密にあっても、そのようなスキンシップはない。

それでは、自分自身に影響をあたえたダコタ族の先祖のことについて、どう思っているのだろうか。彼女とは一〇年来のつき合いになるが、なぜかそのことに触れられない雰囲気があった。白人に裏切られたリーダー、リトル・クロウの話題をふってみた。

「複雑な半生を歩んだ人でした。最終的には殺されてしまいましたが、責任感の強い人だったのでしょう。立派なリーダーだったと思いますが、だからといって彼の子孫であることを自慢するつもりはありません。先祖ではなく、わたし自身を見てほしいのです」

素っ気なくいいながらも、彼女がリトル・クロウに寄せる思いは強い。胸の内にしまってある思い出を明かしてくれたのは、それからしばらくしてからだ。

いまから一三年前に、彼女は精神世界に精通するある人物に出会った。自分の素性をまったく知らせていなかったのにもかかわらず、その人から、

「昨夜、夢に木の革を頭に巻いた男性があらわれて、「娘を頼む」といっていなくなりました」

と告げられた。羽飾りではなく、木の革を帽子のように頭に巻くのは、リトル・クロウの氏族の伝統だ。ちょうどそのとき、キンバリーは複雑な状況におかれ、人生の節目に直面していた。彼女はその男性こそがリトル・クロウであり、自分の身を案じて、わざわざやってきてくれたのだと確信している。

そこには世代を超えた、精神的な強い絆があるのだ。

# 第2章　癒やされる世代

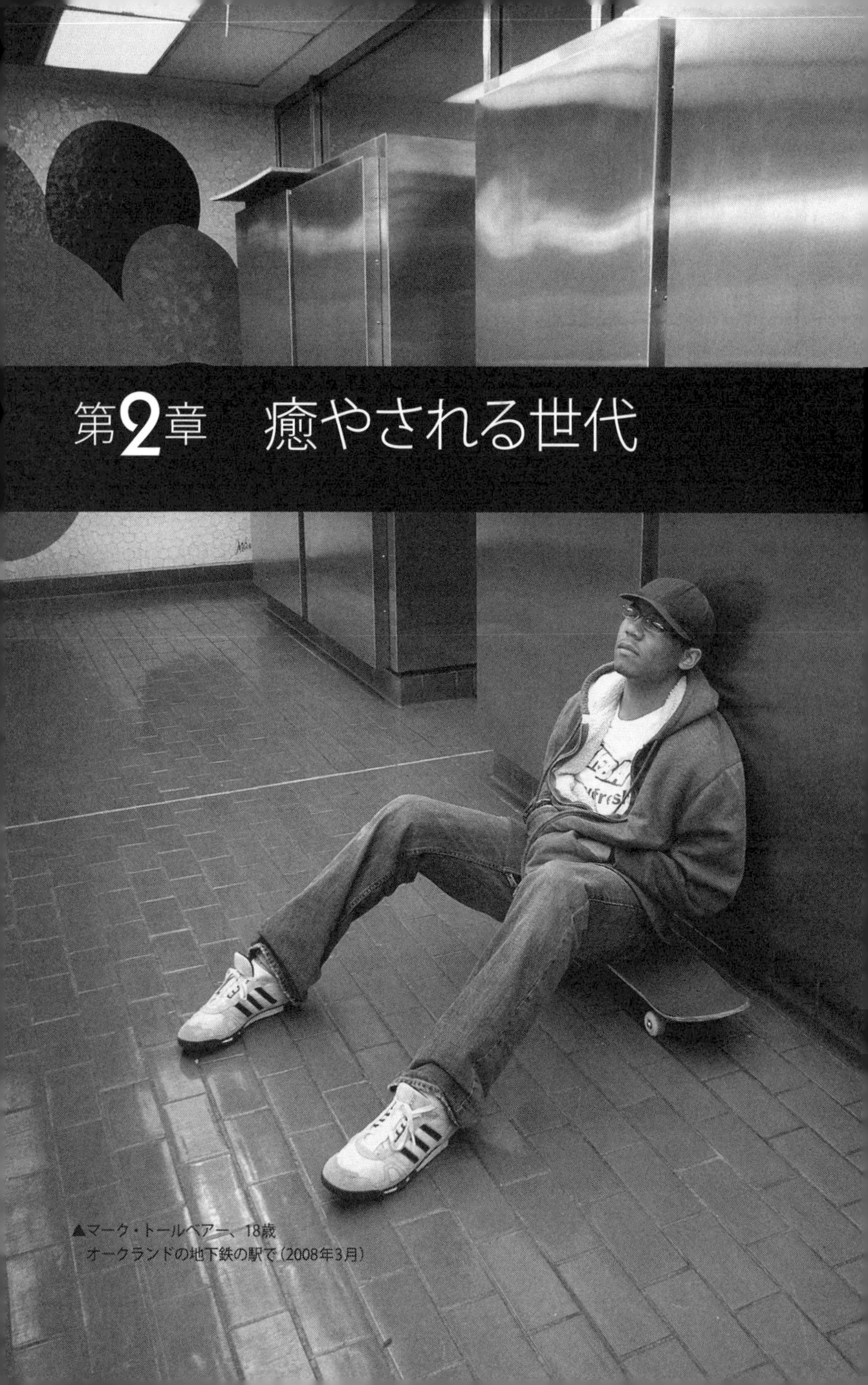

▲マーク・トールベアー、18歳
オークランドの地下鉄の駅で（2008年3月）

## ダコタ族の性教育

「ダコタ族の社会では、七世代たてば、侵略と虐殺の歴史経験を乗り越えることができるといわれています」

リーアン・トールベアーは一族がたどってきた苦難をふり返りながら、第七世代まで生き延びたことに、満足げだ。

リトル・クロウから数えて第七世代、リーアンの孫は二〇歳から二歳まで総勢七人。一番の年長が、キンバリーの甥《おい》にあたるマーク・トールベアーだ。現在、ワシントンDCで弁護士をしているキンバリーの妹ジョディが、二〇歳のときに黒人男性とのあいだに産んだ子どもだ。

三〇代後半になってから弁護士を目指し、法科大学院に通いはじめたジョディは、時間的にも精神的にも息子の面倒をみることができなくなった。そのため、二〇〇八年から一年間、マークはバークレイにあるキンバリーの家に居候していた。

キンバリーは求職中の甥っ子を案じ、わたしに「これで子どもでもつくられたらたまりませんし」と深刻な面持ちで打ち明ける。彼女は真剣だ。「マークの子どもの面倒まではみられませんから」と、悩みは絶えない。となると、性教育が絶対不可欠になる。

伯母（もしくは叔母）が甥に性に関係する話をすることは、ダコタ族の社会ではインセスト

（近親相姦）に相当するタブーである。

「無責任に子どもをつくらないように、いいきかせてほしいのです。でも性についてどのような話をしたか、マークの反応がどんなだったかも、一切知りたくはありません。すべてをふたりで話しあってください」

伯母と甥のあいだには、越えてはいけない一線がある。性教育に関しては、わたしにすべてを任せたいと強引だ。とてもじゃないが、断れる雰囲気ではない。

夕食のときなどにこの手の話題になると、すぐにキンバリーは席を立ってしまう。居留地から遠く離れてはいても、そのことに触れるだけで嫌悪感をもよおすほど、部族社会のしきたりは強烈に生活のなかにきざみこまれている。

この傾向は、性教育以外でも見受けられた。バークレイは動物愛護で有名な町で、犬と猫にサングラスや毛皮、高級な首輪をつけたりする飼い主もいる。しつけ目的で犬の頭を叩いたりするのも、虐待とみなされ、警察に通報されてもおかしくない土地柄だ。

キンバリーが犬を飼いはじめたとき、彼女が友人から借りた犬のしつけの教則ビデオは、彼女を驚愕させた。犬の行儀が悪いときは、新聞紙を丸めて、犬が見ている前で飼い主がみずからの頭を思い切りぶっ叩き、犬に罪悪感を感じさせて、行儀のよい犬にしつけよう、と謳《うた》うものだったからだ。徹底した非暴力ではあるが、難解な教えである。

「わたしの部族、ダコタ族には犬を食べる文化があります。ペットとして過度に着飾らせたり、極端にかわいがったりすることはできません」

彼女はバークレイの文化になじめないようだった。

ダコタ族のふるいジョークがある。

「居留地で一番速く走ることができる動物はなにか」

答えは当然「犬」である。逃げ足が速くないと先住民に食べられてしまうからだ。

また、はじめて居留地をでたダコタ族の若者が、町のデパートで犬の肉を売っていると思い、ホットドッグを購入したのはよかったが、いざ食べようとしたときに「いったい犬のどの部分をパンにはさんでいるんだ！」と仰天したというジョークも有名だ。

彼は犬の性器がパンにはさんであるのかと勘ちがいしたのだ。

政治的なメッセージや教訓など、さまざまな意味をもつ先住民のジョークは、白人や植民地主義をネタにするものばかりではない。ほかの部族や国家権力、白人社会を笑ったり、自分たちの文化を題材にしたりすることもあり、実に多種多様である。

話をダコタ族の性教育にもどそう。部族社会では、性教育は父親の担当だ。しかし、マークには父親がいない。

マークとわたしは他人なので、その分話しやすい。なにより、彼から「アンクル」（伯父もしくは叔父、一般的に「おじさん」の意もある）と呼ばれているのだから、ちょうどいい距離感なのだろう。ダコタ社会には、家族づき合いのある親しい男性を「アンクル」、女性を「アンティ（伯母・叔母）」と子どもたちが呼ぶ習慣がある。黒人社会では「ブラザー」や「シスター」が一般的なので、先住民ならではといえるかもしれない。

キンバリーいわく、アンクルと呼ぶのは家族の一員として、子どもたちにあたたかく接してもらうだけではなく、財政面以外のさまざまな手助けをしてもらう意味がある。

なんとなくやっかいなことになった。

身長一九〇センチ。靴のサイズ三三センチ。外見は黒人に見える。上半身は筋骨隆々としており、喧嘩は強そうだ。ギャングとまちがえられることもよくあるという。

ダコタ文化のなかで育てられてきたマークだが、一歩でも家の外にでれば、黒人社会と強く結びついている。どちらのコミュニティからも、さまざまなことを学ぶことができるのは、ふたつの血筋をひいた彼の特権である。

性交渉よりも、わたしが気になっていたのはドラッグの問題だった。若者がドラッグに汚染されるのは、いまでは日本でも大問題になっている。職にありつけない鬱屈感《うっくつかん》がつづけば、当然気分転換が必要になる。

彼のまわりにはドラッグの売人がうようよいる。現に、彼が住むキンバリーの家から徒歩二分圏内に、日常的にドラッグの取引がおこなわれている場所が三カ所もある。これは黒人社会の問題だけではなく、先住民の居留地や、アメリカ社

マーク・トールベアー、20歳（2010年9月）

会全体も同様だ。もちろん、マークはドラッグに手を染める気はないが、誘惑はいくらでもある。「一度でもドラッグに手をだしたら、人生が狂う。誰から誘われても信用してはいけない」と、わたしはその危険性を念入りに話してから、本題である性教育に突入した。

居留地では、一〇代で妊娠することはよくあることだ。実際、マークの知人の先住民女性は、三〇代後半で「おばあちゃん」と呼ばれるようになった。黒人街でもこれはおなじで、マークの親友は無職のまま一八歳で父親になった。アメリカン・フットボールの選手として、奨学金をもらい、大学に進学する予定だったが、あきらめざるをえなくなった。

彼はとても後悔したが、つぎの年にはもうひとり子どもが生まれた。彼の母親は、三六歳でふたりの孫の祖母になった。

マークは、「父親になる準備はまだできていません。仕事がなければ、父親としての義務が果たせないのはわかっています」ときわめて真面目だ。父親のいない環境で育った自分の経験と重ねあわせていることが感じられた。

先住民と黒人、どちらのコミュニティでも、ネガティブな部分が通底している。マークが過ごしてきた両方の世界で、父親の不在は大きな社会問題である。

キンバリーに頼られるままに、わたしはマークとおたがいの思いをぶつけあう機会を積極的につくった。彼も会話ができる年長の男と会えたのがうれしかったのか、かなり突っこんだことまできかせてくれるようになった。安全な性交渉とおなじくらい大事なのは、信頼できる人間関係を築いていくことの必要性を確認することだった。

彼の親友は自宅のちかくで背中から刺されているし、ギャングとまちがえられて、弾丸を身体に打ちこまれた友人もいる。さらにべつの友人は、金曜日の夜にパーティを開き、安いウォッカをガブ飲みし、未明に倒れた。仲間のひとりが救急車を呼んで、病院に搬送され、そのまま入院。その間点滴をうって事なきを得たのだが、翌朝、退院の準備をしている彼に襲いかかったのは、合計四〇〇〇ドルにものぼる医療費だった。

運が悪いことに、彼は医療保険に入っていなかった。文房具屋でアルバイト店員として働く、ハイチから移民してきた二〇歳の黒人男性は、二日間は茫然自失《ぼうぜんじしつ》としていた。が、すぐにまた節度なく飲みはじめた。

「あのパーティは、かなり高くつきましたよ」と、マークはあきれかえっているようだった。無謀な友人とは気をつけて遊ばないと、つぎは自分の番だ、といいきかせていた。

## 居留地の「ニッガー」

幼少期のマークは、ミネソタ州のミネアポリスで生活していた。学校が休みになると、キンバリーをはじめ、親戚が暮らすレイク・トラバース居留地を頻繁に訪れた。しかし、自身のルーツである部族社会で、まだ小学生だった彼は人種差別を体験することになる。

あるとき彼は、パウワウにでかけた。居留地内のグラウンドでおこなわれるパウワウは、終わったあとに大量のゴミが発生する。空き缶や空き瓶、生ゴミなど、人びとが食べ散らかしたあとがそのまま芝生に残ってしまう。ゴミの始末は部族にとって頭痛の種だ。グラウンドの後片づけは、部族の小・中学生を中心にしたグループの仕事になっている。

当時一〇歳だったマークは、キンバリーに促され、同年代の子どもに交ざってゴミ拾いをしていた。自分の身体ほどの大きなゴミ袋を渡され、熱心にグラウンドをきれいにしていると、五歳くらいの先住民の子どもが駆け寄ってきた。そして、マークの顔を見るなり「おい、ニッガー、こんなところでなにをしているんだ」と汚らしく罵《ののし》って走り去った。

幼い子どもの許しがたい暴言に、脳天まで響くほどのショックを受けたとマークに訴えられたのを、キンバリーはいまでもよく思いだすという。

彼女は「黒人の文化、ヒップホップは居留地の若者に人気があるのにもかかわらず、黒人が嫌われるのはおかしなことです」と納得のいかない顔をする。最近は居留地で、伝統行事の際に、ヒップホップの衣類や装飾品などを取り扱う店が出店することが問題視されている。若者の受けはいいものの、伝統的な観点からは、到底受け入れられるものではない。

マークに、一〇歳のときのパウワウでの苦い思い出についてたずねると、彼はあっさりと受け流した。

「黒人の男なら誰でも経験することです。とくに気にしてはいません。たまたまそれをいったのが、先住民の子どもだっただけです。先住民だって、人種差別をします」

ただ彼は、そのときのことをはっきりと憶えていた。自分へ浴びせられた蔑称がいまも心に焼きついているのだ。

彼にとって問題だったのは、五歳の子どもの言動ではなくて、むしろそのことを知ったまわりの人たちが、なぜその子になにもしなかったのかと、彼を咎めるような視線をむけたことだった。彼は冷静に反論する。

「もしも、その子に手をあげたら、その子の父親や親戚がきて、わたしは袋だたきにされてしまったでしょう」

五歳の子どもが差別的な発言をするということは、まわりにいる大人たちが、家庭でおなじような言葉を使っているのだろう。居留地で喧嘩にでも巻きこまれたら、ひとたまりもない。外見が黒人のマークは、完全に少数派だ。

マークが居留地を好きになれないのは、子どもの面倒をきちんとみられない無責任な大人が大勢いるからだという。居留地で勝手気ままに子どもたちが走りまわるのは、ほのぼのとした風景だが、彼は「しつけがなっていないのです」と批判的だ。

居留地に暮らす、彼の友人の両親は、一一歳の孫にショットガンを買いあたえた。うさぎを狩る目的だったが、その男の子は銃を片手に走りまわり、誤って自分の足を撃ってしまった。命に別状はなかったが、大けがを負った。運良く手術は成功し、歩けるようにはなったものの、足には障がいが残った。

「どんなゲットーの黒人でも、一一歳の子どもにショットガンをもたせたりなどしません」とマークはあきれていう。そして、「ショットガンでうさぎを撃ったら、威力がありすぎて、木っ端みじんになってしまいます。食べるところは残りません」と理解に苦しむ素振りをする。

居留地では、いろいろな事件が日常的に起こるが、一般社会では事前に防げるものがほとんどであるのも事実だ。

「だから居留地は嫌いなんです。子どもの教育上よくありません。そこに生きている人たちを尊敬していますし、素晴らしい文化もあります。ただ、教育を受けた人は居留地から引っ越してしまい、常識がない人が残ってしまうのです」

彼は落胆した表情を見せ、ため息をついた。本人はあまり語らないが、先住民から差別をされたのは一〇歳のときだけではない。ミネアポリスの集合住宅、リトル・アースに住む叔母（キンバリーの妹、スージー）に会いに行ったとき、黒人ギャングとまちがわれて、殺されそうになったこともあると話してくれた。

彼を殺そうとしたのは、リトル・アースを縄張りにドラッグなどを売る、ダコタ族を中心にした先住民のギャング集団だった。

「先住民にも、人種差別主義者はいます」

マークはまたそういって、話題を変えようと目をそらした。先住民には仲間意識があり、そのなかに自分は入っていけない。先住民に襲われそうになったのは、一度や二度ではない。マークは黒人であるがゆえ、部族社会からの攻撃対象になることに、危機感を抱いているようだった。

いっぽうで、黒人社会では、誰も彼を差別せず、居心地がよい。すこしでも黒人の血が混ざっていれば、黒人として快く接してくれる。だから彼も、自分の存在を肯定的に受けとめてもらえる安心感があるのだ。

黒人社会も、先住民社会とおなじように、民族的にかなり多様だ。マークの親友はハイチ系の黒人だったし、べつの友人は中国人との混血だった。彼の複雑な生い立ちや、先住民としてのアイデンティティとは関係なく、ただ黒人のブラザーとして輪のなかに入れる。

マークが生まれたとき、彼の父親は一八歳だった。ふたりが一緒に暮らしたのは、マークが一歳のときまでだ。まだ若い父親に、子どもを育てる金銭的な余裕はなかった。その後、父方の祖母がマークの面倒をみていた時期がすこしだけあるが、彼を育ててきたのは、母親や伯母、祖母をはじめ、すべてダコタ社会の人びとだった。

しかし彼の心のよりどころは、ダコタ社会ではなく黒人社会にある。彼を育んだ先住民社会から、彼は除外されてしまったのだろうか。

「日常生活では黒人として生きていますが、人にきかれたときに、先住民のルーツを話すことは嫌ではありません。むしろ誇りに感じます」

高校生のとき、歴史の授業の研究課題には、ダコタ族やリトル・クロウのことを取り上げた。自分の先祖を人の前で発表できるのはうれしかったようだ。しかし、先祖の生きた時代を白人のクラスメイトは理解してくれない。リトル・クロウのことを話せば、黒人としてだけでなく、先住民としても偏見にさらされる。

それだからか、マークと先住民のつながりは、家族に限定されている。その分、リトル・クロウからつづく文化をつぎの世代に伝えてきたリーアンへの尊敬のまなざしは強い。

## 第七世代の職探し

黙っていると、怒っているのかと勘ちがいされる。そのことを気にすると、ますますとっつきにくい顔になる。バークレイのコミュニティ・カレッジ（以下、短大）に通いはじめたのはよかったが、なかなか時間通りに学校に行けず、遅刻して教室に入るときのまわりの目が気になる。マークは短大で日本語の授業を受講していたので、わたしは彼の家庭教師をしばらくやることになった。マンツーマンでは集中できるものの、ひとりになるとなかなか勉強に身が入らない。

これでは学費の無駄だ。もしかすると、勉強よりも働くほうが先なのかもしれない。家族からもおなじ意見がでていたので、マークは一学期通ったあと、短大をしばらく休学することになった。そんな彼の職探しにつきあうことにした。手はじめに、近所にある行きつけの食料品店からあたってみた。

「最近、大勢の労働者を解雇したばかりで、求人はありませんよ」と顧客係は素っ気ない。凝りずに、べつの食料品店に行くも、忙しそうな従業員に「店内にあるコンピューター端末で個人情報を入力して応募しておいてください」とこちらには目もくれずに、にべもなくあしらわれた。

マークは店の隅に設置されたコンピューターに入力をはじめたが、ふるくて、うまく機能しないため、なんどもやり直さなくてはいけない。まるでコンピューターが「求人はない」と応募者を蹴《け》散《ち》らしているようにも受けとれてしまう。

コンピューターと格闘していたおよそ二〇分のあいだに、白人の若者四人がマークのうしろに列をつくった。仕事がないのは黒人や先住民だけではない。

仕事を探すマーク、19歳（カリフォルニア州バークレイ、2009年8月）

そんな折、労働組合をまったく支持しないために、争議の舞台にもなったことがある食料品店が新店舗をオープンした。当然、求人がでているはずだ。渡りに船とばかりに、マークとふたりでピカピカの店内に乗りこんだ。

希望に満ちあふれた明るい店舗だったが、「現在の時点で、応募数は三〇〇〇になりそうです」と事務員はつれない。マークは完全にひるんでしまった。なかには大学を卒業したばかりの若者もふくまれていると告げられ、勝ち目はないとふたりで落ちこんだ。おまけに、スーパーマーケットで働いた経験も必要だと畳み掛けるようにいわれて、すぐに店の外に逃れた。

どこに行っても求人がないのは、サブプライム・ローン問題が直撃したアメリカの不景気を象徴している。この当時（二〇〇九年六月）の失業率は、九・五パーセント。日本とくらべてかなり高い。しかも、マークの年齢層（一〇代後半）の

バークレイの倒産した中華レストラン。テナントを募集するも、借り手はあらわれない。

若者の失業率に限っては、その二倍以上の二四・六パーセントにまで跳ね上がる。

キンバリーからは、「仕事がみつからなくても、やさしく接してやってください」と頼まれていた。この失業率では、仕事にありつけるほうが不思議に思えてくる。それでも「ぜったいにあきらめない」ことを約束し、ふたりで地下鉄に飛び乗り、サンフランシスコにむかった。

観光客で賑わう中心部のショッピングセンターに照準を定め、その地下にある飲食店街を訪れた。ピザとスパゲティが売りの、イタリアンのファーストフード店で求人の有無をたずねた。

清掃をしていた二〇代と三〇代くらいのふたりのメキシコ人の女性にきい

てみる。彼女たちに、英語はまったく通じない。高校時代に学んだスペイン語には自信がある、と豪語するマークが本領を発揮すると期待したが、彼は「アンクル、実はできないんだよ」と情けない顔をする。

どぎまぎしている彼を見ているのがつらかったので、仕方なく、未使用のために役に立たない自分のスペイン語でコミュニケーションをとることになった。

「ここにいるわたしのまじめなちいさな弟が、必死に仕事をもとめているのですが、ここで人は足りていますか。足りていないのなら、ぜひチャンスをください」

いまから考えると、すごくヘンなスペイン語だった。咄嗟《とっさ》だったので、同情を買わないといけないと全力でぶつかったのだが、相手は移民だ。アメリカ人のマークよりも過酷な環境に生きているのはあきらかだ。それでも一応は通じたみたいだ。

「マネージャーにきいてみるから、待っていなさい」とそのうちのひとりがこちらに目配せする。しばらくしてもどってきた彼女は、「マネージャーはいま忙しいから、明日以降にくれば仕事があるかないかがわかるかもしれません」とだけ告げると、すぐに仕事にもどっていった。

明日、必ず行くようにとマークを説得したが、彼は行かなかった。まさか、仕事を探すのにスペイン語が必要になるとは彼も予想していなかったのだろう。高校を卒業したばかりのアメリカ人が、不景気のなかで仕事を探すことは、どんな割の悪い仕事でもすすんでこなす移民と、おなじスタートラインに立つことを意味していた。

メキシコ人の女性に微笑みかけようとするマークは、すごくシャイに見えた。サンフランシスコは居留地とも黒人街ともちがう。彼を守ってくれる仲間はいない。仕事を探す気があるのか、このままずるずる行くのか、わたしにはわからなかった。

## 中華街のアフリカ人

雇用があるところは、ほかにないのだろうか。ふと、バークレイからクルマで一〇分ほどのリッチモンドにある、アジアの食料品を扱う大型ショッピングセンターは、いつも活気にあふれていることに気がついた。仕事がみつかるかもしれない。

これはもともとベトナム人がはじめたスーパーマーケットで、カリフォルニア州だけではなくアリゾナ州にも店舗を拡大していた。台湾、中国、日本、タイ、韓国などから、ありとあらゆるものが輸入され、現地で買うのと大して変わらない価格で揃っている。

アジア系の店員と客に囲まれ、緊張気味のマークは、ヨットパーカーのフードを深くかぶっている。これだと顔の半分が隠れてしまい、かなり柄が悪く見える。やめるようにと注意したのだが、恥ずかしいのか正面を見ることができない。

英語に不慣れな、人事課の中国人女性が、そっとわたしの耳元でささやく。「彼はアフリカ人ですか？　もしかして不法滞在ですか？」

アフリカからの不法労働者を、日本人が斡旋していると思ったのだろうか。マークがあまりに自信なげだったので、彼のかわりにわたしがしゃべりすぎたのが原因だった。

「彼はアメリカ人です」

「ではどうして英語がわからないのですか」

と、自分の片言英語をそっちのけで、彼女は訝《いぶか》しがる。結局、中国語ができなければ仕事はない、と一蹴《いっしゅう》された。

そんなある日、彼はバークレイのダウンタウンを、前から好意を抱いていた二歳年上の香港出身の女友達と歩いていた。その子にはべつに同郷のボーイフレンドがいて、会話はなかなか深まらない。

そこで、妙案が浮かんだ。突然、すぐ目の前のレストランの雨ドイに手をかけて、たくましい上腕を硬直させて懸垂をはじめたのである。自分の肉体美に彼女が感激すると見込んでいたのだが、それよりも早く、男性の太い声が背後から響いた。

「立派な筋肉だ！　柔軟で最高だ！　こっちで懸垂すれば、大金が稼げるぞ！」

いろんな人にそっぽをむかれる青春のど真んなかにいる自分に、声をかけてくれる人がいる。その声のほうに目をやると、一分の隙《すき》もない軍服姿の白人男性が手招きしながら白い歯を見せて微笑んでいた。

「軍隊に入りなよ」

となにか裏がありそうな言葉を投げかけてきた。仕事探しにくたびれていても、希望がまったくないわけではない。テレビでは、仕事がない現状を煽《あお》るように、これでもかと「軍隊に入ろう」と誘うコマーシャルが流れている。

しばらくして、マークはカリフォルニア大学の構内にある本屋で、アルバイトの店員として働きはじめた。わたしの研究室から目と鼻の先だったので、昼休みによく遊びにいった。

マークが担当していたのは、ドアのところで客ひとりひとりに挨拶する係だった。彼は「つまらない仕事」とぼやいていた。浮かない顔をして店頭に立つと、用心棒のように見える。それでも足が棒になるまで街を歩き、就職活動をしてきた彼には、かけがえのない仕事だったはずだ。

彼が働く姿を遠くから見ているだけで、うれしかった。マークに気づかれないように、ほぼ毎日その店に立ち寄っていたのだが、ある日を境に姿がぱったりと見えなくなった。すぐに彼の携帯電話に連絡をすると、身体の調子が悪いと暗い声で答えた。

実は、一一人いたアルバイト店員のうち、マークをふくむ八人が突然解雇されたという。そのことを教えてくれたのは、それからしばらく経ってからだった。

## 帰り道

ふたりで職探しをしていたころ、ハーバード大学教授で、高名な黒人文藝評論家でもある、ヘンリー・ゲイツ・ジュニア誤認逮捕のニュースが流れ、大騒ぎになった。二〇〇九年七月一六日、旅行から自宅に帰った教授は、カギがないことに気づく。仕方がないので、彼は自分の家のドアをこじ開けて入ろうとした。それを見た近所の人が警察に通報し、彼はそのまま侵入容疑で逮捕された。

おなじ時期にマークにも似たようなことが起こった。

家のカギをなくしてしまい、勝手口にまわろうと思ったが、門のカギが内側から閉められていた。彼の身長よりも高い木製の門だったが、自慢の脚力を活かしてよじのぼった。するとすぐに、巡回中の警官に、泥棒と疑われて事情をきかれることになった。命ぜられるがままに、身分証明書を見せ、そこに書いてある住所と家の所在地が一致したので、逮捕にはいたらなかった。

そんなことがあっても、「よくあることですよ」と、それ以上は触れようとしない。彼にとっては、恋愛や仕事のほうが、大きな悩みだったのだ。

あるとき、マークがかなり夜遅くまでわたしの家にいたことがあった。何時間も語りあっていたので、そのまま泊まっていくようにいったのだが、オークランドの友人宅にどうしても行かなければならないと帰り支度をはじめた。終電に間にあうように、徒歩で二〇分ほど離れた地下鉄の駅にむかうことになった。まだ若い彼に夜道をひとりで歩かせるのはかわいそうなので、送っていくことにした。

薄暗い街灯があるだけのダウンタウンへとつづく道は、ひとりで歩くと物騒だ。駅のちかくにシェルターがあるためか、ホームレスの数がふえ、付近は昼間とはまったくちがう顔を見せる。

駅までの暗い道を歩いているとき、普段なら声をかけてくる物乞いやホームレスが、マークと一緒だと話しかけてこなかった。駅の構内にも数人のホームレスがいた。改札まで行き、彼が切符をもっていることを確認してから、むきを変えて帰路につこうとすると、すぐにマークがわたしを呼び止め、甘ったれた声をだした。

「あとで電話してもいいかな」

「今日はもう寝ようよ」

あえて、つっけんどんに答えた。マークは朝になってから眠る昼夜逆転の生活だったので、あまりに遅い時間に電話をもらうのは困る。

首を傾けて、「今日はありがとう」とうなずいた彼は、パーカーのフードをかぶり直し、改札を抜けて、地下鉄のホームに降りていった。

ふたりのやりとりの一部始終を見ていたホームレス風の恰幅《かっぷく》のいい黒人男性が、足を引きずりながら、こちらにむかってきた。彼はわたしに、「黒人のブラザーにはもっとやさしくしたほうがいいよ」とちいさく低い声でつぶやいた。

その男性はもっと話したそうだったが、だいぶ遅かったのですぐにその場を離れ、早歩きで家路についた。あまりに歩道が暗いので、だんだんと心細くなってきた。どうしてあんなに体つきのいいマークを、こんな夜更けに駅まで送ったのか、後悔している自分がいた。

彼と一緒に歩いた駅までの道のりは、誰も呼びかけてこなかった。が、帰りはまったくちがった。ホームレスの人たちがどんどんいい寄ってくる。おそらくマークは、わたしが想像できないような世界を日常的に見ているのだろう。

ふと、彼がその数日前に話してくれたことを思いだした。彼がオークランドの黒人街を歩いていたら、刑務所から出所したばかりの大柄の黒人男性が、うしろからついてきて、一方的に語りはじめたのだという。

「仕事から家に帰ったら妻の友人がいて、てっきり彼女の浮気相手だと思って殺してしまいました。妻にも重傷を負わせてしまったのです。すぐに捕まり、二〇年以上の刑務所暮らし。出所したはいいが、仕事もなければ、家もありません」

　自分の過ちを後悔しているその男性は別れ際、マークに「なにがあっても、キレてはいけません」とアドバイスを送った。同胞からの貴重な忠告だった。おなじ道を、わたしはなんどもひとりで歩いたことがあるが、誰にも声をかけられたことはない。

　黒人街の治安の悪い地区にマークと行ったことは数回しかない。彼はわたしと歩くことに気がすすまないようだった。それはギャングが彼のことを、べつのグループのギャングとまちがえて襲撃し、一緒にいるわたしが巻き添えをくったら困るという気遣いだった。黒人街には、彼にしか理解できない世界があるのだ。

　マークはリトル・クロウから第七世代であることに、特別な思いはないという。ダコタ族の先祖についてはあまり話そうとしない。

　ニッガーと呼ばれ、殺されかけたことがあるダコタ族のコミュニティには、複雑な思いがあるのだろう。彼の祖母リーアンは、ダコタ社会における、自分の孫への執拗《しつよう》な人種差別を悲しんでいる。

「一部の先住民がマークを差別していたのは事実です。それでも、本人の心の準備ができたときに、自分のなかにあるダコタ族の文化を学んでくれればよいと思います。そのときまで待つつもりです」

　もしもマークがパウワウや伝統行事に参加すると決めれば、すぐに手はずは整えると積極的だ。若いマークは、まだ心の準備ができていないようだ。

## マークのホームタウン

ミネソタ州セントポールの黒人街にある友人宅に滞在していたマークを訪ねたことがある。夕方になる前だった。

「遅い時間に歩きまわると撃たれます。気をつけてください」と、一八歳でもうすぐ父親になるコーディが玄関から顔をだした。アメリカン・フットボールのプロチームからスカウトがきている、筋肉質でスポーツ万能の弟コルテスも家のなかからでてきた。スイカを盛った白い皿を手にしている。

スイカはゴルフボールをひとまわりちいさくした、食べやすそうなサイズに切られていた。その赤い色と真っ白の皿の色が午後のやわらかい日差しに照らされて、美しく輝いていた。スイカはちょうど食べごろで、おいしそうだった。彼らはそれをフォークで軽快に口に運び、種をうまいぐあいに空中に吐きだしていた。わたしはその種が芝生に着地するのをのんびりと眺めていた。平和な夕暮れのひとときだった。

この光景を見ながら、現在バーモンド大学地理学科で教鞭をとるラシャード・シャバズーの言葉を思いだした。黒人男性であるシャバズーは、大学院時代に学部主催のパーティで、フルーツが盛られた皿にスイカがのっていても、ぜったいに手に取ることができないと話していた。

「まわりから一挙手一投足を監視されているようで、お皿の前では迷うしぐさは見せません。なにを取るかを決めておいて、目標のフルーツを手に入れたらすぐに会話に入りこむのです」

両脇にスイカを抱えた黒人の少年が、目の前にいる生きた鶏を見ながら立ちすくんでいる有名な絵がある。スイカを地面におくか、鶏を生け捕りにするか、どちらにするかためらっている姿を、差別感情をあらわに描いたものだ。

黒人が太いピンク色の唇のなかから真っ白い大きな前歯をむきだしにして、四分の一くらいに切られたスイカにかぶりつく絵もよく知られている。大好物のスイカにかぶりつく黒人の姿は、アメリカ社会に根を張ったステレオタイプのひとつである。

「薄く切られているスイカでも、まわりの目は変わらないような気がしました。自意識過剰なのかもしれませんが、わたしはスイカに手をつけることがどうしてもできません」

とシャバズーは肩を落とす。身長二メートルちかくある彼が、とてもちいさく見えた。

彼は、カリフォルニア大学大学院サンタクルーズ校歴史認識学研究科で、黒人女性研究の大御所、アンジェラ・デイビスの指導のもとに博士号を取得した。デイビスは不平等な司法制度によって投獄されたマイノリティが、刑務所のなかで、超低賃金で働かされていることを告発し、現在もつづく奴隷制の実態を痛烈に批判している。

そんな革新的な思想をもつラディカルな研究者が集まる学部のパーティでも、シャバズーはスイカを食べることができなかったのだ。

しかし、セントポールのゲットーで、沈みゆく夕陽を浴びながら黒人の若者たちが食べていたスイカは、みずみずしくて、鮮やかだった。

これがマークを受け入れてくれる、セントポールの黒人街の日常だった。

マークはその後、バークレイでの暮らしに一区切りをつけ、ミネソタ州に帰り、生活を再開した。家のちかくの食料品店で仕事をみつけ、アパートを借りて念願のひとり暮らしを実現させた。そして彼は、先住民ならば学費が無料になる、ミネソタ大学モーリス校への入学を計画している。部族員でなくても、先住民の血をひいていることさえ証明できれば、学費免除の対象になることをつい先日確認した。

第七世代の葛藤はつづいていく。マークはダコタ族の先祖とのつながりについてこう語った。

「リトル・クロウが経験した痛みは、わたしたち七世代目で癒やされたと思います。世代をへるごとに、家をもつことや大学に行くことが不可能ではなくなりました。祖母の世代よりも、母親の世代は夢をつかみやすくなりました。現に母は弁護士になる夢を叶えました。けれども、先住民はまだまだ困難を乗り越えている最中だと思います」

いま、マークは一歳のときに別れ、八歳のときに一時間だけ過ごしたきりになっている父親との再会にむけて、動きはじめている。「自分のなかにある黒人のルーツを知るためには、父親とむかいあわなくてはいけません」と話すマークは、生き生きとしている。

リーアンはマークのことになると必ずこういう。

「まだ若いのだから、さまざまな経験を積み重ねる時期です。いろいろな血をひいているから、プロゴルファーのタイガー・ウッズ（このときは不倫問題が取りざたされる前だった）やオバマ大統領みたいになれるかもしれません」

ルーツが複雑な分、彼の将来への期待は大きい。

マークの母、ジョディ・トールベアーのハムリン大学法科大学院卒業式のあとで（ミネソタ州セントポール）

## パウワウの黒人ヒーロー

七月四日の独立記念日、アメリカでは愛国的なムードが一気に盛り上がる。家庭では庭でバーベキューを楽しみ、夕方からは打ち上げ花火を鑑賞するのが一般的な独立記念日の過ごしかたである。毎年この日、南カリフォルニアで最大級の利益を上げるカジノ・リゾートを経営する先住民部族、ペチャンガ族は大規模なパウワウを主催する。

二〇〇九年の独立記念日の前日、当時住んでいた北カリフォルニアのバークレイからクルマで八時間かけて、トールベアー一家とともにペチャンガ族の居留地を訪ねた。同年五月にバークレイのパウワウで、ダンサーとして念願のデビューを果たしたカルメンにとって、六月のスタンフォード大学でのパウワウにつづき、これが三回目のパウワウ体験になる。もっとも、居留地で踊るのは今回がはじめてだ。

部族経営のカジノとホテルが見渡せる広大なグラウンドに円を描くように設置された会場には、巨大なスピーカーが置かれ、無数のライトが砂漠の青空に伸びていた。芝生のダンス会場を観客席が囲み、その周囲に数え切れないほどの露店が連なっている。会場をひとまわりするのに、二〇分はかかるほど、その輪は大きくひろがっていた。

パウワウは七月三日の夜から五日の夕方まで、三日間にわたってくりひろげられる。伝統的な衣装をまとう先住民だけでなく、各地からさまざまな人種の観光客が訪れ、大いに盛り上がる。インディアン・タコ（揚げパンの上に野菜やチーズ、ひき肉をのせたもの）を頬張りながらダンスを見物し、買い物に興じる家族連れの姿も目立った。

カルメンは初日の夕方に済ませなくてはならない登録を逃したが、翌日から登録不要といわれていたダンスに参加することを決めた。しかし、つぎの日に会場にでかけ、身支度を整えたところで、前日に登録を済ませていなかったことが問題にされ、参加が許されなかった。

パウワウの全体的な雰囲気が、なぜかペチャンガ族関係者やその家族をあからさまに優先していたこともあり、リーアンをはじめトールベアー家の一同は憤慨していた。せっかく遠い道のりをやってきたのに、カルメンは踊ることができず、リーアンがこの日のためにつくったど派手なパウワウの衣装にくるまり、ひとり意気消沈していた。

午後八時過ぎに日が暮れると、いくつものアメリカ讃歌が特設の巨大スピーカーから大音量で流れるなか、およそ一時間にわたって盛大な花火が打ち上げられた。パウワウのダンスも一時中断し、先住民の祭りが、一瞬でアメリカ的でポップなものに様変わりする。

重低音を排出するスピーカーからはひっきりなしに愛国主義的な音楽が流れ、花火が上がるたびに、居留地は人びとの歓声に包まれた。全米失業率が九・五パーセントにまで上昇した不景気のあおりを受けて、独立記念日のイベントの規模を縮小した自治体が目立っていた。そんななかで、ペチャンガ族のパウワウは部族の潤いを顕示するかのように、この年も大盛況だった。

先住民への侵略、虐殺、搾取、そして差別をくり返してきた国家の独立記念日を、パウワウで祝うのはなんとも皮肉だ。しかし、カジノ・リゾートを基盤に、ボクシングやコンサートなどの娯楽産業でも成功をおさめているペチャンガ族にしてみれば、この日のパウワウは、居留地のさらなる経済発展のための布石なのだ。

会場には先住民の工芸品や装飾品の露店がところ狭しと立ち並んでいる。ひときわ異彩を放っていたのが、マイケル・ジャクソンのTシャツを販売する店だった。六月二五日にジャクソンが逝ってから、九日間しか経過していなかったが、Tシャツ以外にも、バッジやポスターなど、さまざまな関連商品が置かれていた。

ほぼすべてのTシャツには、「キング・オブ・ポップ、永遠に　マイケル・ジャクソン　1958－2009」などのメッセージが入っている。シャツのデザインから、そのほとんどがジャクソンの死後、いそいでつくられたものであることがわかる。

店主によると、ジャクソンの人気は先住民のあいだでも非常に高く、シャツの売り上げも上々とのことだった。その理由をきいてみると、「ブラック・オア・ホワイト！」と即答した。

「あのビデオには、先住民のダンサーがでています。そのシーンはたった三六秒。ポップミュージックのビデオに、先住民が出演した歴史的な瞬間でした」

そして、彼は意気揚々とこうつづけた。

「マイケルの父親には先住民の血が流れています。だからマイケルは、先住民のあいだでも人気があるのです」

さらに店主は、カリフォルニアでおこなわれたパウワウで、ジャクソンの父親ジョセフ・ジャ

マイケル・ジャクソンのTシャツを売る露店

クソンを目撃したことがある、と自慢げになった。はじめてきく話だったが、先住民にも絶大な人気を誇るジャクソンならば、ありえるかもしれないと思った。

ダコタ族と黒人の混血であるマーク・トールベアーと一緒に時間を過ごしているときに、先住民社会にはびこる黒人差別の根深さを目の当たりにした。ただ、差別の実態はそれぞれ個人のおかれた状況や部族社会との関わりかたによってことなるため、全容はなかなか把握できなかった。国民的なエンターテイナー、マイケル・ジャクソンが先住民社会と黒人社会に残した足跡を探れば、その両方の血をひく人たちの苦悩や希望、彼らが生きる現在が見えてくるような気がした。

「ブラック・オア・ホワイト」

一九九一年に発売されたヒット曲「ブラック・オア・ホワイト」のミュージックビデオの序盤、パウワウのダンサーに囲まれたジャクソンは、円を描くように華麗に舞う。そのステージのまわりを、馬に乗って銃を構えた先住民が駆けまわる。西部劇の先住民像に象徴される、ステレオタイプをあえて使いながら、ジャクソンは、人種の壁を乗り越えていこうと謳っている。

場面はつぎつぎと切り替わり、タイ、インド、ロシアなど、世界中の街を背景にさまざまな民族とともに踊るジャクソンの姿は軽快で、魅力的だ。この曲でくり返されるフレーズは、「It don't matter if you're black or white（黒人でも白人でも、関係ない）」。文字通り、人種に関する強い思いがストレートに表現されている。

先住民のダンサーと踊るシーンの終盤、ジャクソンは伝統的なパウワウの衣装を着た、白人とも見える少女の手を取って軽やかにステップを踏む。他人種との混血がすすむなか、「純血」の先住民の数は減少しつづけている。

二〇一〇年の国勢調査の結果では、先住民は二九三万二二四八人と記録されているが、それに加えてふたつ以上の人種カテゴリー（ヒスパニックや白人、黒人など）に印をつけた人を合わせると、五二二万五五七九人にものぼる。ジャクソンと踊る「混血」の少女は、先住民社会の現実であり、その将来なのだろう。ビデオのなかの少女がキンバリーの娘、カルメンとだぶって見えた。

現在のアメリカで、先住民のアイデンティティは、さまざまな政治的、経済的な意味をもつ。一九六〇年代の公民権運動の影響を受けて、彼らにたいする社会的な意識が大きく変わり、わずかでも先住民の血筋をひいていることを誇示する人は確実にふえた。

また、ペチャンガ族のように、カジノで成功した部族は強大な経済力を有し、その部族員は、巨額の分配金（月々およそ一万五〇〇〇ドル。二〇〇四年時）を受けとることができる。そのため、カジノで潤ういくつかの部族は、あらたな部族員を受け入れることに消極的なだけでなく、すでに部族員として認められている人からも権利を剝奪《はくだつ》することがある。

それまで先祖代々おなじ居留地に暮らしていた人が、ある日を境にいきなり部族とはまったく関係ない人物とみなされ、部族社会で居場所を失ってしまう。ペチャンガ族の場合、二〇〇四年から二二〇人の部族員登録を突然無効にすることで、個々への分配金の額を引き上げることに成功した。

たいていの部族が、一定の割合の血筋をひく者にのみ部族員資格を認めているため、ほかの人種や複数の部族の血筋をひく子どもたちが、歴史的、文化的なつながりをもつ特定の部族に所属できなくなるという事態が生まれている。

つまり、法的に「先住民」としての資格をもつことのできない先住民が増加する傾向にある。マークやカルメンが、そのよい例だ。先住民社会の多人種化、そして血筋に根ざしたアイデンティティや、法的な諸権利の形成は、複雑な問題をはらんでいる。

## 黒人への偏見

サンフランシスコ州立大学ネイティブ・アメリカン学科で教鞭をとる、ロバート・コリンス

（三五歳）は、オクラホマ州のチョクトー族の血をひく黒人だ。彼とカリフォルニア州バークレイの隣町、エルセリートの書店に併設されたカフェで待ちあわせた。ジャクソンの死後、一二日がたっていたが、店内には彼の歌がひっきりなしに流れていた。

チョクトー族は、奴隷解放令が布かれる一八六五年まで、白人と同様に黒人奴隷を所有していた。その過程で、奴隷主である先住民との混血はすすんでいった。

みずからのルーツと存在を探る意味もこめて、コリンスは先住民の歴史における黒人の軌跡について研究をつづけている。彼は子どものころから、白人だけでなく先住民からも激しい人種差別を受けてきた。黒人の血をひく部族員の歴史や文化に反感をもつ先住民はいまだに多く、その矛盾と不条理を学術的に分析しようとしている彼への風当たりは厳しい。

二〇〇九年五月にミネアポリスでおこなわれた、先住民研究者が一堂に集うネイティブ・アメリカンおよび先住民学研究学会でコリンスが発表した黒人先住民に関する研究は、大きな議論を巻き起こした。「黒人は特有な文化をもっているのだから、あなたの研究は先住民学の枠組みには相応しくないのではないか」などと、冷ややかに批判する研究者も目立った。しかし彼は、この手の意見には慣れているようで、きわめて落ちついた受け答えをしていた。

白人と先住民の混血の研究者は大勢いるが、そのような差別を経験するのは稀だ。先住民の黒人蔑視は、学会においてもあからさまである。

先住民としてのアイデンティティについて話をはじめると、「君は先住民ではないでしょう」と説き伏せるような強い口調でいわれることが頻繁にある、と彼は困惑した表情になった。

「そんなことをいう権利が、誰にあるのでしょうか。オバマが大統領選挙にでていたときにも、父親がケニア人のオバマを、奴隷としてアメリカに連れてこられた人を先祖にもつ黒人と同様に扱っていいのかという議論がありました。他人のアイデンティティを断定する権利は、誰にもないはずです。先住民には、白人との混血は同胞として迎え入れても、黒人との混血は差別する傾向があるのです」

コリンスは、友愛のイメージが先行する先住民社会にある黒人への差別感情を研究してきた。「ブラック・オア・ホワイト」が表象するように、先住民は白人だけでなく、そのほかの人種とも混血をくり返してきた。ジャクソンに大きな影響を受けたと認めるコリンスはこういう。

ロバート・コリンス

「どのような生きかたをしても敵はできるはずです。それでも、自分自身の生きかたを貫くことの大切さを教えてくれたのが、マイケル・ジャクソンでした」

ムーン・ウォークが大流行したのは、コリンスが小学校三年生のころだった。校庭で、クラスだけでなく、全学年の友達と列をつくって、ジャクソンのまねをして遊んだことを懐かしそうに思いだす。

「マイケル・ジャクソンは、人種やエスニシティについてまわる固定観念を、つねに壊しつづけてきました。黒人はこうあるべき、先住民はこうあるべき、と型にはまった考えかたを超え、自分らしく生きていくことを教えてくれました」

またコリンスは、ジャクソンの父親であるジョセフ・ジャクソンは先住民の血をひいているのではないかと感じている。

「ジョセフの顔を見れば、彼が先住民の血をひいていることはあきらかなように思います。ただ、黒人であるがゆえに部族社会から拒絶され、先住民として生きられなかったのかもしれません」

「ブラック・オア・ホワイト」のビデオでジャクソンと軽やかにステップを踏む、先住民の衣装を着た白人のような少女のことをたずねると、やはりコリンスも混血がすすむ先住民社会の将来をあらわしていると考えていた。そしてその少女は、部族の一員になれなかったジャクソン自身なのではないかという。

コリンスは、みずからの歩みをジャクソン親子に重ねあわせながら、ジャクソンの音楽やパフォーマンスに鼓舞され、生きていく力を得てきた。

### 先住民の優越感

黒人奴隷を所有していた先住民部族はチョクトーだけではない。そのほかにもチェロキー、チカソー、クリークなどの部族が、白人の侵略によって狩猟や採集を基盤にした生活を一変させられ、農業に従事するようになった。その際、黒人奴隷を所有し、搾取することによって生産性を上げる手段を学んだ。

先住民社会には、戦争などで捕虜にしたほかの部族の人たちを、奴隷にしていた過去がある。しかし、黒人を奴隷にしたことは、部族が大規模な農業を基盤にした生活、そして資本主義を強制されたことを象徴している。白人がつくったプランテーションの経営システムを部族社会に取りこみ、効率よく収入を得るには、黒人奴隷の労働力が必要不可欠だったのだ。

　コリンスは先住民が黒人を奴隷にしていた歴史について厳しい見解をもっている。

「どういう理由であれ、奴隷を所有していたことは許されるべきではありません。白人の影響であるといえば、きこえはいいかもしれませんが、だからといって白人の奴隷主と先住民の奴隷主に、それほどちがいがあったとは思えません」

　白人と先住民、それまで歩んできた歴史は大きくことなるものの、どちらも奴隷制を享受し、黒人を搾取して利益を上げた。部族社会では、黒人奴隷を所有することが、近代化への第一歩だったのだ。

　チョクトー族は、もともとアメリカ深南部、現在のミシシッピー州周辺を生活圏としていた。しかし、そのほとんどは、侵略してきた白人に肥沃《ひよく》な土地を追われ、現在のオクラホマ州およびその周辺に建設されたインディアン・テリトリーに強制連行された（詳細は第5章）。

　コリンスがこだわるのは、先住民みずからが、自分たちを黒人よりも白人にちかい人種と位置づけた歴史的な経緯だ。オクラホマ州の人種のカテゴリーは、黒人と白人のどちらかしかなく、一滴でも黒人の血が混ざれば黒人とみなされた時期がある。そのはざまにいた先住民は、白人社会からは排除されながら、「黒人ではない」との理由で、州政府からは白人として識別された。

その結果、一部の先住民は、「自分たちは白人によりちかい人種」、と優越感を抱くようになる。そして、黒人と先住民の混血は、先住民としてではなく、黒人として認識されるようになった。

コリンスの先祖が生活していたオクラホマ州のチョクトー族の社会では、南北戦争（一八六一～一八六五年）終結後に解放された黒人奴隷は、部族員になることは許されたものの、部族政府の役員になることは、長いあいだ認められていなかった。また、黒人の血が混ざった一部の先住民に、財産を継承する権利をあたえなかった時期がある。

多くの人たちが遺産を相続できず、部族社会から切り捨てられていった。彼は、これらの悪しき習慣の影響が、現在も残っているという。

チョクトー族と黒人との混血だったコリンスの曾祖母は、先住民社会での熾烈な差別を避けるために、娘（コリンスの祖母）を連れてオクラホマ州を離れ、隣のテキサス州に移り住んだ。そこでは、部族社会のしがらみから逃れて生きることができたのだ。

その後、テキサス州でコリンスの母親が生まれる。しかし、新天地での暮らしも長くはつづかなかった。人種差別が激化し、ふたたび一家は移住せざるをえなくなったのだ。一九五八年、祖母はまだ一〇代だったコリンスの母親を連れて、カリフォルニア州に引っ越すことを決意する。一カ所にとどまらないことが地域の因習や根深い差別にとらわれない唯一の生きかただった。成人したコリンスの母親は、オークランドで会計士として働きはじめる。

ルイジアナ州のニューオリンズで生まれ育った父親も、六〇年代に仕事をもとめてオークランドに移り、クルマの整備士になった。彼は、先住民、黒人、白人の混血だった。

父方と母方を合わせると、コリンスにはチョクトー族、チョクトー族とおなじ言語をもつホウマ族、コマンチ族、黒人、フランス系の白人、アイルランド系の白人の血が流れている。そのいずれもが、彼の人生を構築しているものであり、彼にとってはかけがえのないルーツである。

## グレイ・ゾーン

複雑な人種の背景があるコリンス一家を、先住民をふくむ周囲の人たちは黒人の家族としてしか見ていなかった。アメリカでは、人種の議論をするとき、その人や家族がもつ多様性については語られないことが多い。一滴でも黒人の血が流れている人のことを黒人とみなすという人種観がいまも支配的だ。たとえば、ジャクソン同様に高い人気を博す女性歌手ビヨンセは、先住民、黒人、フランス人の血をひいているが、黒人の歌手として分類されている。

バラク・オバマも黒人大統領として大きく取り上げられてきたが、彼の母親はアイルランド系の白人である。アイルランド系のあいだでは、同胞が大統領になったという意識が強いが、アメリカのメディアはそのことを積極的に報じようとはしなかった。白人との混血であっても、アメリカの社会的、文化的なコンテクストにおいて、オバマはあくまでも黒人である。

「もしも、オバマのもうひとつのルーツに触れたら、人種に関する一般的な議論が成立しなくなるのを恐れているのかもしれません」

コリンスは、人種の議論にはあいまいな部分が存在し、杓子定規《しゃくしじょうぎ》では計れないという。アメリカの法律や公共政策は、さまざまな人種問題にむきあい、対応してきたが、個々の家族のもつ複雑なアイデンティティには踏みこみようがない。

いっぽうで、個人の血筋の多様さにはこだわらず、すこしでも黒人の血が混ざっていれば、仲間として受け入れてくれるのが、黒人社会の懐の深さである。キンバリーの甥、マークの場合も、ダコタ族から差別されながらも、黒人社会にはあたたかく迎え入れられた。

そのことをコリンスに伝えると、彼は黒人社会にある排他性に言及した。彼の場合、チョクトー族の血をひいていることを黒人の友人に明かすと、たいがい「わたしたちとはちがうことがそれほどクールなのですか」と冷たく突き放されるという。

先住民でもあることが、黒人としての連帯感を損なう原因になりうる。なにもいわずに一黒人に徹していればオープンなコミュニティではあるが、自分の家族の人種背景に触れれば、まわりから咎められる。

「だからこそマイケルは、一黒人を演じていたのだと思います。その過程でさまざまな葛藤が起こり、肌の色を変えたり、顔を整形したり、情緒不安定になっていったのではないでしょうか」

と話したあと、話題を変えるようにコリンスは、ジャクソンとチョクトー族のリーダーとの共通点について説明をはじめた。

チョクトー族には、カリスマ性と統率力をもちあわせたリーダー、プシュマタハ（一七六四〜一八二四年）がいた。彼は、戦士として尊敬されるリーダーとはことなり、白人との共生を念頭において、平和的な解決策をもとめて連邦政府と交渉をつづけたことで知られている。

部族の外交に従事していたプシュマタハは、外の敵と戦争ばかりしていると、部族社会が内側から崩壊し、部族を破滅に追いこむと警鐘を鳴らしていた。コリンスが好むのは、「人を殺すのは簡単だが、説得するのは難しい」というプシュマタハの非暴力の思想だ。

人びとに平和をもたらし、大地を愛するところに、ジャクソンとプシュマタハの類似性がある。先住民、黒人、白人にかかわらず、差別的な態度で接してくる人にたいして、コリンスは微笑み返すことを心がけている。他人に差別をしないように強要しない。その姿勢は、ジャクソンとプシュマタハから学んだことである。

コリンスは黒人と先住民の関係は複雑で、部族が黒人を奴隷として所有した過去だけを取り上げたくはないと話す。白人の奴隷主から逃亡した黒人は、リンチや死刑の対象になり、どこにも居場所がなかった。そんな逃亡者を、部族社会が受け入れ、一致団結してかくまっていた時期があった。

先住民社会は、白人社会からの逃亡者が生きることが許される空間でもあったのだ。

## ミス・ナバホの出自

コリンスと先住民社会に行きわたる差別感情について議論していたとき、人口二五万人で全米最大のナバホ族居留地で起きた、黒人との混血にたいする偏見を象徴する出来事を思いだした。

ナバホ族は年に一度、ミス・ナバホ・コンテストをおこなっている。このコンテストは、単なる見た目の美しさを競いあうビューティー・コンテストではない。部族の歌や踊り、伝統知識および言語（ディネ語）に精通しているかどうかなど、いわゆる「ナバホらしさ」が重要な選定基準になっている点でユニークだ。それだけに、頂点を極めることは容易ではなく、ミス・ナバホに選ばれることは、ナバホ族だけではなく、全米の先住民からも認められる名誉である。

一九九七年におこなわれた同コンテストで、第四六代目のミス・ナバホの座を射止めたのは、黒人の父親をもつラドミヤ・コディだった。彼女は母方の祖母から羊の飼いかたや、部族に伝わる織物の織りかたを教わり、ナバホ族の伝統を身につけた。

コディは端正な顔立ちが輝いているだけでなく、歌とディネ語の才能にも恵まれ、その年のミス・ナバホに誰よりもふさわしかったのはまちがいない。ただ、黒人の血をひく女性がミス・ナバホに選ばれたことは、部族社会で賛否両論を呼び、議論の的になった。コディのミスコンでの勝利をめぐる論争は、アメリカ社会における黒人にたいする人種差別の思想が、先住民のあいだにも根を張っていることを浮き彫りにした。

ミス・ナバホになって注目を集めたコディは、歌唱力を活かしてCDデビューを果たした。二〇〇二年にはネイティブ・アメリカン音楽賞のベスト女性アーティスト賞を受賞。歌手として、居留地の外の華やかな世界で順調に躍進をつづけていた。

しかし、同年、彼女は突然逮捕された。当時交際していた男性がマリファナの売買に関わり、彼女もそれに協力していたという容疑だった。彼女は容疑を認め、有罪判決を受けた。そして二一カ月の懲役刑に服し、出所後は家庭内暴力に反対する活動家になった。

コリンスによれば、ナバホ社会には、コディは黒人の血をひいているから犯罪に巻きこまれたと考える人や、黒人との混血をミス・ナバホにするべきではなかったと揶揄《やゆ》する声もあるという。

差別をされてきた先住民族が、さらにほかの人種への偏見を再生産しているところに、アメリカ社会の陰惨な闇の深さがある。

## 生きる力

ジャクソンに刺激を受け、生きていく力をもらったと語るのは、コリンスだけではない。プエルトリコ人の母親と、チェロキー族と黒人の血をひく父親のあいだに生まれたマイケル・ブラウン（三三歳）も、ジャクソンのCDをすべて購入するほどの大ファンだ。

高校を卒業してから、経済的な理由で陸軍に入隊。運悪くイラクに派遣され、ほかの兵士同様に、言葉ではいい尽くせないほどの地獄を見た。いまでも本人は、軍隊での経験をまったく語ろうとはしない。

はじめてブラウンに会ったのは、二〇〇五年だった。彼の家族からは、イラクで見た荒廃した光景がよみがえる、ひどいトラウマを引きずっている、ときいていた。苦しそうな彼の横顔が、印象に残っている。

それから四年後、二〇〇九年に再会すると、目の輝きが以前とはちがい、晴れ晴れとした表情を見せるようになっていた。それでもイラクでのことは話題にできない雰囲気があった。退役したあとは、ニュージャージー州で軍事関連の仕事に就いている。

ブラウンはカリフォルニア州のリバーサイドにある、黒人が多い地域で生まれ、一〇歳になるまで、そこで生活していた。友達は黒人ばかりで、プエルトリコや先住民の文化とは無縁の環境だった。

カリブ海に浮かぶ小国、プエルトリコには、スペイン人がくる前から、先住民タイノ族が生活していた。侵略者の到来とともに植民地化がはじまり、一六世紀にはアフリカから奴隷が連れてこられた。こうした歴史を背景に、ブラウンの母親の先祖をたどると、彼にはスペイン系の白人、タイノ族、そして黒人奴隷の血が流れていることになる。

父方の曾祖母は、ノースカロライナ州出身の純血のチェロキー族で、祖父は黒人だった。幼少期に彼が接し、一番身近に感じてきたのは、父方の祖父の文化である。ただ、それはブラウンが友人や親戚から影響を受けたことであり、人格形成の大事な側面のひとつではあるが、彼のすべてではない。しかし一般のアメリカ人は、彼を単純にひとりの黒人としかみなさない。

現在、彼はニューヨーク市の郊外にあるマンションで暮らしている。地元には大きなプエルトリコ人のコミュニティがあるが、彼はまったく関わっていない。これまでもとくにプエルトリコの人たちと親しくしてきたわけではないので、いまさらつながりをもとうとは思わないようだ。

「自分のなかには、さまざまな人種や民族が混在しています。それは素晴らしいことですが、葛藤もあります」

自分のルーツに関して、複雑かつあいまいな部分があることを否定しない。チェロキー族の先祖に関しては「父親はチェロキーの文化についてある程度の知識があったようですが、自分はまったくわかりません。先祖の写真を見たことがあるだけです」と語る。ブラウンは、いつか自分自身に流れる先住民の血筋についても曾祖母の足跡をたどりながら調べてみるつもりだ。

チョクトー族と同様に、チェロキー族も黒人奴隷を所有していた過去があり、その子孫を部族社会から追いだしたことが問題になっている。彼らをどのように認知するかは、部族が取り組まなくてはならない大きな課題である。

「自分のなかにあるチェロキー族の文化をいまから学ぶには、かなりの限界があります。自分の曾祖父が、部族に使われていた奴隷だったのかどうかもわかりません」

写真で見た曾祖母の印象を、ブラウンは「まさしく、先住民のように見えました」と、すこし意外そうに述べた。そして、「どんなことでもいいから、チェロキー族のことを教えてもらいたかった」と残念がる。彼には、部族の文化を教えてくれる人はいない。

そんな人種背景をもつブラウンは、幼いときにジャクソンに救われたと話す。それは彼が七歳のときだった。体を壊して長期間入院するはめになり、友人に会えないつらさや、身体が治らない不安から、精神的にも不安定な時間を過ごした。そのときに救いになったのが、ステレオから流れる「スリラー」だった。独特な旋律が病床での焦燥感から彼を解き放してくれた。

また、ジャクソンの歌は、自分の心のなかで生じるアイデンティティとアイデンティティの衝突を和らげる効果があった。複数のアイデンティティをもったまま成長していく過程で、どう生きるべきかを考えていくのは苦しいことだったという。ブラウンにとってジャクソンは、思春期の心の支えだったのだ。

「マイケルからは、いまある自分に自信をもって生きていくことを学びました。素晴らしい才能があるにもかかわらず、彼はシャイで、いつも控え目で、権力に立ちむかおうとか、政治を変えることを意図した歌をつくったわけではありません。彼はただ、ひたすらエンターテインメントに徹し、その音楽は天才的でした。彼のような歌手は、ほかにいません」

軽快なテンポの歌の数々は、政治とはかけ離れていた。同意するかしないかといったプレッシャーがなかったことが、ブラウンに安心感をあたえた。自分のルーツにあるすべての文化を知ることはできなくても、わからない部分を受け入れ、自分らしく生きることを教わったことを感謝しているようだった。

別れ際、ブラウンは「いまでも、マイケルの歌声にけっこう癒やされています」と短くつぶやいた。「いまでも」という部分だけがすこし強く響いて、耳にこびりついた。

## 人種の壁を越えて

カリフォルニア大学バークレイ校環境政策・科学・管理学部で教鞭をとるキャロリン・フィニー(五一歳)は、ジャクソンとおなじ歳だ。ニューヨークシティで生まれ、三四歳まで女優として舞台やテレビに出演。その後、学問の道にすすんだ、異色の研究者だ。

彼女は、白人が大多数を占めるこの学部で唯一の黒人女性である。大学院時代には環境問題をテーマに、ネパールで実地調査をおこない、経験を積んだ。

現在は「アフリカ系アメリカ人とアメリカの環境政策」を主題に研究者として活躍している。アメリカにおける伝統的な環境運動を担ってきたのは、あきらかに中産階級の白人男性である。黒人をはじめとするマイノリティは、自然保護や環境問題全般に関心がない、と決めつける偏見も根強い。

フィニーはこうしたステレオタイプに対峙するあらたな問題提起をおこなっている。

フィニーは裕福な白人が暮らす、マンハッタンの郊外で黒人の養父母に育てられた。彼らは、白人家庭に住みこみで働く庭師とメイドだった。

九歳のときに学校から自宅に帰る道すがら、警官に呼び止められる。警官はまだあどけなさが残るフィニーに、「ここで働いているのですか」と真顔で尋問した。

上流階級の人しか住めないような区域に、黒人の女の子が歩いていること自体が、その警官には事件だったのだ。自分の肌の色が、生まれ育った場所には不釣り合いであるとする人種差別の現実を、わずか九歳のフィニーは身をもって体験した。そのときの衝撃を、いまでも忘れられないと述懐する。

キャロリン・フィニー

そのころ彼女は、いつもテレビの画面に映るジャクソンを追っていた。「こんなに素晴らしい才能をもつ黒人の子どもがいる」と、勇気づけられた。

ジャクソンが子ども時代にきょうだいと組んでいたグループ「ジャクソン5」をはじめて見たとき、「この子たちは黒人なのに、これほどまで白人の支持を得ている。黒人でもスターになれるのだ」と希望がわいたという。寝室には、彼らのポスターを飾っていた。「あのころのマイケルは、本当に美しかった」としみじみと語る。

「芸術や音楽には、文化や人種を越えていく力があります。偏見をなくす力もあります。ただ、彼が人種や国を問わずに人気を獲得した最大の理由は、彼が政治的ではなかったからだと思います。彼の歌詞にこめられる思いは、恋や人生など、みんなが共感できるものでした」

たしかに彼の歌は、社会への怒りやフラストレーションを表現するのではなく、すべての人にオープンだ。万人に通じる普遍性があったのが特徴だった。

フィニーの同僚でもある、前出のキンバリー・トールベアーは、ジャクソンの世界的な人気の理由はなにか、との問いかけに簡潔に答えた。

「白人から脅威として見られるような存在ではなかったからでしょう。彼らはよく黒人男性に恐怖を感じますが、マイケルはそれを超える存在でした」

ジャクソンは人種の枠組みを飛びだすほどの才能に恵まれ、その突出した実力は、全世界で高い評価を受けた。しかし、いっぽうで「出る杭《くい》」としてメディアに叩かれつづけたのも事実だ。

「白人社会にもなんの障害もなく、いとも簡単に入っていける彼の才能が、逆に一部の人たちには恐れられていたのかもしれません」

とキンバリーはつづけた。もちろん、彼女の生まれ育ったサウスダコタ州の先住民社会でも彼の人気は絶大だった。居留地の人たちをも惹《ひ》きつける、特異な存在だった。

仕事探しを一緒にしたキンバリーの甥マークは、足が棒になるまで歩いたあとに、こういった。

「マイケル・ジャクソンが証明してみせたのは、人生っていうのは一発ウケて、それで終わりにはならないってことです。ひとつのことを根気よく、ずっとつづけていなければならないことを教えてくれました」

たしかにジャクソンは子どものころから、第一線をひた走り、死ぬまでスターでありつづけた。

「黒人には、すごい力をもっている人がいます。自分はすごいんだと目立ちたがる人もいます。でも、わたし自身をふくむ多くの黒人の弱さは、根気がないことだと思います」

おそらくマークは、一八歳で父親になった自分の父親、そして親友のことを話しているのだ。父親になるのは一瞬の勢いゆえだったが、本来ならば、一生その責任を負い、努力を持続させなくてはならない。

ジャクソンの対極にいたのが、おなじく黒人ミュージシャンで一九九〇年代に一世を風靡《ふうび》したMCハマーだった、とマークはいう。「俺はクールだ」とアピールして、彼の作品は爆発的なヒットとなった。「ハマーが誰よりもクールだってことはよくわかりましたが、そのほかになにができるのかと思っていたら、いつのまにか消えていました」。

マークは、ハマーを典型的な「一発屋」だとみなしている。そうなってはいけないと、自分にいいきかせているようだった。

## ブラックネスへの不安

マイケル・ジャクソンが白人社会で脅威に映らなかったのは、音楽と歌詞だけではなく、その外見の変化にも起因している。幾度となく整形手術をくり返し、皮膚の色がどんどん白くなっていった彼を、マスコミはスキャンダラスに報道しつづけた。

同時にジャクソンは、実につかみどころのない人物だった。子どものようでもあり、女性的でもあった。そのパフォーマンスは誰が見ても、人間業には思えないくらい卓越していた。だからこそ、万人に愛されたのだろう。そんな彼を、黒人社会はどのように受けとめてきたのだろうか。

「マイケルが自分のブラックネス（黒人的なもの）に、深刻な問題を抱えていたことはたしかだと思います」

シカゴの黒人コミュニティで生まれ育ったラシャード・シャバズー（三三歳）は、ブラックネスにたいするジャクソンの不安と迷いを、複雑な思いで見つめてきた。それでもなお、ジャクソンは黒人男性にとって憧れの存在であり、多大な影響をあたえている。

「マイケルは、黒人であっても、人種やジェンダーの壁を乗り越えて、成功できることを体現してくれました。彼が築いた栄光は、わたしが黒人男性として成長していくなかで、大きな励みになったのです」

現代に生きる黒人たちは、アメリカ社会におけるブラックネスの美しさ、そして悲しみを共有してきたと解釈することができる。

バーモンド大学で教鞭をとるシャバズーは、白人が大半を占める町で、ひとつしかない黒人が経営する床屋に毎週通うことにしている。地域に住むほかの黒人と床屋で四方山話《よもやまばなし》をするのが、自分のなかに根づくブラックネスを高めるために、ぜったいに必要な作業だからだ。

シャバズーはどこにいても、必ず黒人街に赴き、そこにある床屋で散髪をする。あまりに頻繁に行くため、月に一〇〇ドル以上かかってしまうことがあるものの、店主をはじめ、店に集まる黒人たちとの交流が、アイデンティティの確認には欠かせない。

シャバズーが大学院時代に住んでいたオークランドを訪れたとき、マークを連れて黒人街にある床屋に行った。わたしもこのとき、ふたりのブラックネスを確かめる「儀式」に同行させてもらった。

黒人街の目抜き通りに面した床屋の店内には、大型スクリーンのテレビ、高級ソファー、パソコンやビリヤード台などが備えつけられてあり、洒落《しゃれ》たサロンのようだった。その奥にはタトゥー・スタジオもあり、黒人の若者が漫画のキャラクターのタトゥーを入れていた。

ラシャード・シャバズー

シャバズーとマークは、ふたりともルイジアナ州出身の二〇代の黒人理髪師に散髪してもらい、日本でいう二分刈りほどの短髪になった。マークは、新しい髪型にご満悦だった。

彼はこれより二カ月ほど前、韓国人が経営する床屋で、ひどい目にあっている。黒人の散髪をしたことがない韓国人の女性理髪師が、彼の頭を見事な「坊ちゃん刈り」にしてしまったのだ。途方に暮れたマークは、仕方なくべつの床屋に行き、丸坊主にしてもらった。

黒人街の床屋で髪の毛を切ったあとに、短い巻き髪をそのままにしておくのではなく、頭皮になでつけるように、固いブラシで梳《す》かす方法をマークに伝授したのは、シャバズーだった。ダコタ族の家族には、彼とおなじ髪質の男性はいない。彼はこれまで、自分のカーリーな短髪を整える方法を教わる機会がなかったのだ。

ちなみに、わたしもこのとき、彼らとおなじ理髪師に散髪をしてもらった。黒人でないと入店を許可しない床屋が黒人街にはあるときいていたので、まだ若い理髪師にたずねると、「この不景気じゃ、客を選んでる余裕はありません。人種よりも金ですよ」と笑った。そのあとすぐにバリカンを頭皮にすべらせ、わたしも立派な坊主頭になった。

わたしのイガグリ頭を気持ちよさそうにさすりながら、「アンクルの髪の毛はカーリーじゃないんだね。ツンツン突きたっているね」とマークは感心していた。よく見ると彼の髪の毛は天に伸びず、頭皮の上でちいさく巻かれている。

実は、このときはじめて、ふたりがちがう人種であることを痛感した。それまでは、おたがいの差異についてはあまり触れたことがなかった。一瞬だが、会話が止まったのを憶えている。

## 部族の伝統と黒人文化

「いつか大学で学んだことを活かして、有色人種の女性のための美容ワークショップを手がけるのが夢です」

カリフォルニア州北部の居留地に住む、ピノルビル・ポモ族のデボラ・スミス（四八歳）は声を弾ませた。多民族国家アメリカで、いろいろな人種間の結婚がすすめば、母親とは髪質がちがう子どもが生まれる。その髪型をどう整えたらいいのかわからない母親がふえるだろう。トールベアー家のマークがそのよい例だ。

彼女自身はピノルビル・ポモ族の血を四分の一の割合でひく部族員だが、父親は黒人だ。彼女を育てた白人の養父母は、くせのある髪の毛をどう整えればいいのかわからなかった。だから彼女は、四方八方に爆発したような髪型で小学校に通った。

「いま思い返すと、やはり恥ずかしくなります」

居留地に生きる黒人先住民のことを知りたくなったわたしは、部族政府で事務の仕事をしているスミスにたずねた。

「先住民の子どもたちは、いまでも黒人のことをニッガーと呼びます。どれだけ説明してもわかってくれません」

北カリフォルニアの部族社会にも、黒人差別は根深く残っている。彼女はよく先住民から「あなたは先住民ではない」と決めつけられることがある。理由は彼女の肌の色だ。

「わたしはネイティブ・アメリカンであり、黒人でもあります。でも、白人の養父母に育てられたので、黒人の社会や文化について、家庭では一切学ぶことができませんでした」

幼いころ、まわりから黒人と見られ、そのように扱われた彼女は、黒人文化に興味をもった。唯一の情報源はテレビだった。ブラウン管に映る黒人は、自分の理想とはちがっていた。

「自分たちを取りまく問題をただ笑ってばかりいるようで、好きにはなれませんでした」

みずからのアイデンティティにたいする複雑な思いは、成長過程にあったスミスの心に空虚感

デボラ・スミス（右）とその娘ニコル（18歳）

を生んだ。

ある日、通っていたサンタロサ市の小学校の同級生の父親が、講演会に招かれた。ある部族のリーダーだった。小学校の教室で、自分の文化について堂々と発言する姿を見て感動した。

自分にも先住民の血が流れているのだから「先住民」として生きたいと思った。しかし、自分がどれほど先住民だといっても、「あなたは黒人でしょう」とまわりは冷ややかだった。

スミスは生後半年で事情により白人の養父母に引き取られたが、その後も実の母親や祖母とは定期的に会う機会があった。

小学校四年生のとき、彼女は先住民のビーズ工芸を学びはじめる。先住民の文化に親しんでいる姿を見せれば、たまに会うポモ族の祖母が喜んでくれると思ったからだ。しかし、祖母は彼女がつくったビーズの作品を、黙って視界から遠ざけるようなしぐさをするだけだった。

「実母は、祖母の前ではわたしに口をきいてはくれませんでした。血のつながりがあるのに、なぜやさしくできないのか疑問でした。祖母が自分のことを差別するのがとてもつらかったです」

祖母と白人男性とのあいだに生まれたスミスの母親は、先住民の血をひいているとは思えないほど、白い肌をしていた。母親は黒人男性とのあいだに、姉とスミスを産んだ。姉はスミスよりも肌の色が白かった。だから祖母は、姉ばかりをかわいがった。一家のなかで、スミスだけが黒人にちかい容姿をしており、祖母はその肌の色を嫌っていたのだ。

スミスの祖母が生きていた時代、一部の先住民は白人になろうと必死に努力していた。同化政策のもと、差別や弾圧を受けていたからこそ、彼女は自分の子どもの肌の色を白くするために、白人と結婚した。アメリカ社会の人種差別思想を内面化した祖母は、スミスの肌の色をどうしても受け入れることができなかったのだ。物心つくころから、スミスは人種差別を痛烈に感じながら成長してきた。

### ちょっとだけブラック

毎年二月は黒人の歴史を記念する月（Black History Month）である。が、「自分の肌はブラウン（茶色）だから、あまり関係はありません」とスミスは寂しそうだ。厳密に人種のルーツを説明すると、母親にはピノルビル・ポモ族とフランス系イギリス人の血が半分ずつ流れている。彼女が一八歳のときにはじめて会った父親は、黒人だ。

先住民からは黒人と突き放される。だからといって、黒人社会に簡単に入っていけるかといえば、それほど甘くはない。

「黒人社会でも、色の黒い人は外で肉体労働に従事している人、つまり農場や工事現場で汗を流している人と思われます。逆に肌の色が薄い人は、屋内でホワイトカラーの仕事をしているととらえられる傾向があります」

「屋内」とは、より白人社会にちかいところを意味している。人種と階級、そして文化が混ざりあい、おなじ黒人のあいだにも差別感情が芽生えてしまう。

「肌の色が薄い人は濃い人を差別してきましたが、同時に、肌の色が濃い人は薄い人をこれまでの反動で、毛嫌いする傾向があります」

スミスを引き取った養母は、大学で英語を専攻しており、スミスに「白人の英語」を身につけさせた。家庭内のすべての習慣も、中産階級の白人のものだった。養父と死に別れたあと、養母はひとりでサンタロサ市に暮らす。八三歳の養母とは、いまでも仲がよく、週末に必ず会いにいくという。

サンタロサ市内の高校を卒業後、スミスは南カリフォルニアのロングビーチにある大学に通いはじめる。キャンパスでは黒人の学生との交流があり、黒人文化に触れる機会にも恵まれたが、そこでも肌の色が濃くないといわれ、完全には受け入れられなかった。大学では、ファッション関係のマーケティングを専攻し、卒業後はその知識を活かしてデパートに就職した。

「わたしは養父母の影響で、白人のような英語を話します。そして、私立大学を卒業しました。だからあなたは黒人ではない、といわれることがたびたびありました」

中流階級の白人が暮らすサンタロサ市内の住宅地に養父母とともに暮らしていたスミスは、警官から嫌がらせを受けたことがある。帰り道、家の目の前でクルマを止められ、警官から「ここでなにをしているのか」と咎められた。

提示をもとめられた免許証には、住所が記されている。その欄を指差しながら「すぐそこが自分の家です」と説明しても、なかなか信じてもらえなかった。どこに暮らそうが、どんなに上品な英語で受け答えをしようが、肌の色はぜったいに消せないことを理解した。

二〇〇八年五月、四六歳のとき、部族政府に勤める親戚から現在の仕事を頼まれる。「祖母の文化をもっと知りたい。自分の部族になにか貢献したい」と快諾した。それまで、先住民の文化に触れることは、まったくといっていいほどなかった。

「日常的に先住民の文化に接するようになって、自分が何者であるかを再認識することができました。部族の精神世界について学び、土地とのつながりを取りもどせた気がします」

それまでは、不完全で浮いているようなところがあったが、いまではすべてが自分のなかでひとつになったと満足げだ。アフリカから奴隷として連れてこられた黒人の血をひいていることと、侵略と虐殺を経験し、生き残った先住民の先祖をもつことには大切な意味がある。つぎの世代に伝えるべきストーリーがあるのだ。

## まるでカメレオンのように

スミスは、自分自身のなかにいくつもの文化が共生しているのだから、どんなところへも飛びこんでいく自信があると語る。とくに、たくさんの人種が生活する大都市は心地よいという。フィリピン人、メキシコ人、カンボジア人など、いろいろな民族とまちがわれる。逆にそれは、カメレオンみたいにいろんな世界に潜りこめる力があることを意味している。

そのような能力をもっているのは、オバマ大統領もおなじである、と彼女は得意そうな口調になった。就任間もないころから批判を浴びているが、八年間のジョージ・W・ブッシュ政権がつくりだした壊滅的な状況を改善していく作業は並大抵のことではない。オバマの政策がすべていいとは思わないが、彼のことをあたたかく見守ってあげたいと目を輝かせた。

スミスは、有色人種は「カニ鍋」のなかにいるようなものだと喩《たと》えた。カニが一匹、鍋のなかからでようとすると、まわりのカニがその足を引っ張る。同様に肌に色のついた人間が、努力して夢を勝ち取ろうとすると、うらやんで足を引っ張ろうとする有色人種が必ずでてくる。

「オバマはその鍋から抜けだした人なのだから、わたしはまわりにいる人たちのように彼の足を引っ張ることをせず、その功績と将来性を尊重したいのです」

肌の色が原因で、幼少のころより身内から蔑《さげす》まれてきたスミスにとって、有色人種が大統領になったことは、なによりもうれしいことだった。オバマ政権のエネルギー政策や外交政策にたいする抗議の声は強くなっているが、彼女は一貫して、支持する姿勢を崩さない。

スミスはオバマの母親が白人であることを踏まえ、彼のことを、自分とおなじブラウンとみなしているようだ。そんなスミスに、マイケル・ジャクソンのことをたずねてみた。

「わたしは自分が誰であるかを理解し、自分がもって生まれたものを好きになるのに時間がかかりました。四六歳になってから、祖母の文化を体験して、最近それがやっとわかるようになったと思います。マイケルは幼いころから有名だったから、自分を見つめる時間がなかったのです。だから、彼は自分自身を好きになれなかったのではないでしょうか。彼自身を大事に、生まれたときの肌のままで生きてほしかったです」

先住民であるがゆえに差別を受けてきた彼女の祖母は、子孫にいい人生を送らせるために、白人と結婚し、白い肌を好んだ。肌の色を整形手術で白くしようとしたマイケル・ジャクソンの生きかたと祖母の生きかたが重なるのかもしれない。

## プライスレス

マイケル・ジャクソンの死から二週間後の七月一〇日、わたしはニューヨークのハーレムに足をのばした。地下鉄を降りて地上に上がると、色鮮やかな青色と緑色を基調にした西アフリカの民族衣装を着た四人の女性の姿が目に入った。

そこから五〇メートルほど離れた角でも、明るい色彩の民族衣装を着た女性たちが立ち話をしていた。アフリカ出身の人びとだ。アフリカ人移民が生活するパリの一八区、一九区あたりのたたずまいと似ている。

すぐちかくの路上でジャクソンとオバマ大統領をモデルにしたＴシャツやバッグを売っていた、西アフリカのマリ共和国出身のツァボと名乗る男性は、「メニー・メニー・アフリカン・イン・ハーレム」とゆっくり言葉を発し、破顔一笑した。柔道愛好家でむかしは強かったと自慢するツァボによると、ハーレムにはブルキナファソ人やセネガル人がいるそうだ。

「マリもいいけれど、ハーレムもいいところ」とくり返す。ハーレムにある仲間意識やコミュニティの感覚が、西アフリカのそれと似ているらしい。アフリカでのジャクソンの人気をきいてみると、「オバマとおなじくらいビッグですよ」と答えた。「みんな、彼の歌が好きなんです」と屈託がない。

オバマ大統領については、アフリカの同胞が大国アメリカの大統領になったとうれしそうだ。彼の売っているバッグにはマルコムX、マーティン・ルーサー・キング・ジュニアに加え、人種隔離政策時代のアラバマ州で、白人にバスの座席を譲らなかったために逮捕された公民権運動家、ローザ・パークスのデザインのものもある。彼らはアフリカでもヒーローだと胸を張る。

最近のハーレムはジェントリフィケーション（高級化）がすすみ、もとから住んでいた黒人が家賃を払えずに立ち退きを要求される事態が続出している。一二五番通りの地下鉄駅周辺では、新しいコンドミニアムの建設がすすめられており、完成後にはさまざまな人種が移り住んでくることだろう。

白人やアジア人の姿も、一九九〇年代前半に訪ねたときにくらべてかなりふえた。ハーレム独自の歴史的な文化が廃《すた》れていくのではないかとの懸念もあるが、この町を歩く人のほとんどは、いまも黒人だ。

一九三四年に建てられた黒人音楽の殿堂、アポロ・シアター周辺を散策してみた。ジャクソン5時代のジャクソンも、ここの舞台を踏んでいる。それを売りにしている劇場の前には、ジャックソンのCDやグッズを売る露店が二〇軒あまり連なっていた。商いをしている全員が黒人だ。

Tシャツを手に声をかけてきた男性に値段をきくと、「さっきまでは一五ドルだったけれど、いまからセールにするから五ドルでいいよ」と満面の笑顔で誘う。しかし彼は、テントにシャツを並べている最中であり、今日の商いをはじめたばかりだ。そのちかくには、自分でジャクソンの似顔絵を描き、それを額に入れて売る人もいた。どの店にも、絶え間なく客がやってくる。

昼下がり、アポロ・シアターに面した一二五番通りの道を、あふれんばかりの観光客が乗った真っ赤な二階建てバスがなんどとなく通った。派手なバスの二階席からは、ヨーロッパからの観光客のカメラが、地上にむけられて伸びている。降りてくるのが億劫《おっくう》なのか、それとも尻込みしているのか、なんとも奇妙な光景だ。どちらが見せ物なのか一瞬わからなくなる。

歩道に連なる露店のなかにジャクソンのバッジ（一ドル）とポスター（二ドル）を折りたたみ式のテーブルに並べただけの簡素な店があった。手に取って見るとバッジはつくりが丁寧なので、なぜそんなに安いのか不思議に思った。ポスターも値段のわりに色鮮やかで、紙の材質もしっかりとしている。店主は自信に満ちた太いゆっくりとした声で語りはじめた。

「マイケルの商品はプライスレス（値段がつけられないほど貴重）です。安く売れば、よりたくさんの人が家にもって帰ってくれます。そうやって、彼の生きかたがいまの社会に残っていくことが、利益を上げることよりも大事なのです」

夏の日差しがアスファルトに反射して、照り返しが厳しいなかで、彼の言葉に耳を傾けていると、簡素な露店が、どこか伝道所（ミッション）のように思えてきた。サングラスがよく似合う二九歳の長身の店主カスーン・スモールスは、幼いころからジャクソンを愛してきたと真剣な表情で語る。

ファンでいつづけたのは、すべての曲が斬新で、それぞれに個性があり、おなじミュージシャンがつくったものとは思えないほど、ユニークで素晴らしかったからだ。しかし、そんな天才的な音楽性以外にも理由があった。

「マイケルは、メディアにどれだけ中傷されても、人びとの批判にさらされても、けっして声を荒らげることはありませんでした。まわりの誰にでもファミリーのように接していました。たしかに彼は、いつまでも子どもだったかもしれませんし、成長することを拒みつづけていたのかもしれません。ただ、いつもまわりの人たちにあたたかい愛情をもち、誰も除外しなかった姿勢は尊敬に値します。それこそが、黒人として生きていくことの根幹にある、とわたしは思います」

ときに人種差別をも思わせるほどに過熱したメディアは、ジャクソンのプライベートを容赦なく暴露した。それでも彼は穏やかな紳士だった。彼に感化されたスモールスは、自分の周囲にいる人たちや社会にたいして、やさしい気遣いをするように心がけてきた。

ジャクソンが黒人社会に貢献したと思うか、と問いかけると、しばらく考えこんだあとで、言葉を選びながら答えてくれた。

「もちろんです。たとえばマイケルは、いろいろな団体に多額の寄付をしました。ただ、寄付よりも重要なのは、彼がけっしてそれをひけらかさなかったことでしょう。なにかをすると、すぐに自分がそれをやったと自慢する人たちがいます。マイケルは自分の行為に、とても謙虚でした。

カスーン・スモールス

わたしたち（黒人）はみな、マイケルがしてくれたことをよくわかっています。そして感謝しています」

別れ際、スモールスは、大きな手のひらで、わたしの手を握りしめてくれた。ハーレムの雑踏のなかで、ジャクソンへの敬意と誠実さが伝わってきた。

## やすらかに

アポロ・シアターの隣は空き地になっており、店舗が一軒入るほどのスペースには雑草が生い茂っていた。日当りがよいその空き地の通りに面した場所には、高さ約二メートル五〇センチ、幅が二〇メートルほどの青く塗られた板塀が建てられ、黒色の油性ペンが備えつけられている。その前には、ちいさな祭壇もあり、花が添えられていた。ジャクソンを追悼するメッセージ・ボードだ。

そこで足を止める人は絶えることがなく、人びとが思い思いのメッセージを記していた。ペンを手にするのはほとんどが黒人だが、そうでない人の姿もあった。お年寄りも子どもも男性も女性もいる。乳母車を押しながら家族連れできている人もいた。壁にマイケルへのメッセージをきざみこむ人の姿を見ると、なぜかそこだけ時間が止まっているように見えた。都市部の喧噪とはかけ離れた、静寂な時間が流れているようだった。

「やすらかに　マイケル・ジャクソン　永遠のキング」

と書きこんでいる、身長一八〇センチほどの、がっしりとした体格の黒人男性がいた。顔をよく見るとまだ幼い。ハーレムに暮らす一四歳のカリード・ベディは、物心つくころからジャクソンの音楽とダンスに憧れてきた。ジャクソンには、つぎつぎに新しいものを「発明していく力」を学んだという。音楽、ファッション、ダンスなど、友人たちとまねをしながら成長してきた。

ニューヨーク北部から、息子とマンハッタン見物にやってきた白人女性、リディア・ポウルシムも、「ありがとう」と記した。

「マイケルは、わたしよりもひとつ年下です。ですからわたしには、彼と同時代を生きてきたという意識が強いのです。彼の才能の豊かさに感謝しています。そして、つねにマスコミに非難され、利用されてきた彼を気の毒に思います」

友人とふたりで壁にメッセージを記していたジャスミン・トラベルサ（三〇歳）は、アラブ系アメリカ人女性だ。彼女も若いころからジャクソンのファンだった。

「マイケルがいろいろな文化を取り入れていくところに感銘を受けました。それまで誰も口にしなかった角度から、彼が人種について歌ったことにも、大きな意味があると思います。「ブラック・オア・ホワイト」はそのよい例でしょう。音楽を通じて人種の壁を破ってくれたことに、わたしはとても感謝しています」

三日後におなじ場所に行ってみると、書きこみの数はさらにふえていた。そのたいがいが、感謝の言葉だった。Tシャツやポスターのデザイン、ボードに書かれたメッセージにもっとも使われていたのは、RIPの三文字だ。

「レスト・イン・ピース（やすらかに眠れ）」

稀有《けう》な才能に恵まれた、時代の寵児《ちょうじ》マイケル・ジャクソンが、その数奇な人生で経験したにちがいない苦しみへのいたわりの言葉である。

ちかくのソウル・フード（伝統的とされる南部の黒人料理）の食堂に立ち寄ると、昼時だったためか、かなり混雑していた。地元の黒人が集まり、楽しそうに話しこんでいる。買い物途中の家族連れもいた。店のあちらこちらにジャクソンの似顔絵や写真が飾られていた。

油で煤《すす》けた厨房《ちゅうぼう》の壁には、二枚のポスターがセロテープで貼られていた。あどけない表情の子ども時代のジャクソンと、バラク・オバマ大統領だ。このふたりはいま、ハーレムに生きる人びとの希望なのだ。

## ブラック・アンド・ホワイト

アメリカ社会の「人種のはざま」を生き抜いてきた人たちの歴史を考えたときに、どうしても行っておきたい場所があった。

厨房の壁に貼られたバラク・オバマとマイケル・ジャクソンのポスター

アメリカ深南部アーカンソー州の州都、リトルロック市内にある公立高校、リトルロック・セントラル高校（以下、セントラル高校）である。

奴隷制の影響が色濃く残る南部では、一九五〇年代まで、黒人は白人社会から完全に隔離されていた。バスや電車、トイレ、映画館、公園などの公共施設にいたるまで、徹底した人種の棲み分けがおこなわれ、異人種間の婚姻も法律に抵触する行為とみなされた。当然、公立学校では、黒人と白人の生徒がおなじ教室で学ぶ光景は見られなかった。

しかし、黒人と白人が公共教育の場で引き離されたままの状況の改善をもとめた、一九五四年の「ブラウン対教育委員会」の裁判で、最高裁判所は学校教育における人種の隔離を違憲と認める判決をくだした。この判決を受けて、一九五七年、公立学校での人種統合をすすめる運動の一環で、九人の黒人生徒が、白人生徒二〇〇〇人が通うセントラル高校に入学することになった。

当時のアーカンソー州知事オーバル・フォーバスは、高校での人種統合に前向きではなく、九人が入学する前日、一〇〇〇人以上の州兵を同校に送りこみ、黒人生徒が校舎に近寄れないように厳戒態勢を敷いた。市長の抗議によって州兵が引き上げたあと、今度はおよそ一〇〇〇人の白人市民が高校の前に集結し、九人の登校を妨害した。

緊迫した状況のもと、九人の黒人生徒は警官に守られながら通学することを余儀なくされる。戦々恐々とした日々、隔離政策を擁護する姿勢を崩さない州政府に、ドワイト・アイゼンハワー大統領は軍隊を一〇〇〇人派遣し、九人を護衛させることを決意する。デモ参加者と軍隊が衝突し、まるで戦場と化したセントラル高校は、南部の人種差別の暴力性を映しだしていた。

やっとの思いで校内に入ることができた九人を待ち受けていたのは、白人の同級生からのありとあらゆる類いの嫌がらせだった。報復は退学の対象となるため、九人はただ耐えるだけの日々を送らざるをえなかった。

人種統合への反発は常軌を逸していた。彼らが入学した年、セントラル高校には四七件もの爆破予告の脅迫電話がかかってきた。卒業式に乗りこみ台無しにするという予告もあった。九人の黒人生徒のなかには、放火の被害を受けた人もいた。人種差別の暴力は、九人に友好的な態度を見せる白人の生徒や、彼らの家族にも仮借なくむけられた。

その後、熾烈な環境を生き抜いた九人は「リトルロック9」と呼ばれ、彼らの勇気は、アメリカの良心と、異人種の共生を象徴する伝説になった。

人種統合がなされたセントラル高校に、いまではさまざまな肌の色をした高校生が通っている。九人が夢を託した高校である。

## 見えない境界線

一九九八年、連邦議会はセントラル高校を国定史跡に指定した。現在、校舎のむかいには国立公園局が管理する近代的なデザインの博物館がある。セントラル高校の歴史、リトルロック9の経歴、さらに南部における人種隔離政策に関する展示が充実しており、リトルロックの観光の目玉のひとつとなっている。

なかには、第二次世界大戦中にアーカンソー州に建設された、日系人強制収容所についてのコーナーもある。人種や人権問題全般について、来館者が学び、考える機会をもてるように、いろいろな工夫がなされている。

博物館で働く国立公園局の職員ジョディ・モーリスの父親は、セントラル高校に連邦政府が派遣した軍隊に配属されていた。それから一〇年以上たった一九六九年でも、小学校一年生だったモーリスのクラスメイトは、彼女とおなじ白人だけだった。しかし彼女が二年生になったとき、人種統合プログラムの開始にともない、教室のなかは黒人の生徒ばかりになってしまった。

リベラルな思想をもつ父親から、人種統合を恐れてはいけないと励まされたからこそ、新しい環境に順応できた、とモーリスはふり返る。深南部における人種統合を、白人の立場から経験したモーリスは、その意味を来館者たちに伝えていきたいと語る。

セントラル高校内にある「リトルロック９」を称える展示

おなじく職員の黒人女性、クリスタル・マーサー（二七歳）は、セントラル高校の卒業生だ。目の前にある母校から、放課後に後輩が彼女を訪ねてくることがある。

「後輩に頼られると、母親のような気分になります」とマーサーはうれしそうだ。セントラル高校時代の思い出を一言であらわせば、それはとてもユニークだった、と彼女は意味ありげに微笑む。在学中は演劇部に所属していたが、スポーツができない人、そのほかの文化系の部活動になじめない人など、いわゆる「変わり者」ばかりが集まり、逆に楽しかったと懐かしむ。

リトルロック９の入学から五〇年以上たったいまも、校内の人種差別の現実は厳しく、黒人と白人の分離は教室内に色濃く残っている。学校内で黒人と白人が混ざりあわない現象についてたずねると、「この問題はとても根深いものです」と嘆いた。

たとえば、昼食時を例に挙げると、食堂を利用するのは黒人生徒で、白人生徒は外に集まって食べている。「とくに理由はありませんが、むかしからそうでした。そしていまもそのままです」。今日、おなじ高校のキャンパスを共有できるのは、一九五〇年代にリトルロック9が差別や偏見のなかで奮闘したからだ。その九人が踏ん張ってきた歴史と現実のギャップを考えると切ない。

政府が黒人を隔離する時代は終わりを告げた。しかしマーサーは、「隔離の現状は変わらずにつづいています」と訴える。国立公園局の職員は、毎日朝の九時と午後一時一五分から、希望者をセントラル高校に連れて行き、規定のルートに従い校内を案内する。いずれの時間帯も授業中で、生徒はみな教室のなかにいる。

「おそらくセントラル高校側は、いまだに校舎の内部で人種が分離しているのを観光客に見せたくないのです」

教員のなかには、異人種間のコミュニケーションを活性化させるよう努力する熱血漢はいないのだろうか。「教員数は一八〇人くらいですが、そのなかで黒人と白人が一緒に座るように促す教師は、七人くらいしかいませんでした」と彼女はあきらめ顔になった。

黒人と白人がおなじ教室で学ぶことは、これからも夢物語なのだろうか。マーサーは後輩に、自分から声をかけることの大切さを説いている。

「はじめて会う人にも、どんどん話しかけてほしいと伝えています。どんな話題でもいいのです。たとえば、一日に何人もの来館者が、わたしの髪型についてたずねてきます。面倒だと思うことはありますが、それでも会話をもつきっかけになればいいと考え直すようにしています」

それが彼女流の共生していくコツなのだ。難しくはなく、簡単なことだ。

下校時にわたしが見たかぎりでは、帰りのスクールバスに乗りこむほぼすべてが黒人生徒だった。白人の生徒たちは、迎えにくる親のクルマか、駐車場に止めてある自分のクルマにむかう。色分けの様子は、恐ろしいほどにあからさまだった。

セントラル高校では、卒業生の七五パーセントが大学に進学する。その大部分は白人であり、黒人の進学率はあきらかにされていない。生徒は黒人と白人でほぼ半分ずつだが、大学にすすむ予定の優秀な学生のみ受講できる選択コースの九五パーセントは、白人で占められる。

クリスタル・マーサー

マーサーが高校二年生のとき、白人の進路カウンセラーは大学進学のための指導を一切しなかった。彼女は成績が上位だったにもかかわらず、選択コースを受講したいというと、おかしな顔をされた。高校三年間、大学進学をすすめられることは一度もなかった。

「どうして自分は大学に進学できないと決めつけられるのか。不当な扱いは悲しいものでした」

結局彼女はアーカンソー大学を卒業し、国立公園局に就職を果たした。高校時代に体験した人種差別の痛みは、二〇〇九年にバラク・オバマが大統領になったときに、ほぼ払拭《ふっしょく》された。

「アメリカは誰にでもチャンスのある国といわれてきました。それなのにわたしの父親の世代までは、そのようなチャンスに恵まれた黒人はすくなすぎました。自由と民主主義の理想を叶えることが、多民族国家としてのアメリカが国民にしてきた約束でしたが、オバマがそれを実現するまで、建国から二三〇年以上もかかったのです」

現在マーサーの勤務する国立公園局の職員の大多数は白人だ。

「オバマが大統領になって、歴史的に白人の牙城とされてきた連邦政府機関で働くマイノリティの女性の存在が、ようやく認められたように感じています」

彼女がたどってきた歩みは、長い抵抗運動の末に選挙権を得た、公民権運動時代の黒人の経験にも通底する。

## コロンブスの娘

マーサーには四人の姉、三人の兄、そしてひとりの弟がいる。きょうだいの全員がセントラル高校を卒業した。弟と自分が、父親と彼の二番目の妻とのあいだにできた子どもだ。人種差別を撤廃するために闘った黒人弁護士として知られる父親、クリストファー・コロンブス・マーサー・ジュニアは、現在八七歳である。

父親の名前を耳にして、わたしが一瞬ひるむと、「あのアメリカを発見したといわれるコロンブスに由来しています」と「発見」の部分に力をこめて彼女はあっさりつづけた。侵略者である人物の名前を父親に授けたのは、彼女の祖母ターベル・リンダ・マーサーだった。

「コロンブスはアメリカを発見したといわれています。でもそのずっと前から、アメリカ大陸には先住民が住んでいました。なにが発見なのか、と祖母はいつも怒っていました」

マーサーの祖母は、純血のチョクトー族だった。黒人とのあいだに産んだ息子に、わざわざ侵略者とおなじ名前をつけたのは、コロンブスを超え、より豊かな人生を歩み、世界をいい方向に変えてほしい、と期待をこめていたからだ。

祖母はリトルロックから南にクルマで一時間ほどの町、パインブルッフの貧しい黒人街で生活していた。孫娘であるマーサーは、いつも黒人社会で奮闘する祖母を見て育った。どこにいてもたったひとりの先住民だった祖母は、白人だけでなく黒人からも差別を受け、孤立無援の状況に陥っていた。

生まれてすぐに居留地をあとにした祖母は、部族との関係が途絶えてしまったために、出生証明書をもっておらず、チョクトー族に部族員の登録をする夢は叶わなかった。

祖父は部族が所有していた黒人奴隷ではなかった。祖母とは仕事の関係で知りあったと、マーサーはきいている。鉄道会社の整備士だった祖父はマーサーの父親（以下、コロンブス）が六歳のとき、ほかの女性と一緒になるために、突如家から姿を消した。

それ以来、祖母はコロンブスをつねに黒人社会におき、黒人男性として、女手ひとつで育てあげた。まわりと連帯しながら、隔離政策を乗り越えてほしかったのだ。

コロンブスが生まれた一九二四年、アーカンソー州の黒人街は好景気のアメリカ社会から取り残され、貧困を極めていた。さらにこの家族は火事を経験し、財産をすべてなくしてしまう。ゼロからのスタートだったが、それでも祖母はクリーニング店を経営し、一家を支えた。

八歳のとき、コロンブスは貧しさに耐えかね、食料品店からサツマイモを盗んだ。すこしでも家計を助けたかったのだ。しかし、それを発見した祖母は、食料品店に彼を連れて行き、店主や近所の人が見ている前で、素手で殴り飛ばした。そして「この子が盗んだサツマイモの代金分を、働かせてやってください」とコロンブスを店頭に残していった。

盗んだサツマイモの値段は一〇セントだったが、コロンブスは二週間ものあいだ、その店で働かされた。過ちを犯したら自分の非を認め、責任をもって対処するのが、祖母が残したマーサー家のモットーだ。どんなに貧しくても、人種差別がひどくても、毅然《きぜん》とした態度を失わないことを、マーサーは祖母や父の生きかたたから学んだ。

祖母は黒人社会にいながらにして、チョクトー族の伝統を重んじていた。マーサーが幼いころ、日照りがつづいたことがあった。祖母が雨を降らせるために、チョクトー族の伝統であるレイン・ダンスを踊りはじめた。

「創造主に祈れば、ぜったいに雨が降るのですよ」

なんども神に祈りを捧げ、なにかに取り憑《つ》かれたように一心不乱に踊ったあとに、祖母は「水曜日には雨が降ります」と確信に満ちた瞳で宣言した。が、マーサーは半信半疑だった。

「子どもながらに、本当はしてはいけないことだとわかっていながら、テレビの天気予報を見ました。それによると、水曜日には雨が降らないのです。それでもこれだけ祈っているのだから、と思っていたら、火曜日に雨が降りました」。祖母を信じずに天気予報を見たから、雨が一日早まってしまったのではないかと彼女は幼心に後悔した。

マーサーの思い出に残る祖母は、どんなときも笑顔で辛抱強い人だった。赤褐色の肌をしていて、とても美しかった。まわりの黒人よりも輝いているようにさえ見えた。

祖母から、長く伸ばした髪の毛の結わえかたやチョクトー族の昔話を学んだ。すべてのものに、魂があることも教えてくれた。マーサーは、いまでも新しい場所に引っ越しをするときには、祖母にいわれた通りにセージを燃やす。悪霊を追いだすためのおまじないだ。

祖母が家族に残してくれたもののひとつに、物語を語り継いでいく伝統がある。

「父の世代には、凄惨《せいさん》な差別体験を語らない人がいます。でもわたしの父は、自分が受けた人種差別や隔離政策の時代のことを話してくれました。語り継ぐことの大切さを、祖母から学んだからだと思います」

これは先住民社会の豊かな口承文化《オーラル・トラディション》である。伝承することで部族社会は結束を強めてきた。彼女はセントラル高校の後輩や隔離政策を支持する白人まで、すべての来館者に語りかける。その姿勢から、マーサーの日常にチョクトー族の伝統がたしかに活かされているのを見た気がした。

マーサーが七歳のとき、祖母は九七歳で亡くなった。「もっとたくさんのことを教えてもらいたかった」と彼女はすこし悲しそうにつぶやいた。もし生きていたら、セントラル高校の現状をどんな思いで見つめるのだろうか。

## パイオニアたち

侵略者とおなじ名前を授かったマーサーの父親は、アーカンソー大学の法科大学院が人種統合プログラムを導入してから輩出した、黒人弁護士の最初の六人のひとりだ。その六人は地元では「パイオニア6」と呼ばれ、いまでも黒人の社会進出の象徴とされている。

公民権運動時代、コロンブスはリトルロック9への支援をはじめ、弾圧を受ける黒人のために、大活躍した。アーカンソー州の著名人を紹介するウェブサイトでは、彼は地元出身の偉大なる黒人弁護士として紹介されている。それらの情報から、彼がチョクトー族の血をひくことを知ることはできない。

いっぽうでコロンブスは、自分のなかに流れるチョクトー族の血をなによりも愛おしんでいるとマーサーは話す。毎年夏になると、家族でオクラホマ州にでかけ、数週間にわたってキャンプ生活をした。父は子どもたちを、チョクトー族の集落に連れて行き、部族の人たちとの交流を通じて先住民文化を伝えようとしていたのだ。チョクトー族の血をひくことは、彼にとってはかけがえのない財産だった。

マーサー自身が経験した人種差別についてきこうとすると、一瞬ちょっと困ったような顔をした。「特別なことではありません。差別はどのような環境にもあります」と、すぐに明るい笑みを浮かべる。人間が大きな人なのだ。セントラル高校の生徒から、母親のように慕われているのもうなずける。

「父の世代の黒人は、暴力や差別、偏見を乗り越えてきました。人種差別是正にむけた抵抗を引き継ぐのが、自分の世代の役目だと思っています」

彼女は自分自身をアフリカ系ネイティブ・アメリカンと呼ぶが、黒人の町で生まれ育ったため、黒人としての意識のほうが、圧倒的に強い。マイケル・ジャクソンのことに話題を変えると、オバマ大統領とおなじように、彼のことも心から愛している、と温和な声になった。死んだときは涙が止まらず、テレビから目が離せなかった。

「まるで大好きなおじさんが死んだような、そんな気持ちでした」

マーサーに、ジャクソンにも先住民の血が流れていた可能性があることと、彼の父親がアーカンソー州出身であることを伝えた。彼女はそのどちらも知らなかったが、自分との意外な共通点に驚いていた。

ジャクソンのことは、黒人としてではなく、ひとりの歌手として尊敬している。彼は特定の人種にだけ人気があったわけではない。

「彼は子どものころからわたしとおなじようにアフロ・ヘアーでしたし、黒人であることはもちろんわかっているのですが、彼はどんな人種にも認められるような、大きな人でした。境界線を越えて生きる透明人間のようでした。神のような存在でもありました。それが自分とおなじ、ひとりの人間だったこと、それだけで十分です」

子どものとき、彼女は弟とジャクソンの歌を年中きいていた。きょうだいで物まねをして歌ったり、踊ったりした。母親もファンで、彼がテレビにでるときは特別に遅くまでテレビを見せてくれた。

いまのマーサーの髪型は若いころのジャクソンに似ているが、本人はまねをしているわけではないという。そして、「自分自身をありのままに自然にさらけだしているだけ」、と微笑んだ。

マーサーに、もっとも好きなジャクソンの曲をたずねてみた。どれも好きだが、一番は「アース・ソング」と即答した。

「地球の歌。マイケルが森林伐採に泣く木の気持ちを歌ったもので、環境破壊に反対する思いがこめられています」

さすが、国立公園局に勤める人の選曲だ。

## 殺されるだけの民

マイケル・ジャクソンを軸に先住民社会と黒人社会をつなげる旅は、北カリフォルニアから南下し、ペチャンガ族居留地、ニューヨークのハーレム、ピノルビル・ポモ族居留地、そして深南部へとつづいた。

インタビューした人たちの人種、階級、ジェンダーはさまざまだったが、どの人も生き生きとした表情で、ときには歌を口ずさみながら熱い思いを語ってくれた。そこには、それぞれが生きる「アメリカ」が確実に投影されていた。話すことを拒む人は、誰もいなかった。

アメリカでは、ジャクソンの性的虐待疑惑や遺産相続、家族、果ては死にまつわる謎について、スキャンダラスな報道がつづいていた。ただ、わたしが出会ったのは、彼にあたたかい気持ちをもっている人ばかりだった。ジャクソンがもつ人を惹きつけてやまない力、複雑な人生を送らざるをえなかった大スターへのシンパシー、そして彼の痛みを理解するやさしさに触れ、アメリカ社会の底力を改めて実感した。

「ブラック・オア・ホワイト」で変幻自在に踊るマイケル・ジャクソンが描く円は、これからも確実に大きくひろがっていくのではないだろうか。

人種のはざまに生きる人たちに会いにアメリカを旅しているとき、先住民の居留地や黒人街で、なんどとなく、先住民と黒人の混血であるロバート・コリンスの言葉を反芻《はんすう》していた。

「どのような生きかたをしても敵はできるはずです。それでも、自分自身の生きかたを貫くことの大切さを教えてくれたのが、マイケル・ジャクソンでした」

このような受けとめかたが人びとに希望をあたえていたのだろう。

先住民と黒人のあいだで揺れる、たくさんの生きざまに接し、ワシントン州マカ族居留地の博物館に勤める、カート・ハッチェンドーフからきいた話を考えていた。彼は博物館に訪ねてきた若い黒人男性と議論になったことがある。

その若者は、黒人が一八六五年まで奴隷制で苦しめられたことを引き合いにだし、先住民よりも黒人のほうが凄惨な歴史を歩まされてきたと詰め寄ってきた。ハッチェンドーフはその男性に、黒人の歴史は悲劇であり、奴隷制は残酷であったと認めたうえで、先住民が歩んできた道との根本的なちがいを説明した。

「アメリカ史において、黒人は奴隷として白人たちに売買されていました。つまり、その存在には一定の「価値」がありました。いっぽうで先住民は虐殺され、生き残った者は頭皮狩りなどの慣習によって白人に殺される対象でしかなかったのです」

先住民を殺すことで、白人は報酬を得ていた。奴隷としてアメリカ社会に生きることを「許可」された黒人と、絶滅を期待された先住民のちがいは、たしかにあるのかもしれない。どちらにもどん底の悲しみと苦しみがある。

いずれにせよ、現在にいたるまで先住民が生き残っているのは、奇跡的なことだったのだ。時代をへて彼らが得た多様性は、現代のアメリカ社会を生き抜くための手段なのかもしれない。

# 第4章　ふたつの世界

▲ティンビシャ・ショショーニ族の元部族長
ボウリーン・エスティーブス

## 骨抜きにされて

「今日は給料日だ」

朝、仕事にでかける前にウナギが妻にそっとささやいた。

「そうだったわね。ひと月ってあっというまね」

妻はうれしそうに席を立ち、朝食の後片づけをはじめた。

評判の美女と結婚したウナギは、子宝にも恵まれ幸せな家庭を築いていた。

給料日くらいは、ふだん苦労をかけている妻と子どもを喜ばせたい。

ウナギは妻に「なにか欲しいものはないか」といつもよりやさしい声をだした。

よくできた妻は「なにもいりません」と愛くるしい声でウナギを送りだした。

夕暮れどき、仕事からの帰り道。もらった給料はいつもとおなじだが、ひと月の稼ぎを手にし、達成感に浸っていたウナギは、土産を買って帰ることにした。まだ開いている店を探そうとしたそのとき、日が沈みかかった森のかなたから、動物たちの喝采《かっさい》がきこえてきた。

その声は木々にこだまし、楽しそうな雰囲気が伝わってきた。流されるように、賑やかなほうへとウナギの足はむかった。

森の奥の広場にでると、たき火を囲んで歓声をあげている動物たちの輪があった。その中心でコヨーテがたくさんの動物を相手に、慣れた手つきでカードゲームをおこなっていた。大喝采はギャンブルに興じる動物たちの一喜一憂だったのだ。

最初はちいさな集まりだったが、時間がたつにつれ、鹿、熊、兎など、ほかにもいろいろな動物たちが森の特設賭博場に集まってきた。なかには騒ぎをききつけ、遠くの山から下りてきた動物もいて、わいわいがやがやと時間がたつのを忘れているようだった。

まわりが盛り上がっているのを目の当たりにしたウナギは、給料を片手にギャンブルに参加することにした。最初はちびちび賭けていたのだが、気づくと賭け金はどんどんふえていた。ところが、ウナギは負けつづける。それでも「今度こそ」と家族のことをすっかり忘れ、夢中で勝負の世界にのめりこんだ。

動物たちがつぎつぎと賭博に見切りをつけるなかで、最後まで残ったのは、まったくツキのないウナギと調子がいいコバンザメだけだった。

対照的なふたりの一騎打ちになった。ほかの動物たちは、コバンザメとウナギのまわりに陣取って、やんやの喝采をあげながら、勝負のゆくえを見守っていた。

負けがこんでもウナギはあきらめない。いつのまにか持ち金がほぼ底をついていた。最後に、財布に残ったありったけの金を賭ける乾坤一擲《けんこんいってき》の大勝負にでた。野次馬たちは、興奮のあまり、踊りはじめたり、地面を踏みつけたり、歌を歌ったり、楽器を奏でたりしていた。

大騒ぎになった森のなかで、真剣なまなざしで神に祈りを捧げ、最後の勝負に執着するウナギの姿は病的にすら見えた。必死の祈りのかいもなく、ウナギは大逆転を狙った勝負にも負けてしまった。

有り金をすべてすって、一文なしになったウナギは見るも無惨だった。それでもウナギには、いっこうにギャンブルをやめる気配はない。まだあきらめきれないようだ。しかし、給料はすべて使い果たした。

「まだわたしには賭けるものがあります」

コバンザメをはじめ、まわりにいた動物たちはあっけにとられた。ウナギを諭すようにコバンザメがつぶやいた。

「いま最後のお金を賭けたばかりじゃありませんか。あなたには賭けるお金はもうないでしょう。来月の給料日までどうやって暮らすのですか」

ウナギは、そんな声には耳を傾けなかった。一瞬の静寂のあと、意を決したウナギの喉元から、ふりしぼるような声が森に響きわたった。

「お金はないけれども、わたしにはもっと大事なものがあります」

まわりにいる動物たちは顔を見合わせた。

「お金よりも大事なものってなんだ?」

ただならぬウナギの形相に、コバンザメは完全に圧倒されている。ウナギはおもむろにこう切りだした。

「わたしにはとても美しく、世界にひとつしかない、かけがえのない妻と子どもたちがいます。

家族を賭けようではありませんか」

　大事な家族まで賭けると食い下がるウナギに、まわりの動物たちは驚愕した。動物界ではけっして許されることではない。常軌を逸したウナギの言葉だった。

　だが、ウナギの懸命な姿勢は共感を呼び、大きな拍手がわき起こった。賭けている本人にしてみれば、命がけだが、見物している側にとって、これほど悲痛にして興奮させるものはない。


　ウナギはさらに必死で祈った。その祈りはカードが配られるあいだ、そしてゲームの最中もつづけられた。ウナギは自然界の神に全身全霊をかけて、いまの自分は勝たなければいけないと訴えた。その姿に熱い視線を送る森の動物たちは、独特な喧噪に酔いしれていた。動物たちのダンスの輪はどんどんひろがっていく。

　祈るウナギ、それをじっと見つめるコバンザメ。コバンザメの瞳に同情が走ったが、それでも勝負は勝負である。相手になにが起ころうともコバンザメは勝たなくてはならない。どちらも譲ることはできない。

　コヨーテが両者の顔を見ながら、すばやくカードを配る。一か八か。天を仰ぐウナギとは対照的に、コバンザメは落ち着いている。

　必死の祈りにもかかわらず、ウナギのカードはコバンザメにおよばなかった。すべての運に見放されたウナギの顔が、動物たちの注目を集めた。

　また負けたのだ。ウナギは家族までをも手放すことになった。これで彼はひとりぼっちだ。

だが、ウナギは、まだ勝負を捨てようとしない。ウナギはまばたきをせずに、じっとなにかを見つめている。

そして、観衆はウナギの身体の奥底から発せられたかすかな声をきいた。

「わたしにはまだ賭けるものがあります」

ふたたび、あたりが静まりかえる。森のなかはシーンとしている。

「わたしには広い家があります」

とウナギは食い下がる。

まわりを囲んでいるたくさんの動物からは、またしても大歓声がわき起こった。ウナギがどんな家に住んでいるのかはわからないが、今度は不動産が賭けられることになった。まわりの盛り上がりとは逆に、ウナギはなんとも神妙な面持ちで祈りつづけている。

これに勝てば、負けて取られた妻と子どもたちが無事に生還できる。家族を取りもどす最後のチャンスである。

どうしてここであきらめないのかわからない。ウナギは「つぎはぜったいに勝てます」となぜか自信満々だった。まわりの観衆もさらにヒートアップし、ただならぬ雰囲気のなかでウナギの最後の大勝負を見守った。

挑戦を受けたコバンザメはもう勝負には乗り気ではない。彼はウナギの無謀さに辟易《へきえき》していたのだ。まわりの動物たちの数はさらにふえ、それにつれて歓声もひときわ大きくなっている。やめるにやめられない状態である。

どこかで大きなドラムの音が鳴り響いている。興奮のあまり熊の親子が地面を踏みならし、大地がずんずんと揺れている。鹿の大群もやってきた。

両者ともあとにはひけない。振動にあわせて踊るダンスも、ますます派手なものになってきた。歌声は山々にこだまして、森の特設賭博場に響きわたっている。

またしても、ウナギは運から見放された。家族にひきつづき家まで失ってしまった。さあ、これで今日の勝負は終わりだ。コバンザメは勝ったものの、どこか憂鬱そうだった。

観衆は、スッカラカンになったウナギに同情の視線を送った。それでもみんな、なに食わぬ顔で、帰り支度をはじめた。

音楽の演奏は終わり、ダンサーも身支度を整えはじめた。興奮のあとの余韻はあったが、静けさがあたりを覆っていた。そこへウナギの全身からふり絞るようなかすれた声が響いた。

「わたしにはまだ賭けるものがあります」

もうなにもないことは、そこにいる動物たち全員がわかっている。ウナギの言葉に、まわりは息をのんだ。

「わたしには骨があります。わたしの骨を賭けさせてください」

長丁場の勝負で憔悴《しょうすい》ぎみのコバンザメも、身体の一部を賭けるとの決意に応じるしかなかった。もはや逃げるわけにもいかない。

ウナギはまた祈りはじめた。今度負ければ、長い骨が身体から引き抜かれる。生死を分ける一番である。ウナギは目を閉じて運を天に任せた。

これまでにないほど長く真剣に祈ったものの、やはりコバンザメに軍配が上がった。こうして、ウナギは骨を失い、グニャグニャ、ニョロニョロ生きることになった。ウナギの細長い骨をすべて飲みこんだコバンザメは、無数の骨をもつ魚になった。

## 生きている伝統《リビング・トラディション》

カリフォルニア州北部の部族に伝わる物語、「ウナギとコバンザメ」をはじめて聴いたとき、あまりの臨場感でわたしの全身に鳥肌がたった。雄弁に語ってくれたのは、カリフォルニア大学バークレイ校内にある、フォエベ・ハースト人類学博物館（以下、ハースト博物館）に勤める、フパ・バレー族（以下、フパ族）出身のブラッドリー・マーシャル（四二歳）だ。

ストーリーを語ってくれたというよりも、森の賭博場の興奮を体験させてくれたといったほうが適切かもしれない。

「ウナギとコバンザメ」は、むかしから人生の教訓として語り継がれてきた民話である。とくにコヨーテが登場するストーリーは無数にあり、フパ族だけでなく地域の部族にひろく伝わっている。人間の奥底にある欲望や愚かさをユーモアを交えながら鋭く描いている民話には、現代にも通じる教えがある。

もちろんこの話には、ギャンブルをするときは身の丈にあったやりかたで、節度をもたないと生活が台無しになるという戒《いまし》めがこめられている。先住民の民話にギャンブルが登場するのは意外だが、現在、カジノ経営に乗りだす部族がつぎつぎとあらわれていることを考えると、先人たちはなにかを予見していたのかもしれない。

　部族に伝わる物語は、人間関係を円滑にするだけではなく、外の世界とのコミュニケーションをとる役割も果たしてきた。出会ったときに、自分の経験や、見てきた実際の出来事をその場でストーリーにして語ることはよくあることだ。

　マーシャルだけではなく、語り部には独特のいい回しや雰囲気をつくりだす力がある。そのため、おなじ物語は存在しない。一回一回が生《なま》ものであり、幅広く何通りにも変化していく。誰が話し手になるかによっても物語の性質はまったくべつのものになり、時間の長さやきき手の人数、その場の雰囲気などによって、さらに変化を遂げる。

　たとえば、家族を賭け物にするときに、いっぺんに全員を賭けてしまうバージョンだけでなく、困窮しながらもまずは娘、そのあとに息子、さらに妻と、家族をコマ売りしていく展開もある。その際には、息子、娘、妻の個性までもが物語を彩る。

　また、まわりに鼓笛隊がいるかのような錯覚を起こさせる語り口もある。効果音を入れたりもするが、たとえば「そこでドラムが打ち鳴らされて」などの一言が入るか入らないかで、まわりの動物たちの顔や姿、

ブラッドリー・マーシャル

その立体感や迫力がちがってくる。

本来フパ族に伝わるカードゲームは、一対一でおこなうものだ。そのため、ディーラーは存在しない。このストーリーでコヨーテがディーラーになっているのは、マーシャルがべつのコヨーテの物語を織り交ぜてくれたからだ。物語の骨子とメッセージは変わらないが、結論にいたるまでの脚色はことなる。まさに、生きている伝統の醍醐味である。

物語を書いてしまえば、そこから変化することはない。しかし、口承の場合、ひとつの物語が形を柔軟に変化させながら、語り継がれていく。

どんどんギャンブルの深みにはまっていくウナギは、どこの世界にもいる輩《やから》のように見える。また、ウナギを煽り、楽しんでいる動物たちの姿にも普遍性がある。ウナギのことを心配しながら、気がつくと物語の奥底までひきこまれていた自分も、その群衆の一員だったのだ。最後に劇的な大逆転がないのも、世の常である。よくよく考えると自分の日常にも似たようなことはある。

## ふたつの世界

「先住民はふたつの世界に生きています」

とマーシャルはいう。ひとつは部族社会であり、もうひとつはアメリカ社会だ。

「世界有数の超大国にいながら、現在も第三世界のようなところに暮らしている先住民が大勢います。三万九〇〇〇世帯の先住民家庭には、電気も水道もありません」とインフラ整備の満足に行き届かない居留地の現状を訴える。ふたつの世界のあいだに横たわる格差はいまだに大きい。

あるとき、フパ族とおなじ地域に住むユーロック族の女性が、銀行の貸金庫を借りているというので、マーシャルはなにを入れているのかをたずねた。すると、その女性は当然のように貝だと答えた。ほかの部族との交易用に、貝を現金同様に扱っていた部族の歴史の名残りである。大きな落差のある、ふたつの世界を行き来しているのが先住民だ、と彼は強い調子でいい切る。

マーシャルは、部族政府がメンバーに発行する部族員証を見せてくれた。運転免許証とおなじ大きさで、部族政府の名前が記されており、名前、性別、目の色、住所、身長などのほかに、登録番号と部族長のサインがある。普段、居留地の外で使用する身分証明書は運転免許証で、部族員証の出番はあまりない。

彼は、アメリカ社会を生きるための名前、マーシャルのほかに、部族の言葉でコヨーテを意味する、ペナフェッチという名前をもっている。まさに、ふたつの世界をまたにかけて生きる人ならではだ。

現在マーシャルは、職場にちかいバークレイ近郊の町に住んでいるが、二週間に一度は必ずクルマで六時間かけて居留地にもどり、自分の文化的なルーツに身をおくことにしている。だから、部族社会と離れている感覚はない。

サンフランシスコ近郊から居留地へとつづく北カリフォルニアの主要幹線である州道101は、もともと先住民が歩いて往来していた交易路だった。ことなる文化圏の部族同士を結んだ道が、現在の高速道路の礎になっている。

先住民が長い年月をかけて築き上げてきたものを奪って、アメリカは発展してきたのだ。

## 貯金しない文化

手元にあるお金を銀行に預けないのは、森のギャンブルで大敗したウナギだけではない。将来にむけた計画とはまったく縁のない、刹那的《せつなてき》な暮らしを送っている人はどこにでもいる。

しかし、いままで出会った先住民には、貯金をしない習慣があるように見受けられる。手に入ったお金をすぐに使いこんでしまう人は、景気がよくてビジネスが順調なときはいいが、むかい風が吹くと大変なことになる。

先住民と貯金に関して、カリフォルニア州東部、モハベ族の居留地できいた話がある。

一九〇〇年代初頭にインディアン寄宿学校に行った世代やその子どもたちの大半は、銀行に貯金をする習慣をもたない。

なぜ銀行にお金を預けないのだろうか。これは、寄宿学校での同化教育で、「模範的なアメリカ人」になるように指導を受けてきたことと関係しているらしい。そこで先住民は規則正しい生活をし、家族を大事にするのはもちろんのこと、貯金をしながら堅実な暮らしを築くことの大切さを刷りこまれた。

寄宿学校の卒業生たちは、教えられたとおりに仕事をしながら生活費を捻出し、残りをこつこつ貯金した。貯金がたまり、白人の教えどおりに株に投資し、土地を買い、家を建てようとしたところにアメリカ社会を襲ったのが、一九二九年の大恐慌だった。銀行は倒産し、自分たちが汗水流し、買いたいものも我慢して貯めた金が一瞬にして水泡と化した。

「白人のいうことを信じたら金がなくなった。また裏切られた」。そんな体験談がモハベ族の居留地を駆けめぐる。この一九二〇年代の経験は、現在も居留地で語り継がれている。

モハベ族のベティ・バラックマン（一九二五〜二〇〇七年）も、銀行に預けた貯金とはべつに、いつも下着のなかに現金を隠しもっていた。居留地ではこれを「乳房の金」と呼んでいた。彼女も銀行を信じていなかったのだ。

夫のルエリン・バラックマンがネバダ州の賭博委員会で働いていたときに、会計士が家にやってきて、バラックマン家の収入と支出を調べた。この黒人会計士は、「どこにあるのかどうしてもゆくえがわからないお金があるのですが」と、なんども計算してから、つぶやいた。ベティは、「それならここにありますよ」と、胸元から札束を取りだした。

それを見た会計士は、それほど驚いたようでもなく「黒人の老女もおなじことをします」とやけにあっさり、その札束を確認して調査を終えた。

居留地周辺では銀行のATMが数台しかなく、停電などで利用できなくなったりする。現金をひきだせる場所は極端に限られており、もしものときに現金がないのは重大な問題だ。隣町まで足をのばさなくてはならなくなる。そのときにクルマに不具合が生じて動かなくなったり、暴風雨がきたりしたら、ひとたまりもない。

親族のつながりが強い居留地では、自然災害や事故などで緊急に現金が入り用になったときは、年長者のところに行けばなんとかなるといわれている。頼られたときに、現金がなければ、プライドに傷がついてしまう。

もっとも、全員がタンス預金をうまく使えているわけではない。銀行を利用しなくても蓄えをふやせる人と、そうでない人の差は大きい。それでも、銀行を信用しないのは共通している。銀行員を疑う先住民に関する有名なジョークがある。

ある日ナバホ族の男性が馬に乗って、遠路はるばる居留地の外にある街までやってきた。彼は貧しい羊飼いだった。生活に困窮し、銀行に行けばお金が借りられる、との噂を居留地で耳にしたのだった。

しかし、そんなに簡単にお金が借りられるわけもなく、白人の銀行員はその男性の頭からつま先まで蔑むように見つめ、「担保はなにか」と冷たくいい放った。その男性がもっているもので銀行員が価値を見いだすものはなにもない。

乗ってきた馬はやせこけて、歯は数本しかなく、年老いていた。銀行員はしぶしぶ、いまにも死にそうな馬を担保に五〇〇ドルを男性に手渡した。

数週間後、期日を前に男性は五〇〇ドルと利子をもって銀行を再訪した。ポケットから無造作に金を取りだした彼の手には、支払いを済ませても、あり余るほどの札束が握られている。羊毛が高額で売れたのだ。

それまで無愛想だった銀行員は、男性の手に握られた金を見るやいなや、「返済したあとには、ぜひわたくしどもの銀行で口座をつくってください」とはじめて笑顔になり、狡猾《こうかつ》そうな目つきで誘ってきた。そのときに男性は、

「あなたの担保はなんですか」

と疑心に満ちた目で問いかけた。

ふたつの世界に身をおく困難をあらわすジョークである。資本主義社会でなんとかして生き残ろうとする先住民の奮闘が感じられる。

ところがこうした地道な抵抗も、部族が賭博産業を誘致しはじめてから、効果を発揮できない状態に追いやられている。

## 先住民のカジノ

「わたしがインディアンだってわからなかったのですか？　カジノのＴシャツを着ていないからかな？」

これは先住民のコメディアンとして人気を博す、チャーリー・ブラードのネタである。一九七九年にフロリダ州でセミノール族が最初のカジノ経営に着手して以来、先住民は賭博産業で大金を稼いでいるというイメージがアメリカ社会に定着している。現在カジノを所有するのは二三六部族。なかには複数のカジノを所有する部族もあり、その合計は四二二にものぼる。

部族が経営するカジノの総収入は、二〇一〇年度で二六五億ドル。一九九九年の総収入が九八億ドルだったことを考えると、勢いよく成長している産業である。

カリフォルニア州をふくむいくつかの州では、高速道路の脇で巨大なカジノ施設を目にするのは、すでにありふれた光景になっている。テレビではコマーシャルが流れ、空港には大きな広告がでていて、先住民のカジノは、アメリカの日常生活に馴染んだもののひとつとなった。

本来は、ネバダ州ラスベガスをはじめとする特別な地域でないと非合法だったカジノが、独自の法制度をもつ先住民の居留地で可能になったことは、それまで貧困にあえいでいた先住民社会に潤いをもたらすきっかけになった。

それでも、先住民部族がカジノ産業に参入しはじめた一九八〇年代は、ビジネスの実績が乏しいことを理由に、アメリカ国内の銀行は投資を渋り、海外の銀行を頼らざるをえなかった。一九九五年にカジノを誘致したアリゾナ州コロラド・リバー・インディアン部族居留地出身のモハベ族、マイケル・ソーシはこうふり返る。

「当初から先住民はビジネスにむかないという、差別的な考えかたがありました。部族が発展しないのは、文化が遅れているからだとも思われてきました。しかし、部族が思うように経済開発をすすめられなかった根本には、必要な融資を誰もしなかったことが挙げられます」

元来、居留地はビジネス投資の対象ではなかったが、いまや急速にその存在感を増している。現在、いくつかの部族が繁栄を享受していることは、居留地にも立派なビジネスチャンスがあることを物語っている。

とはいえ、大都市にちかければ、それなりの集客を見込めるが、もともと都市部から離れた、白人が必要としない辺境の地に先住民の居留地がつくられた経緯を考えると、賭博産業で成功をおさめるのは容易ではないことがわかる。

部族間のカジノによる収入の格差は大きい。二〇一〇年度の統計では、二億五〇〇〇万ドル以上もの年間収入を記録する大規模のカジノが二一あり、それらの平均は約四億七六六三万ドルにのぼる。いっぽうで、収入三〇〇万ドル未満の小規模のカジノが七四ある。しかも、この七四施設の平均収入は一〇七万ドル、経営は厳しい。

そのうえ、居留地が密集している場合、ほかの部族が商売敵になる。たとえば、後述するニューメキシコ州北部では、州都サンタフェから北へのびる高速道路沿い、およそ四〇キロのあいだに四部族がカジノを展開している。

もっとも集客が見込めるのが、サンタフェにちかいテスケ・プエブロ族（同州に一九の居留地をもつプエブロ系の部族のひとつ。分派の名前のみで呼んだり、分派の名前を省いてプエブロ族と呼ぶこともある。また、すべてのプエブロ系の部族の総称として、プエブロ族ともいう）であり、都市部から離れれば離れるほど、カジノの規模はちいさく、収益を上げるのも困難になっていく。

ラスベガスの賭博産業と、居留地のカジノには大きなちがいがある。部族政府は、カジノの収益の七〇パーセントを部族社会に投資することを、一九八八年に連邦議会で成立した「インディアン賭博規制法」によって義務づけられている。

部族が賭博産業で得た総収入のうち二〇パーセントは教育、および子どもとお年寄りのケア、一九パーセントが経済開発、一七パーセントが健康管理、一七パーセントが警察や消防、一六パーセントがインフラの整備、一一パーセントが住宅の整備に利用されている。

奨学金制度の導入、学校や博物館の建設、あらたな産業の誘致など、カジノは部族社会に多大な貢献をしてきた。なかには、カジノで得た収益を環境保護政策の強化に役立てた部族もあり、賭博産業が部族社会に希望をもたらした例は、枚挙にいとまがない。

## 誰が部族員か

同時に、居留地のカジノは社会問題もつくりだしてきた。ギャンブル依存は深刻化している。賭博がやめられず人生が変わってしまうのは、森でコバンザメに惨敗したウナギだけではない。カジノが部族の共同体を破壊することがある。

大半の部族は、カジノの収益を、部族社会への投資の一環として、部族員に分配する政策をとっている。個人への分配金の額は部族の規模やカジノや経済開発の状況によってもことなり、年間数万円から数億円と部族ごとに大きな開きがある。

前述した南カリフォルニアのペチャンガ族部族政府が、同胞を部族社会から追いだした例でもわかるように、ギャンブルのアガリを分ける際に、人数がすくなければ、当然ひとりの分け前はふえる。部族員が一〇〇人規模のカリフォルニア州の部族では、年間分配金が二億円以上のところもある。その結果、部族政府が、居留地に暮らしている人の部族員登録を抹消し、分配金を受ける権利を剝奪し、さらには部族社会から排斥する事態も発生している。

それとは逆に、部族とはまったく関係のない暮らしをしてきたのに、分配金を受け取るために、自分の先祖を調べ、先住民であるとアピールする人があとをたたない。

ヨケェヨ・ポモ族のクリスティーン・ハミルトン（六五歳）は、先住民であることを隠して生活しないと生きることが難しかった時代を経験した世代である。彼女は、金目当てに先住民だと名乗る人たちのことを厳しく批判する。

莫大な富を生みだしたモロンゴ・カジノ・アンド・スパ（カリフォルニア州）

「ちょっと前まで、誰も自分がインディアンだなんて、けっしていいだしはしませんでした。インディアンであることをひた隠して生きていたのです。自分が先住民であることを認めたら最後、差別されるだけだったからです。差別を恐れて、自分の民族的なアイデンティティを伏せていた人たちが、分配金が手に入ることを知って、先住民だといい張るようになりました。欺《ぎ》瞞《まん》以外のなにものでもありません」

　差別を避けるために、見た目に気を遣い白人やメキシコ系アメリカ人であるかのようにふるまっていた人たちが、いまになって部族員になろうとするのは、彼女のように部族員として生き抜いてきた世代には許せないのだろう。

　金の力が部族員登録を左右するのは、珍しいことではない。複数の部族の血筋をひく人は、分配金の額によって、関係の薄い部族に所属することがある。たとえば、アリゾナ州のA部族の居留地で生まれ育った人が、高額の分配金を目的に、一度も訪れたことはないが、むかし祖父が所属していたカリフォルニア州のB部族に突如として登録するようなことが頻発している。

同時にふたつの部族に登録することはできないため、もとの部族の部族員の資格は放棄しなくてはならない。それでも、その部族に所属しているだけで、黙っていても大金を手に入れることができる。部族員登録に金銭が絡むと、部族の顔ぶれだけでなく、その政治的な方向性にも大きな影響がでてくる。

キンバリー・トールベアーは、研究テーマのひとつに「先住民とDNA」を挙げ、自身の研究室のホームページで紹介している。植民地主義と公共政策に関係するトピックだが、一見すると遺伝子学の研究であるかのような印象を受ける。そのためか、彼女の研究室には、「自分は先住民だと思うのですが、どのように証明すればよいのでしょう」といった類いの電話が年中かかってくる。カジノによってもたらされる分配金を目的に先住民になりたがっている人たちである。

歴史的に、部族や氏族などのグループはキンシップ（同族関係）、言語、コミュニティへの参加、公共の奉仕活動、共通の歴史や経験などによって、くっついたり離れたりをくり返してきた。しかし、白人との接触をとおして、先住民は追いつめられ、居留地に押しこめられた。それまでのように、部族間で自由に移住するのに制限がかかった。

部族員の制度ができるまでは、部族社会に受け入れるためには、土地や人びととのつながりが必要だった。誰が仲間であるのか、家族、親族、コミュニティの一員であるのかは、社会、歴史、文化が絡みあい、時間をかけて、ゆるやかに定められてきた。

これを覆したのが、一九三四年に制定された「インディアン再組織法」（詳細は第6章）だった。同法によって、連邦政府を模倣した部族政府が居留地に設けられ、アメリカ的な議会政治を手本に部族の再編がなされた。

以来、部族の伝統を無視した、国籍のような部族員（メンバーシップ）制度が導入された。部族政府が部族員登録の基準とするのは血筋の割合で、尊重すべき歴史的なつながりや社会的な関係は一切考慮されなくなった。血筋という生物学的見地のみに基づいて諸権利を定めるのは、それまでにはなかった発想であり、部族社会に排他的な一面をもたらしている。

## いつのまにか偽物にされて

カリフォルニア州南東部、ネバダ州との州境にあるデス・バレー国立公園に居留地を有するティンビシャ・ショショーニ族には、二〇〇人ちかくが部族員として登録している。しかし、人里離れた居留地で実際に暮らしているのは、およそ二五人。居留地の外で生活する人が大多数を占める。

砂漠と岩山の景観が美しい国立公園に暮らすティンビシャ・ショショーニ族は、もともと連邦政府から承認を受けていない部族だった。元部族長ポウリーン・エスティーブス（八七歳）は、国立公園局から移住を促されながらも、先祖から受け継いだ土地にとどまりつづけた。

生まれ育った場所は貧しく、食べていくのがやっとだったが、母親の代から一〇〇年以上にわたり一貫して先住民としての権利を訴えてきた。そして、一九八三年、彼女らは連邦政府からの部族承認を勝ち取り、国立公園の内部に居留地をもつ唯一の部族になった。

「自分たちはこの土地から一度も離れたことがありません。先祖が暮らした場所でずっと生活してきました。連邦政府に承認をもとめた際、わたしたちがここに住みつづけてきた歴史が考慮されたのです」

彼女はこれまで、連邦政府による部族の承認から、居留地の設置にいたるまで、人生のほとんどを部族の再建に捧げてきた。しかし、いまの部族社会は完全に分断されている。これまで部族とは実質的な関係をもってこなかった人たちが勝手に選挙をおこない、自分たちこそが本物の部族政府であると公言しはじめたのだ。その勢力は現在、居留地から一六〇キロほど離れた町、ビショップに事務所を構えている。

「ビショップに住む人たちは、賭博産業の開発を手がける白人の実業家によって買収されているのです」と、居留地の部族政府に勤めるバーバラ・ダーハム（五五歳）は怒りをあらわにする。

ある実業家が彼らと結託し、ロサンゼルス郊外に部族名義であらたに土地を購入して、そこへカジノを建設しようとしている。その土地は居留地ではなく、部族の歴史的な生活圏でもない。二〇〇〇年に連邦政府がティンビシャ・ショショーニ族の居留地を設置した際に交わした取り決めには、部族は内務省と合意のもとに土地を購入できる、とする一文がふくまれている。

「白人の実業家がこの文言を都合良く解釈し、部族の名義で土地を購入して、そこへカジノを建設しようとしています」

と、ダーハムは不服そうだ。部族と共同でなければカジノを新設できない企業側は、ビショップに住む一派を取りこみ、私腹を肥やそうとしている。連邦政府から土地を取りもどし、居留地を設立するために必死に闘いつづけた人たちの思いは、切り捨てられてしまった。

実業家が提示するカジノ建設計画に同意した部族員には一万四〇〇〇ドルが支払われるという約束がある。賛成派の部族員はこれまでに三回、ギャンブルの都、ラスベガスへの慰安旅行に連れて行ってもらっている。実業家による買収工作である。賛成派の数をふやし、過半数を手中に収め、部族社会をコントロールする。日本での原発誘致における村民買収劇を思い起こさせる手法である。

「ビショップの一派にアプローチをかけている企業は、これまでに、ほかの部族にたいしてもカジノの建設をもちかけ、部族社会を破壊してきたときいています。自分たちの部族もめちゃくちゃにされました。もううんざりです」

ダーハムは深いため息をついた。

バーバラ・ダーハム

エスティーブスによると、ビショップの人たちは、歴史的にみると正規の部族員とはいえない。一九八三年に部族が連邦政府から承認を受けたとき、部族政府が中心になって部族の憲法（部族法）をつくることになった。そこでは、部族員になるためには、ティンビシャ・ショショーニ族の血筋を一六分の一以上ひき、さらに合計で四分の一以上の先住民の血筋（部族は問わない）をひくことが要求される。

彼らは部族社会が部族政府主導のもと、新しいシステムを用いて、整備される前の混乱に乗じて部族員になった人たちだという。

それでも、毎年おこなわれる部族員の資格審査で血筋の割合が十分でないことがひっかかり、部族政府は彼らから部族員の資格を剝奪した。しかし、彼らは有能な弁護士を雇って、ビショップの一派こそが、本物の部族政府であり、「自分たちこそが部族員だ」と主張している。

エスティーブスやダーハムたちにも弁護士がついているが、ビショップ側の弁護士はカジノで成功を目論む白人資本をうしろ盾にしているので、経済的に太刀打ちできない。

ビショップに住む「同胞」が部族長に選んだのは、アリゾナ州からきた人物だ。

「彼の祖父と父親については知っていますが、彼自身は部族とは関わりのなかった人です」

エスティーブスからみれば、過去に部族から離れていった家族の末裔《まつえい》が、金目当てに部族員になろうとしているにすぎない。

## 企業の分断工作

承認部族になって以来、連邦政府はティンビシャ・ショショーニ族にさまざまなかたちで経済的な支援をおこなってきた。しかし、ビショップにもうひとつの部族政府が登場した時点で、部族内が混乱しているとみなし、すべての支援を打ち切っている。ビショップに住む一派も、政府からの援助は受けていないが、彼らにはカジノを主軸に経済開発を目指す企業がついている。

この部族でも、登録数がふえはじめたのは、一定の現金が入るようになってからだ。カリフォルニア州では、カジノを所有しない部族は、カジノを運営する部族が得た収益の一部を受けとることができる。二〇一〇年度は、それぞれの部族に一一〇万ドルが支給された。このお金は部族社会に還元するのが目的で、インフラ整備や経済開発のために利用されるべきものだ。

しかし、そのお金を部族員に分配することを望む声が圧倒的に強く、二一歳以上の部族員は八〇〇ドルから一〇〇〇ドルを一年に四回受領できるようになった。これを境に、「自分も部族員ではないか」という問い合わせが部族に殺到しはじめた。

エスティーブスをはじめとする居留地に住む年配者たちは、お金は部族の将来のために投資すべきもので、個人に分配することに反対だった。彼女は、「金目当てに部族に近寄る人たちがあまりにも多く、むかしから土地を守ってきた人たちの生活を支配しようとしています」と語る。

部族政府をめぐる政治的混乱により、ティンビシャ・ショショーニ族は、ほかの部族がカジノで得る収益の一部を受給する資格を失ってしまった。さらに、どちらの部族政府も、連邦政府からは承認されていない。部族としての政治的、経済的な機能を喪失したままである。

インターネットで「ティンビシャ・ショショーニ族（Timbisha Shoshone Tribe）」と検索すると、ビショップの一派が運営するホームページに行き当たる。企業を味方につけた勢力が、自分たちこそが本物である、と喧伝《けんでん》しているのだ。それまで土地に踏ん張ってきた人たちの歴史は、なかなか見えてこない。

「いますぐに、いますぐに、部族からでて行ってほしいのです」

エスティーブスはビショップの一派のことを涙声で訴えた。部族社会をずっと見つめてきた彼女は、ただただ悲しそうだった。それでも、

「まだ八七歳ですから、わたしはこれからも闘います」

とさらなる変革を巻き起こそうとしている。彼女は結婚や出産をせず、ひたすら部族の生き残りのために人生をかけてきた。

あきらめる気はない。

## 世代を超える経済開発

いくつもの居留地で経済開発に関わってきたリーアン・トールベアーは、部族が経済的に潤うと、外部から人が入ってくるので、伝統的な哲学を守っていくには、リスクが生じると話す。

それでも、地理的、社会的に孤立した部族の力には限界がある。経済開発には、外の社会とのつながりが不可欠だ。うまくバランスをとろうとすれば、揺るぎないビジョンをもつ指導者《リーダー》が必要になる。

理想のリーダー像を探るために、ユタ州の州都ソルトレークシティの中心街にある、同州インディアン局の事務局長、ユーッ族（ウインタ・アンド・オウレイ居留地）出身のフォレスト・カッチ（六〇歳）を二〇一〇年一〇月に訪ねた。彼は同州の先住民部族を積極的に支援してきたことで知られている。

同州の先住民は、州人口の大半を占めるモルモン教徒から激しい差別を受けてきた。一九世紀半ば、先住民が暮らす大地に移住してきたモルモン教徒は、有色人種は呪われており、敬虔《けいけん》な信者になれば白人に生まれ変われると説き、先住民に暴力的な改宗を迫った。辺境に追われたモルモン教徒による先住民文化への弾圧である。

その結果、自分の肌の色や存在そのものを否定する先住民がふえ、居留地では自殺者があとを絶たない。さらに、日々直面する強烈な人種差別が原因とみられる、アルコールやドラッグへの依存、高い失業率など、ほかにも問題は山積している。

同州には七部族が暮らしているが、州政府はモルモン教の教義に従い、それらの部族がカジノ経営に参画することを認めていない。これといった観光資源もない居留地は、ほかに打開策もなく貧困にあえいでいる。

カッチは州政府が部族の自治権をないがしろにし、人種差別的な態度で居留地を掌握しようとしている、と痛烈に批判する。彼は、高速道路に面している居留地にカジノを誘致できれば、莫《ばく》大《だい》な富が生まれる、と確信をもっている。先住民が自由に経済開発を手がけ、資金をもつことが、州政府にとっては脅威なのだ。

また、先住民関連の州政府の予算は限られており、部族ごとの人口統計、歴史資料、文化人類学的な調査などの研究が極端に不足している。そのため、同州にふるくから生活するゴシュート族、ユーツ族やショショーニ族については、いまだにわからないことが多く残されている。

そんな逆境でも、カッチは州内の先住民の生活改善のために努力を惜しまない。彼にはそれぞれの部族のリーダーに寄せる並々ならぬ期待がある。

「よき指導者とは、教育を受け、経験があり、はっきりとしたビジョンをもつ人です。また、それなりの苦労を乗り越えてきた人が望ましいと思います。部族を率いていくには、人びとのつらさや悲しみを分かちあうやさしさが必要だからです。さらに、自分たちが何者であるのかを熟知し、精神世界とのつながりを尊重し、正義と公正に敏感でなくてはなりません」

フォレスト・カッチ

彼が語る指導者像は、部族社会だけにあてはまるものではないだろう。

カッチには、二年後の部族長選挙に出馬する意向がある。モルモン教徒に囲まれた環境で、自分たちの声を発していくのは困難をともなう。差別を体験することは日常茶飯事で、基本的に人間扱いされていないと思うことの連続だ。しかし、どんな状況でも先住民らしく、ありのままの自分でいたいという。そうすることが若者へのいい見本になるからだ。

「残念なことですが、いまの指導者はエゴのかたまりのような人ばかりです。部族の教えをきちんと守り、故郷への愛着と強い絆をもつことが第一に必要です。そして外の世界で教育を受けても、それを居留地に還元できるようにすることが大事なのです」

彼は穏やかにこういい切った。

## ピクリス・プエブロ族の奮闘

ふたつの世界のはざまに立つ先住民部族は、文化と経済のバランスをうまく保ちながら発展に導く指導者を必要としている。ニューメキシコ州北部で、そんな指導者に会うことができた。

人口約七万人の州都サンタフェは、先住民を弾圧したスペイン系の侵略者が、一六〇八年ごろに植民地の総督府をおき、栄えた街だ。標高二〇〇〇メートル以上の高地に位置し、いまもプエブロ族の文化とスペイン文化が融合した独特の美しい街並みを誇っている。土壁の家屋が連なる街の中心部プラザには、おしゃれなブティックや高級ホテルなどが立ち並び、全米随一の観光地として人気が高い。

周辺地域には多数の先住民が暮らしており、街の北側には八つ、南側には五つのプエブロ族の居留地がある。そのなかで一番人口がすくないピクリス・プエブロ族は、一九九一年から四人の白人実業家とパートナーシップを結び、サンタフェの中心部から徒歩で一三分のところにホテルを経営している。

このホテルの五一パーセントをピクリス・プエブロ族が、残りの四九パーセントを四人の白人実業家が所有している。これといった産業がほかにない同部族には、主要な資金源である。一六三部屋の大型ホテルで、従業員はおよそ一〇〇人。土レンガでできた、プエブロ風のアドビ・スタイルの建物が売りだ。

一流ホテルがひしめくサンタフェで、ホテル・サンタフェは、先住民の部族が所有する唯一のホテルとして知られる。館内のいたるところに、ピクリス・プエブロ族の伝統工芸品である雲母でできた壺や、ナバホ族の絨毯《じゅうたん》などが飾られている。さまざまな部族の工芸品を取り揃えている土産物屋は、博物館のようでもある。

また、細部にもピクリスらしさをあらわす工夫が凝らされている。各部屋に備えつけられているメモ帳の一枚一枚に、部族の言語であるティワ語で「kii thu wiaēēkanna thu wiaēē（わたしたちの家はあなたの家です）」などの一文が印刷されており、ピクリス・プエブロ族の文化に触れることができる。

「居留地に行かなくても部族の伝統を学べる場所にしたい」

と土産物屋で働くマーシー・ブラウン（七一歳）は語る。

およそ一五〇人の部族員が暮らすピクリス・プエブロ族の居留地は、サンタフェから八八キロ北東（クルマで一時間半以上）、ニューメキシコ州を南北に貫く主要道をはずれ、勾配のきつい山道を越えた、山間部の奥地にある。都市部から離れているため、カジノ経営やそのほかの観光業にむいていない。

著名な画家でもある、部族長ジェラルド・ネイラー（七〇歳）は、もともとカジノ経営には興味がなかった。

「わたしは、新しいことをはじめるのが好きです。ほかの部族のように、自分たちもカジノをやろうという部族員もいました。カジノは人を歓迎しているように見えますが、その人のもってい

ホテル・サンタフェの入口

るもの、つまりお金を奪います。人を歓迎するならば、のんびりとくつろいでもらいたいと思い、ホテルビジネスに興味をもちました」

客と部族、双方に利益をもたらすことをモットーに、彼は独自のビジョンを掲げ、ホテル経営を軸にした経済開発に携わってきた。

ホテル・サンタフェの正面玄関には、「マァ・ワーン・マァ・ワーン（MAH・WAAN・MAH・WAAN）」（ティワ語で、「歓迎」を意味する）と記された看板が掲げられている。従業員が、客に接するときの心構えであり、このホテルでもっとも重視される、人をもてなす部族の哲学だ。

ピクリス・プエブロ族の暮らしは、身のまわりのすべてとつながっており、自然界、太陽、そして人びとに敬意を抱きながら生きることに重点をおいている。

「自分たちの言語や伝統文化、哲学がなければ、このホテルの建設は不可能でした」

ジェラルド・ネイラー

とネイラーが説くように、外の世界からやってくる客人と自分たちの文化を、共有していこうとする真摯《しんし》な気持ちが、部族が目指す経済開発の根幹にある。

ホテルの経理は、部族員ではない専門家に任せている。いっぽうで、ゲストへのあたたかい歓迎の真心について従業員に教えるのは、部族の役割だ。新入社員を対象にした研修には、ピクリス・プエブロ族の伝統文化や哲学について学ぶ機会を設けている。

ネイラーは、ホテル業を軌道にのせるのは、大変なことだったとふり返る。サンタフェに住み、経験豊かな四人のビジネスパートナーと慎重に話をすすめ、なんとか実現に漕ぎ着けた。それ以来二一年にわたって、おなじ四人のパートナーと、ホテル経営に携わってきた。

「二、三年ですぐにパートナーを替える人がいますが、わたしたちはそういうことはしません。一度信頼すると決めたら、その人を尊重することを忘れません。彼らには、正直にすべてを伝えるように心がけています」

部族長が大切にする誠実な姿勢が、ものごとを育てていく要になる。

ホテルの収益は収支決算をしたあとに、その一部が分配金として部族員に配られる。伝統行事の際など、部族員の出費がかさむときも、ホテルの収益から援助がおこなわれる。

現在ホテルで働く部族員は二〜四人。最初のころはもっといたのだが、居留地から遠いので、毎日通うのは容易ではない。従業員のなかには、サンタフェのちかくの居留地からくる人や、グアテマラ、アルゼンチン、カナダ出身の人もいる。

## 部族長の抵抗

ネイラーはこのホテルの経営を、部族の抵抗運動の一環としてとらえている。その思いは部族や先住民の範疇《はんちゅう》を超え、将来のアメリカを憂えているようだ。

「先住民はいまだに戦争の捕虜です。ただ、時代は不景気で、いまではアメリカ国民全員が高い税金、高い物価、失業などの捕虜になっているとも考えられます。そしてアメリカは、いつもほかの国と戦争をしてきました。なにもわからない若者を洗脳して、一八歳で軍隊に入隊させ、イラクやアフガニスタンに派兵して、精神を台無しにしてから帰国させられても、そのあと、いったいなにができるでしょうか」

直立不動のまま、じっと一点を見据えている。口ぶりは厳しく、トーンは低い。こちらの出方をうかがっているようでもある。虐殺を乗り越えたいまもなお差別されている先住民のことだけに言及するのではなく、この国に生きる誰もが被害者になりうるアメリカ的なシステムを痛烈に批判する。

彼は「原子爆弾」の話題にも触れ、ヒロシマとナガサキへの思いを語ってくれた。それだけでなく、第二次世界大戦中の中国や台湾、韓国における日本の帝国主義、また南米諸国の先住民にたいする圧政、アフリカの環境破壊などにも発言がおよぶ。その知識と洞察力には圧倒される。

「アメリカ人に話をきいても、都合の悪いことをいうわけがありません。サンタフェでも、プエブロ族の歴史や現状について知らない人がいます。自分に都合の悪い過去について、きちんとつぎの世代に教えないのがこの国の教育の問題点です」

現在一四期目を務める部族長ネイラーの発言は、過激だが、どこかあたたかく、奥が深い。言葉のむこうに大きな世界がひろがっている。

「アメリカ人はみんな愚かです」

そうはっきりと断言した彼に、わたしが戸惑い、メモをとる手を止めると、それを見透かしたかのように「ちゃんと書いてくれますね」と鋭い視線を投げかける。一瞬の隙も見逃さないほど、言葉と言葉のあいだに緊迫感が走る。

そして、「わたしがどうしてそう自信をもっていえるかわかりますか?」と、こちらの目をまっすぐに見つめた。

しばらく沈黙が流れてから、

「わたしがピクリスの人間だからです」

と快活に笑ったが、まなざしは真剣なままだった。

「アメリカは、すべてを破壊しても、あとから金を積めば元通りに直せると考えています。だけれども、一度破壊したものはそう簡単に元にもどせるわけがないのです。ピクリス・プエブロ族を見れば、破壊の恐ろしさはあきらかです」

一九六〇年代、彼らの居留地のすぐそばにある、もともとはピクリス・プエブロ族の領土だった場所で、化粧品などの原料になる雲母があることを知った企業が、大地に穴をあける大規模な雲母鉱山の開発をはじめた。採掘作業によって、最終的におよそ八〇エーカーが掘り起こされた。

先祖から託された土地から良質な雲母を採取しておこなう壺づくりには、大切なメッセージを伝える役目や部族と大地の絆を確認する意味がある。大地から預かった雲母は、部族にとって神聖なもので、部外者が大量に採掘してよいものではない、とネイラーは怒りをあらわにした。

巨大な車両で大地を削りとることは、先住民が育んできた土地とのつながりを破壊することになる。部族員は、身体の一部をえぐられるような痛みを経験した。

「一九六〇年代に居留地でおこなわれた考古学者たちの調査によって、西暦七〇〇年からピクリス・プエブロ族が生活していたことがわかりました。それでも、鉱山会社は部族と土地との深いつながりを理解してくれませんでした」

発掘調査がおこなわれたとき、部族のお年寄りたちは、居留地にやってきた考古学者たちを歓迎し、積極的に意見交換をした。たとえば、先の鋭い動物の骨を見つけた考古学者が、肉を刺す道具であると解釈したが、部族の長老は衣装などをつくるときに革に穴をあけるものだ、と訂正した。発掘調査を手伝えば、報酬が得られたので、部族の若者たちは積極的に調査に参加した。

「わたしたちにとっても、過去を学べる機会でした」とネイラーは述懐する。

一般的に居留地での発掘調査には、先住民は不快感をあらわすが、彼は相手がきちんと許可を

ピクリス・プエブロへの道中

とり、部族員に誠意をもって接し、部族の文化を尊重すれば、部外者であっても心をひらく人である。なににたいしても、好奇心をもち、見聞をひろめることを大切にしているようだ。

しかし、おなじ土を掘るといっても、居留地のすぐちかくではじまった雲母鉱山開発はまったくちがった。毎日六〇台から七〇台のトラックが、狭い山道の小石を蹴散らし、猛スピードで走り抜けた。開発による粉塵《ふんじん》で、呼吸器が冒される人たちが続出した。

聖なる大地は穴だらけになり、さらに壺をつくるために必要な雲母が自由にとれなくなった。そして部族は、壺づくりの伝統が継承できない危機に直面した。企業側が部族との話し合いに真摯に応じなかったことも、ネイラーには許せなかった。

二〇〇一年、鉱山の採掘権を拡張しようとした州政府と企業にたいして、ほかの部族や環境運動家も加わり、大きな反対運動が起こる。なかには迫りくるトラックの前に立ちはだかり、命がけで行く手を阻んだ人もいた。ちいさな部族の闘いは全米中に知れわたった。

二〇〇四年、汚染の拡大を懸念した部族が企業を相手に訴訟を起こした。最終的に、鉱山会社が経営不振によって倒産。鉱山は閉鎖に追いこまれた。その後、環境保護庁から鉱山の後始末のために、二〇〇七年に一〇万ドル、二〇〇八年には五万ドルの補助金が部族政府に支払われた。

## 歴史の真実

「むかしから、部族同士がつながっていくことは重要でした。なにか問題が生じれば、すぐに協力を要請します」

とネイラーは住民運動が大きくなった理由を、先住民の歴史と重ねて説明する。彼は、部族間の協力に関する前例として、一六八〇年の「プエブロ族の蜂起」を挙げた。

一六世紀、スペインの侵略者によって、ニューメキシコ州の植民地化がはじまった。以来、部族が暮らしていた土地で、虐殺、迫害、弾圧がくりひろげられた。一五九八年に現在のニューメキシコ州および周辺の広大な地域を制圧し、植民地ニュースペインを建設した。そこに最初の総督府を設立したのが、ファン・デ・オニャーテだった。ニューメキシコ州の先住民社会で侵略者といえば、コロンブスではなく、オニャーテを指す。

ニューメキシコ州北部の多数派であるスペイン系の住民（スペインからの入植者の末裔で、ヒスパニックあるいはラティーノとは区別し、自分たちのことをスパニッシュと呼ぶ）にとっては、いま

ファン・デ・オニャーテの像（ニューメキシコ州エスパニョーラ）

でもオニャーテは先祖であり、偉大な英雄である。

一六八〇年に起きたプエブロ族の蜂起は、先住民が団結し、オニャーテの子孫やそのほかの入植者をニューメキシコ州北部から追いだした偉業である。先住民にとっては、記念すべき抵抗の歴史だが、その後、一六九二年に現在のメキシコ北部周辺で体勢を立て直した入植者たちが北上し、植民地の奪還に成功したといわれている。

しかし、それは侵略者の視点で語られ、彼らを美化した物語であり、ネイラーは、プエブロ族の人たちはまったくことなる見解をもっている、と力説する。彼は、植民地を追われた白人は、困り果てた顔をして、先住民のところにやってきたという。

「われわれ（スパニッシュ）は先住民の社会に教会や家も建てた、と恩着せがましくいい寄ってきました。挙げ句の果てに、娘が先住民と結婚したので、その子どもは先住民との混血だなどと泣きながら、助けてくれと懇願してきたのです」

自分たちの部族社会はスペイン系によって引き裂かれてきた歴史がある。スペイン系はプエブロ族の人たちにとっては侵略者であるが、当時すでにたくさんの混血児がおり、彼らが流した涙に同情した。

「スペイン人は偉そうに征服したといいふらしていますが、われわれの先祖は泣き顔で頼みこんできた彼らを哀れに思い、受け入れたのです」

先住民から見たアメリカ史の一端である。もちろん、一般に流布しているプエブロ蜂起の顚末を覆す説だが、これが彼らにとっての真実だ。

「白人は文字をもち、なんでも知っているように本を書いたから、後世に記録を残せたが、本当のことを知っているのは、そのときにすべてを見た先住民だ」とは、プエブロ族の社会でよくいわれることだ。

**未来への答え**

今後、ネイラーは、部族をどのように導き、発展させていくつもりなのだろうか。現在の深刻な経済危機を乗り切るための、新しいアイディアはもっているのだろうか。

「もしもわたしがこの国の大統領だったら、戦争をすぐにやめて、物価を安くします。ただ、それだけです」

彼が示す答えは、突拍子がないようにもきこえたが、説得力があり、シンプルでわかりやすい。いまの時代に必要なことは、簡単なものから見えてくると断言する。

「先住民がやることには、確固とした理由があります。わたしたちには解決策があります。むかしからの知恵もあります。問題を解決するのは簡単です」

これは現オバマ政権にたいする批判とも受けとれる。さらにネイラーは、仮に白人に解決策を教えたとしても、彼らは行動に移すのに時間がかかりすぎるとつづける。すべてを破壊したあとに、まちがいに気づいても遅い。

「いろいろ考えて、時間を浪費して、それで終わりです。先住民には、大地に根ざした生きかたがあります。それは、なにがあってもぜったいに人間と自然を破壊しない生きかたです」

一九八一年、ネイラーは部族がはじめておこなった部族長選挙で当選。それまでは部族政府が部族長を任命しており、彼は部族員から選ばれた最初の部族長になった。それ以来、部族をよくしていきたいという信念を貫くために、一三期にわたって部族長を務めた。

指導者として、すべての部族員の生活スタイルを把握することが、彼の理想である。部族員個々人の顔をつねに頭に思い浮かべながら、彼らの心配や懸念を理解しなければならない。さらにほかの部族や州政府の指導者たちとも親しく接し、コミュニケーションを欠かさないように心がけている。

ネイラーは、ピクリス・プエブロ族にとって大切なのは、先祖から受け継いできた土地、ダンス、歌、哲学、神聖な行事、芸術であると強調する。「伝統文化こそがプエブロ族をまとめ、外の世界を見る目を養ってくれます」。そういったあとに、彼は父親のことを話しはじめた。

彼の父親は有名な画家、ジェラルド・ネイラー・シニア（一九一七〜一九五二年）である。父親から絵画を学んだことはないが、それでもいつも父親がキャンバスの前で描く姿を見ていた。

父親とは、九歳のときに死に別れる。悲しみにうちひしがれていると、部族の年長者から、悲しみを乗り越え、前向きに生きるように諭された。九歳の幼い彼は、おもちゃを自分でつくり、狩猟も体得した。どうやって極寒の夜をしのぐかなど、サバイバルに必要な技術はすべて子どものころに自然環境から学んできたものだ。

一四歳のとき、彼はサンタフェ芸術学校ではじめて絵画のクラスを受講する機会を得た。

「サンタフェにでてきて、先住民の先生に、自分の才能を伸ばしてもらいました」

その後、ネイラーは大学に入学するもすぐに中退。もっと見聞をひろげたいと、全米各地を放浪した。ロサンゼルスの映画会社ではシェフとして働き、そのあとは床屋にもなった。ホテル・サンタフェが建設されたときは部族長をしながら、ホテルの厨房で朝ご飯もつくっていた。「やれることはなんでもやります」。部族長が動けば、まわりも動く、と信じてきた。

いまでは作品に高い値がつく水彩画家として知られるネイラーだが、大量の酒を飲んでいた時期がある。酒を飲むと不健康になり、自分の弱点が表にでてきた。

「なにをするのにも、限度があります。楽しくシャンパン一杯を飲むのはいいですが、バーの酒をすべて飲みほすのは無謀です」

ここ三五年間は、一切飲んでいないという。限度をわきまえない飲酒は、ネイラーもふくめた先住民が陥った、アメリカ社会の落とし穴だった。ネイラーはみずからの体験から学び、それをつぎの世代に伝えている。

## 正直に生きる

ネイラーはお金のことを「ペーパー・マネー」と呼び、あまり重要視していない。ネイラーの作品の管理をする、前出のマーシー・ブラウンは、「ジェラルド（ネイラー）は、本来ならば、かなりの値段がつくような作品を、すぐに人にあげてしまいます。お金にこだわらない人なのです」と困ったような素振りを見せつつも、どこか割り切っているようだった。お金や地位、学歴などでは測れないなにかを、彼は信じているのだ。

七〇歳のネイラーは、薪《まき》を割り、大工仕事をし、野山を歩き、活動的な毎日を過ごしている。病気になっても病院には行かず、薬局で買える薬に頼るのではなく、居留地の付近に自生する薬草を煎じて飲み、自然治癒を目指す。予防接種などは一切受けない。だからこそ、二五歳とおなじときのパワーがある、と述べながら若々しく背筋を伸ばした。

二〇一〇年一月に会ったとき、部族長の任期が数日後に切れることになっていた。「これからは、絵を描くことに集中できます。そうしたら、もっとゆっくり話しましょう」と、平安で静かな生活を楽しみにしていた。

ところが不景気によるビジネスの低迷で、部族は借金を背負いこむことになった。そんなとき、ネイラーは部族の長老、八九歳の女性から推薦を受けて選挙に出馬し、ほかの二候補を破って当選した。部族経済の立て直しのためには、さまざまな経験をくぐり抜けてきた人が必要であると、ネイラーを支持する声が勝った。

一年後に会うと、「また部族長をやることになりました」とすこしはにかんでいた。部族員の期待に応えたいと、一四期目も淡々と任務を遂行しているようだ。

「正直に生きることが、すべてです」と、ネイラーは部族社会から長年の支持を得てきた秘訣《ひけつ》を明かす。そして、簡単なことをしてきただけ、とみずからのリーダーシップを謙虚に評価する。

彼は帽子を愛用しており、つねに身につけている。前回わたしが撮影させてもらった写真も、お気に入りのカウボーイハットと一緒だった。

再会したときにふたたび写真撮影を頼むと、今度はその帽子を脱いでくれた。あらわになった穏やかな表情には、深いしわがきざまれ、リーダーとしての生き様がにじみでていた。近寄りがたい厳しいまなざしの奥に、やさしく澄んだ瞳が輝いている。

帽子でかっこよく決めた姿も撮りたいと頼むと「顔の一部を隠して格好をつけさせてから撮る気ですか」と冗談を発した。彼はありのままの姿で撮影をしてほしかったのかもしれない。

帽子を着用したものか、それとも帽子なしのものか、どちらを本で使うべきかとたずねると、「できるなら、両方」と答えた。

## 部族との共闘

「ピクリス・プエブロ族は、このホテルに魂を吹きこんでくれています。サンタフェは観光地ですから、ほかにもいいホテルはあります。きれいで豪華ですが、どこか空虚です。このホテルにはあたたかさがあります。それはピクリス・プエブロ族の思いがこめられているからです」

従業員のネット・フィッシュマンは、侵略された歴史をもつ先住民の文化を前面に押しだすこ

帽子をとったジェラルド・ネイラー

とに重要な意味があると話す。プエブロ族の居留地はちかくにあるが、サンタフェにいても、部族の文化に触れられる場所はそれほど多くない。

運転手、料理人、掃除担当係など、すべての従業員と部族員が、ひとつのチームもしくは家族のような感覚がある。ホテルで使いふるした家具は居留地に運び、再利用する。クリスマスには、従業員から部族員に贈り物が届く。ホテルと部族のあいだには、助け合いの精神が育まれている。

従業員の見せる実直な勤務態度は、イギリス人の総支配人ポール・マーゲットソン（六四歳）の徹底した指導によるものだ。彼は、ネイラーが信頼をおく四人のビジネスパートナーの一人でもある。

マーゲットソンに、部族とホテルを共同経営するに至ったいきさつをきいた。

彼は、一八歳のときに、ロンドンで会計士になる勉強をはじめ、市内のホテルに就職する。その後、母国だけでなく、スリランカ、イタリア、バルバドス、グアム、南アフリカ、南アメリカなど、世界各地でホテル事業に関わってきた。

ピクリス・プエブロ族とビジネスをはじめるまでは、サンタフェにある大手ホテルの総支配人を務めていた。会計士としてホテルの運営に携わった経験から得た知識や感覚は、総支配人としての仕事にも役立ったという。

一九八〇年代半ばごろ、当時四〇代の働き盛りだったマーゲットソンは、新しい事業の可能性を探っていたが、資金が十分ではなかった。そんな折、インディアン局に、事業を興そうとする先住民部族を対象にした財政援助のプログラムがあることを知る。彼の問い合わせに、インディアン局は、ピクリス・プエブロ族とともに経済開発プログラムに参加することを提案した。

すぐにマーゲットソンは同志を募って、カリフォルニア州の銀行から八〇〇万ドルの融資を受けることに成功する。

インディアン局は、ホテル設立時に金銭援助こそしなかったが、彼らが銀行から受けた融資の保証人になることを約束する。もしも、ホテル経営がうまくいかず、倒産した場合は、建物を売却し、その売り値と借金の差額はインディアン局が支払う契約内容だった。

以来、彼は二〇年以上にわたり、ビジネスを軌道に乗せるべく奮闘してきた。

現在のアメリカ社会を覆う不景気は、部族のホテル経営にも影響しており、経営状態がよいときと、悪いときの落差が大きい。マーゲットソンは「いつも注意深く、状況を観察しつづける必要があります」と、経営者としての厳しい一面を見せる。

文化的な背景がまったくことなるだけでなく、アメリカ大陸を植民地化した、イギリス出身の白人である彼が、先住民と事業を興していくうえで苦労をともなったことは容易に想像できる。

それでも、マーゲットソンは粘り強く居留地を訪ね、部族員とのコミュニケーションを頻繁にとることを心がけてきた。

「わたしが事業計画に関する話し合いのために居留地を訪れると、年長者をはじめ部族の人たちはティワ語で話をはじめます。なにをいっているのか、さっぱりわかりません。あえて、わたしにわからないようにしているのかもしれません。そんなときは、とにかく彼らが話し終えるのをのんびりと待つようにしています」

ピクリス・プエブロ族には、部族政府とはべつに宗教的、文化的な指導者である五人のカシケと呼ばれる人たちがいる。部族政府の役員とはちがい、一度カシケになった部族員は、一生その役割を担うようになる。部族の宗教行事などを統括するのは、このカシケたちだ。

また、この部族は四つの氏族に分かれている。カシケ同士、氏族同士が必ずしも仲がいいわけではない。力関係が複雑に入り組んだ部族と連携しながら、ビジネスを展開するのは一筋縄にはいかないものだ。

部族社会では、どちらかいっぽうの味方をしないことが、良好な関係を築くカギであるとマーゲットソンはいう。「あるときに発言権を失ったかにみえた人物でも、つぎの部族長になる可能性があるからです」。敵をつくらず、すべての部族員に平等に敬意をもって接してきた。

先住民の美術品の収集家でもあるマーゲットソンは、ホテルに先住民の芸術家を無料で宿泊させ、その引き換えにもらった工芸品や絵画なども館内に展示している。廊下やスイートルームはまるで博物館のようだ。

「ピクリス・プエブロ族の人たちはこのホテルを誇りにしています。部族員が立ち寄り、満足そうにホテル内を歩いていることがあります。部族所有のホテルなので、インテリアや小物に工夫を加え、その独特な風情を目当てに客がふえてきました。部族との共同作業は、ビジネス面でもプラスに働いています」

サンタフェで先住民の経済開発の研究をつづけるスーザン・ガイエットとデイビッド・ホワイトは、文化を活かした観光に関する論文で、ホテル・サンタフェを取り上げている。彼らはホテル内の土産物屋で、部族員がつくる工芸品を販売していることについて、仕事のない居留地に収入源をあたえていると高く評価している。

居留地にカジノなどの娯楽施設を建設すれば、観光客がバスを連ねてやってきて、部族は環境の変化に直面せざるをえなくなる。しかし、ピクリス・プエブロ族の場合、居留地の外に経済開発の拠点をおいたことで、自分たちの暮らしや伝統をありのままで守っていくことが可能になった。あらたなビジネスモデルである。

ネイラーが聖なる大地と呼ぶ、居留地にクルマを走らせる。ニューメキシコに住んでいたときに訪れて以来なので、実に一九年ぶりだ。そのころとおなじように、山間にひっそりと土壁の家屋がならんでいた。古い教会を中心に、山の斜面にたたずむ集落は、雪に覆われ、幻想的だった。

その日、観光客の姿はなかった。物音が一切しない完全な静寂があたりを包んでいる。集落では、写真撮影は禁止である。ちかくには娯楽施設はない。酒やドラッグが入りこんだら、取り返しのつかないことになってしまうだろう。

静かな居留地には、伝統に根ざした暮らしが生きている。部族の言語であるティワ語で「掻《か》いている熊（かゆいところを掻いている熊）」と名乗る男性が、集落で伝統行事の際に使う建物を整備していた。わたしにも親切に話しかけてくるが、部族員ではない人間がなかに入ることは許されないことをやんわりと伝えられる。

このちいさな部族が、観光地で大規模なホテルを経営しながら、居留地では素朴な暮らしを営んでいることに、戸惑いつつも、わたしは感動を覚えた。ふたつの世界には、それぞれまったくちがった時間の流れと、個性がある。しかし、どちらも伝統への思いと、先祖の生きかたに立ち返ろうとするピクリス・プエブロ族の人たちでつながり、守られているのだ。

# 第5章　アメリカのなかの「異国」

▲ミシシッピー・バンド・オブ・チョクトー族
部族政府広報課に勤めるウィルマ・シンプソン

## 深南部の部族

カジノ・リゾートが成功したペクオート族の居留地は、ニューヨークのマンハッタンからクルマでおよそ二時間の距離にある。ペチャンガ族をはじめ、アメリカ第二の都市ロサンゼルス周辺に居留地を構える部族も、カジノ経営によって莫大な富を得ている。居留地での経済開発を考えるうえで、地理的な条件はとりわけ重要だ。居留地がどこにあるかによって、誘致できる産業の種類はちがってくる。

逆に、観光客がなかなか足を運ばないような辺境の部族は、産業廃棄物の処分場の建設や、鉱山開発に関わる選択をする以外に道は残されていない。しかし、都市部から遠く、地理的な観点からすると圧倒的に不利な居留地でも成功した例がある。アメリカの深南部ミシシッピー州の中央部、人口およそ七九〇〇人の町、フィラデルフィアに隣接する居留地をもつミシシッピー・バンド・オブ・チョクトー族だ。

同部族はカジノとホテル経営を基軸にした経済開発で大成功をおさめている。森林と沼地に囲まれたこの地域は、周囲から完全に隔絶されており、もともと観光客の往来が盛んな場所であったとは、到底思えない。

同部族のホームページによると、一九四五年に連邦政府から部族承認を受けたものの、この居留地では失業率が八〇パーセントの惨状が一九六〇年代後半までつづいた。当時の貧困は、ほかの居留地とくらべてもひどかった。ところが、部族政府発行の資料には、部族政府の収入は二〇〇四年に四億五七〇〇万ドルを超えるほどにまで成長したと記されている。

二〇一〇年一二月、ミシシッピー州に住む唯一の部族を訪ねた。車窓には、はるか地平線まで平原がつづく。ところどころに飛び石のように森林があり、高速道路はそのあいだを切り裂くように南に伸びている。周囲には湖のようにも見える広大な湿地帯が、大きな口を開けてひろがっていた。

成功するカジノは、たいがい高速道路に面している。居留地の外に住む人からのアクセスが必要不可欠だからだ。また、どこのカジノでも、宣伝には力を入れており、道路沿いに大きな看板が林立している。たとえば、「五マイル行って右折」などと親切に誘導してくれるので、地図がなくても無事にたどり着けるだろうと高をくくっていた。

居留地にむかう道すがら、交通量のまばらな州道をしばらく走る。都市部の喧噪とは無縁な寂れた景色が目に入ってくる。片側一車線の道の先を見ながら、放射性廃棄物の中間貯蔵施設を誘致しようとしていた、ニューメキシコ州の居留地に行く道を思いだした。アメリカの「辺境」へと走っていることを痛感する。

ミシシッピー州での道中、カジノの広告の類いは一度もあらわれなかった。居留地につづく道のりを示す標識すら見なかった。途中で道に迷ってしまい、居留地から三キロほど離れた田舎町のガソリンスタンドに着いたときは、すでに日が暮れていた。

居留地からすぐの場所にいるにもかかわらず、ふたたび迷子になり、カジノに電話をして道順を確認するはめになった。居留地の入口付近にも、案内板などは一切なかった。いわれたとおりに細い道を走っていると、闇のなかに突如として巨大なカジノがあらわれた。はじめてくる人には不親切きわまりない。

翌日、部族政府の経済開発課の課長、ジョン・ヘンドリックスに、二度も迷子になったことを伝えると、彼はすこし得意気になった。「地域の人はみんな、どこにカジノがあるのかを知っているので、とくに宣伝にお金をかけていません」。彼はあたかも不親切さが経営戦略の一環であるかのようにいい返す。

集客のターゲットは、半径一〇〇マイル（一六〇キロ）圏内で、その数はおよそ一〇〇万人。地域密着型を目指しており、カジノに併設されたリゾート・ホテルの宿泊客に加え、日帰りでやってくる客も相当数にのぼる。

大都市や高速道路のちかくでなくても、地域にほかの娯楽がないことが、安定した集客を得られる理由らしい。宣伝に金をかける必要がないのは、財政的にも大きな節約になっているようだ。

テネシー州メンフィス出身の白人男性であるヘンドリックスは、大学で経営学を専攻し、卒業後に部族政府に就職する。以来、一七年間にわたり、部族の経済開発に従事してきた。彼は辺境の居留地を訪れる顧客の動向を完全に把握し、ビジネス戦略に役立てている。

「客のなかには、毎月二〜三回足を運ぶリピーターがいます。彼らは食事とギャンブルをしますから、カジノの平均滞在時間は一回につき八時間くらいです。ほかの州からの泊まり客もいます

シルバー・スター・ホテル・アンド・カジノ

が、あくまでも地元の客がターゲットです。だから、施設が必要以上に大きすぎないことが大事なのです」

部族政府は一九九四年にシルバー・スター・ホテル・アンド・カジノを建設した。当初は、賭博産業はおろか接客業にも慣れていなかったため、なにをどうやったらいいのか皆目見当がつかなかった。最初の五年間は、ラスベガスの賭博関連の会社に資金援助だけでなく、カジノの運営も任せていた。その間に、経営のノウハウからポーカーなどのトランプのさばきかた、スロットマシーンの整備、接客の態度まで、賭場ビジネスに関するすべてを修得した。

ヘンドリックスは「そのあとは、部族が運営を担い、独自の方法で従業員を訓練するようになりました」と雄弁になった。

その後、このシルバー・スター・ホテル・アンド・カジノは急成長し、五回にわたって拡張され、今日にいたっている。

## アメリカでないような場所

前夜に訪れたカジノは、週末でなかったからか、それほど混んでいなかった。カジノでは、先住民が働く姿が目立っていた。その数は先住民でない人を完全に上回っている。一般的に部族経営のカジノは、先住民ではない従業員が過半数を占めている場合がほとんどで、これはあまりない光景だ。

さらに驚いたのが、若い従業員同士がスロットマシーンの横で、チョクトー語で立ち話をしていたことだ。これまで一〇〇以上もの部族経営のカジノを訪れたが、年長者ならともかく、若い従業員が部族の言語で会話をしているのを見たのははじめてだった。

べつの従業員の会話ではスペイン語が飛び交っていた。中南米からの移民も雇っているようだ。また、南部だからか、黒人の従業員はほかの地域のカジノよりも多い。客は黒人と白人が半々くらいである。

部族政府の広報課に勤めるウィルマ・シンプソンのオフィスで、経済開発について話をきいた。

「部族員がふたつの仕事を掛けもちしても、まだあまるほど居留地には仕事があります」と鼻息が荒い。失業率をたずねると、彼女はさらに意気軒昂《いきけんこう》になって、いっそう声に張りができた。

「一パーセント未満です」

一瞬ききまちがえたのかと思った。圧倒的な数字だ。彼女はゼロに限りなくちかいといいたげだ。さらに部族の産業がつくりだす雇用は七〇〇〇件。ミシシッピー州内で、五本の指に入るほどの雇用主に成長している。とくにおもだった産業のない居留地の周辺地域では、一番の雇用機会を提供している。

アメリカ社会は不況のどん底で、失業率が九パーセント以上であることを考えると、これは信じられないほどの快挙である。大半の部族が直面する高い失業率、過疎化によって生じる経済の衰弱とはまったく縁のない居留地だ。

「経済開発を図るには、つねに新しいアイディアを練り、みずからが成長していくことが大事です。まわりは不況ですが、現在のところ部族経済は安泰です」

居留地には三つのカジノとふたつのゴルフコースがあり、貴重な収入源になっている。しかし、経済発展の突破口になった観光業だけに固執しないのが、部族政府内の共通認識だ。現在、部族はさまざまな事業に取り組み、さらに発展しようとしている。

部族が必要とする印刷物は外注せずに、部族政府が設立した印刷会社に発注する。居留地の建設作業も同様に、部族が所有する建設会社に一任されている。さらに独自の郵送システムも開発しており、これも部族経営の事業である。

居留地内のすべての産業には先住民を優先的に雇う制度があるが、それでも仕事がありあまっている状況だ。現在部族員以外の労働人口は、全体の六五パーセント。カジノをはじめとする観光業だけでも、四〇〇〇件以上の雇用を生みだす。この部族の発展は、失業率の高いミシシッピー州に大きな潤いをあたえている。深南部の奥地に暮らす部族が、不況の波をものともせずに突進する様は圧巻だ。

部族員であるなしにかかわらず、居留地で仕事を得ると「チョクトー・ホスピタリティ（歓待）・プログラム」で徹底的にチョクトー流の接客の方法を学ばなくてはならない。そこで受講者は、来客への気遣いをたたきこまれる。伝統文化がビジネスに活かされることで、その重要性が再発見されている。

シンプソンは、「伝統的な精神を大切にしながら、経済開発をおこなっていく気構えが必要です」という。年長者の考えや意見を部族社会に反映させることが秘訣なのだ。

チョクトー族の言語や文化は、おもに口承によって伝えられてきたため、紙に記録されてこなかった。居留地に住む年長者は、つぎの世代に伝統文化を残す意義を強く感じており、観光業の収益の一部は、言語や歌、物語などを記録する文化保存プロジェクトにも活用されている。

この部族では、毎年およそ一〇〇人の部族員が死亡するが、あらたに二〇〇人が生まれてくる、という。部族員として登録するために必要な血筋の割合は、二分の一である。先住民社会では四分の一の規定が一般的だが、それよりも高い割合だ。

しかし、混血の子どもの数は確実にふえている。シンプソンによると、部族内では現状を見据え、部族員登録の規定を見直す動きがではじめているという。

部族人口はおよそ九六六〇人（居留地に暮らす人は八二〇〇人）。そのなかの約八五パーセントが現在もチョクトー語を流暢《りゅうちょう》に話すことができる。

居留地には小学校、中学校、高校があり、小学校の時点で徹底した言語学習がおこなわれる。

居留地全体で、老若男女を問わず部族員が自分たちの言語で会話しているのを見て、アメリカのなかにある「異国」にいる実感がわいてきた。

部族政府は、一九九四年に奨学金制度を導入し、つぎの世代の教育にも投資している。毎年八〇人から一〇〇人が高校を卒業するが、そのうちの六〇パーセントは大学に進学する。どこの大学に入学した場合も、学費はすべて部族政府が援助する。この奨学金制度で、現在までに一七一〇人が、高校卒業後サポートを得ている。多額の奨学金を受けて居留地を巣立ち、外の世界で教育を受けても、もどってくる義務はない。

シンプソンは部族のこれからを担う若者たちに大きな期待を寄せている。

「若い世代には教育を終えたら、できるかぎり外の世界で貴重な経験をしてほしいのです。そのあとで、もしも自分の意思で部族のために働きたければ、それはもちろん受け入れます」

居留地への貢献にこだわらず、個々人がアメリカ社会で活躍することが部族にとってのよろこびである。

## 隔離された部族

深南部には、奴隷制度と人種隔離政策の凄惨な歴史がある。黒人と白人は、学校や映画館、バスの車内や水飲み場にいたるまで公的空間のすべてにおいて分離されていた。当時は選挙権を認められない黒人が多く、白人と結婚することも許されなかった。

この地域の人種問題は、つねに白人対黒人という二項対立の構図で語られてきた。先住民は黒人でも白人でもない特異な立場におかれてきたが、どちらからも受け入れられず、差別される対象だった。ミシシッピー州における人種隔離政策の文化と歴史、地理的な孤立、そして一万人ちかい部族人口を有していることが、現在にいたるまで他人種との婚姻がすくなかった理由に挙げられる。

人種隔離政策がとられていた深南部で、チョクトー族の居留地と接するフィラデルフィアは、一九六四年に公民権運動家三人（ひとりは黒人、ふたりはユダヤ系白人）が、白人至上主義者から殺害される事件が起きたことで有名だ。ミシシッピー州の熾烈な人種差別の暴力が、全米に衝撃をあたえた事件だった。

しかし、この事件における部族の存在感はきわめて薄い。この地域の先住民たちは、公民権運動にもあまり関わりをもたなかった。人種差別の暴力を間近に見ながら、息をひそめて生きていたのだ。この沈黙も、部族が生き残るための術だった。

「経済開発の成功がすべてを変えました。以前は差別がありましたが、部族が豊かになると、黒人も白人もよき隣人になりました。居留地にはつねに雇用機会があるので、黒人も白人も部族をないがしろにできなくなったのです」

地域社会に雇用と娯楽施設を提供することで、良好な関係を築き、さらに部族員は経済開発の成功で人間としての尊厳を得た。部族政府は黒人も白人も平等に雇用する。部族経済に役に立つのであれば、人種には関係なく、門戸をひろく開き、ウィン・ウィンの環境を維持している。

「もともとなにもなく、とにかく貧しい部族でした」とシンプソンは、現在の繁栄からは想像できないほどどん底にあった、一九六〇年代以前の暮らしを思い起こす。そして、「ひとりの指導者が、現在の繁栄のすべてを築き上げました。彼がいなければ、不可能でした」と、元部族長フィリップ・マーティン（一九二六〜二〇一〇年）の二七年間におよぶ卓越した業績を称えた。部族員が共鳴したのは、マーティンが掲げた経済開発のビジョンだった。

シンプソンは、ほかの部族とのちがいについて、リーダーシップのありかたを指摘する。たいていの部族では二年ごとに部族長を決める選挙をおこなっているが、彼女はこれを、「二年間の任期は短すぎて、なにもできない」と批判する。

指導者が頻繁に替われば、外部の人たちは不審に思うし、銀行も金を貸さなくなる。部族社会が二七年間にわたってマーティンを支持しつづけた体制は、揺るぎない連帯感の証明につながり、銀行や地域社会から信頼を得ることができたのだ。

カジノ等で得た収益を、どのようにして部族員に配給しているのかも気になるところだ。個人への分配は、一ロ五〇〇ドルの支給が年に二回あるだけだ。これだけで生計を立てるのは困難だ。職を得なければ生活できない、という現実感覚が部族社会にしっかりと根づいている。

経済成長を成し遂げるうえでのアドバイスを、カリフォルニアの部族から頼まれていることを告げると、シンプソンは、筋の通った迫力のあるメッセージをわたしに託した。

「第一に、自分が誰であるのかを知り、理解することです」

自分が先住民であり、部族の一員であることに自信をもって生きていくことがもっとも大切なカギである。

「そして、第二に、部族が一丸となって、全力を尽くすことです」
部族の伝統をふまえたさまざまなレベルでの連帯の必要性を、彼女は日々感じている。

## 貧困からの脱却

チョクトー族の歴史については、さまざまなところで語られているが、そのほとんどはオクラホマ州に強制移住を強いられたチョクトー族のことを指している。ミシシッピー州に一万人規模の居留地があることは、実はあまり知られていない。

チョクトー族は、「文明化五部族」として、チェロキー族、チカソー族、クリーク族、セミノール族とともにアメリカ史に登場する。これらの五部族はおもにアメリカ南東部のひろい地域に生活し、白人の「文明」をいちはやく受け入れたといわれている。

侵略国家はチョクトー族から肥沃な土地を奪い、最終的に部族に残されたのは、経済的に価値のない荒野だった。先祖が生活していた地域であり、部族の聖地とされるナニー・ウェイヤ（母なる塚）は、現在の居留地が位置するミシシッピー州の中部にある。部族は肥沃な大地をもとめて北上し、長いあいだ、ミシシッピー州北部およびテネシー州南部で生活していた。

しかし一八三〇年代前半に、部族は迫害を受け、生活圏を奪われ、インディアン・テリトリーと呼ばれる、現在のオクラホマ州とその周辺地域に強制連行された。その地域にはチェロキー族をはじめ、チョクトー族以外にも複数の部族の先住民が集められていた。そこで男たちは強制的に農夫にされ、子どもはインディアン寄宿学校に拉致同然で連れて行かれた。

部族に移動を強要し、アメリカ的な生活に同化させれば、いずれ部族の文化と社会は崩壊して、先住民は消滅するだろう、と連邦政府は目論んでいたのだ。

オクラホマ州に連行され、居留地を得たチョクトー族とはべつに、白人の弾圧を逃れ、ミシシッピー州の故郷で伝統的な生活圏を守った人びとの子孫が、現在のミシシッピー・バンド・オブ・チョクトー族居留地の住人たちである。一九一〇年には一二五三人のチョクトー族が同州にいたと記録されている。現在の居留地の礎を築いた先人たちだ。

一九四五年に、連邦議会は現在の居留地を設置する。当時、部族が確保できたのは、農業にも観光業にもまったく不向きな、荒れ果てた沼地ばかりの土地だった。居留地には農地がなかったため、部族員は、白人農家から土地を借り受け、シェア・クロッパー（小作人）として働かざるをえなかった。

部族政府の広報課に勤めるフレッド・ウィリス（二六歳）の母親も、小作人の家庭に生まれた。彼女の家族は一九六〇年代後半まで、居留地の外で小作農として働いていたが、そのあとに仕事をもとめてシカゴに移住する。当時のシカゴには、五〇人から一〇〇人規模のチョクトー族のコミュニティがあり、おたがいに助けあって生活していた。彼らはシカゴ以外の大都市に移住したチョクトー族の人たちとも、連絡を取りあい協力していたという。いつの日か居留地に帰ることを心の支えにしていたのだ。

小作農の暮らしに象徴されるように、そのころのチョクトー族の生活水準は低く、生きているのがやっとの状態だった。一九六四年、部族員の九〇パーセントが貧困層に属し、その平均年収

フレッド・ウィリス

は一〇〇〇〇ドル未満。経済大国アメリカでは考えられないような貧困を経験していた。

一九六六年、のちに部族長になるフィリップ・マーティンが部族政府で役職に就き、部族の歴史は大きく転換することになる。マーティンは、フォード、クライスラー、マクドナルド・ダグラス、ゼネラル・モータースなどの大手自動車会社と提携し、居留地に自動車工場を誘致していく。

仕事にあぶれていた部族員が、工場の仕事を手にして、つぎつぎに生活を再建していく。自動車産業と連携したのをきっかけに、部族は経済開発の道をひた走ることになる。

仕事がなかったために、居留地を離れることを選択せざるをえなかったウィリスの家族は、父親の定年を機に、一九九四年に居留地に引っ越してきた。同様に経済開発の成功によって雇用の機会ができ、仕事を探しに都市部に移り住んだ部族員も居留地にもどってきた。いまでは居留地のほうがアメリカ社会よりも景気がよくなっている。ただ、居留地にいる意味はそれだけではないと、ウィリスはいう。

「現在の居留地は仕事があるだけでなく、自分たちの伝統文化や言語を学べる唯一の場所です。この両方がなければ、自分たちが誰であるかを忘れてしまうと思います」

一度居留地を離れた人たちが、伝統文化に触れるだけでなく、仕事をもとめて帰ってくるのは、ほかの居留地ではあまりきかない話である。

## 偉大なリーダー

絶望と貧困に沈んだ居留地に繁栄をもたらした偉大なる指導者フィリップ・マーティンは、亡くなる前年の二〇〇九年に自伝『チーフ』を出版した。彼はこの本で、居留地の発展にすべてを捧げた半生、必死の抵抗とひたむきな努力、そして隙のない交渉術などについて、あますところなく雄弁に語っている。

一九二六年、マーティンはフィラデルフィアのちいさな病院で産声をあげた。当時はまだ、ミシシッピー・バンド・オブ・チョクトー族の居留地はない時代だった。

子どもたちが十分な教育を受けられる施設がちかくになかったので、マーティンは八〇〇キロ離れたノースカロライナ州のチェロキー族の寄宿学校に行くことになった。小学五年生として入学した彼は、まわりの生徒よりも年上の一三歳だったが、このときはまだ英語をうまく話せなかった。つねにチョクトー語に接し、伝統文化を重んじる部族社会で生活していたため、アメリカ

フィリップ・マーティン自伝『チーフ』

の学校教育が評価する「学力」は、同年のほかの生徒よりも劣っていたのだ。

一九四五年、マーティンは軍隊に入り、第二次世界大戦直後の荒廃したヨーロッパに送られる。そこで彼は、いままで自分たちを抑圧してきた白人が貧困に苦しむ姿を目の当たりにして、衝撃を受けた。しかし、戦争でずたずたにされた国家が、徐々によみがえり、復興していくプロセスを目撃した若き日のマーティンは、貧しい故郷の部族社会にも希望が残されていると悟った。

マーティンは入隊時、高校を中退していたが、軍隊で教育を受け、高校卒業資格を取得した。一九五五年に除隊後、相変わらず貧しい居留地に彼は帰ってくる。居留地では仕事がほとんどなかったが、幸いにも部族政府で仕事を見つけることができた。このとき、高校卒業資格があったことが有利に働いた、とマーティンは著書のなかで記している。この経験をもとに、彼は部族の教育改革にも熱心に取り組むようになる。

紆《う》余曲折《よきょくせつ》をへながら指導者となり、経済開発や観光業を軌道に乗せ、居留地内にさまざまな産業を確立するまでの道のりは、「ここまでくるのに長かった」と部族員がいうように、平坦ではなかった。自伝で描かれたマーティンには、部族の伝統に根ざした発想を重視するいっぽうで、一面がみられる。

連邦政府や州政府の政治家、さまざまな企業を相手にしながら大胆な戦略を練る実業家としての

一九九〇年代はじめ、賭博産業に着手すると決めたとき、部族はミシシッピー州政府との合意を形成する必要に迫られた。連邦政府と政府間交渉をする権利（自治権）を有することを考えると、州から許可をもらわなくてはいけないのは、釈然としない。

またミシシッピー州は、居留地における賭博産業に好意的ではなく、合意を取りつけるまでは、かなり難航するものと思われていた。さらに同州には、ほかに先住民部族はなく、孤立無援の状態だった。

マーティンは州政府と粘り強く交渉し、一九九二年、年間二五万ドルを州政府の観光課に寄付することを条件に、居留地でのカジノ建設の合意にこぎつけた。二年後、一九九四年にシルバー・スター・ホテル・アンド・カジノがオープンする。一万平方フィート（約九二九平方メートル）の館内には、スロットマシーン一〇〇〇台、カードゲーム用のテーブル一五〇卓、さらに、五軒のレストランが入った。

当初、ホテルの客室は一〇〇室にすぎなかったが、千客万来ですぐに増設が必要になる。その後も経営は順調で、さらに増築をくり返した。最終的にこのカジノは、九万平方フィート（約八三六一平方メートル）の敷地に約二五〇〇台のスロットマシーン、六七卓のカードゲーム用のテーブルを備え、ホテルの部屋は五〇〇室以上にまでふえた。予想以上にカジノ・リゾートは繁盛

し、建設した際に生じた最初の負債三七〇〇万ドルを九カ月間で完済した。

すこしずつおこなわれた拡張工事は、実業家マーティンの堅実な手法をあらわしている。どれだけの集客が見込めるのか見当がつかない段階から、大きな施設を建設して赤字を背負いこむことを避け、必要に応じて慎重に増築していく方針を貫いた。部族の長として一度たりとも失敗は許されなかったのだ。

二〇〇〇年に入り、マーティンはシルバー・スター・ホテル・アンド・カジノから道をはさんだ真むかいに、二億六〇〇〇万ドル以上の資金を投じて、ゴールデン・ムーン・ホテル・アンド・カジノを建設した。この施設は二八階建てで、客室は五七一を数える。およそ二〇〇台のスロットマシーンを有し、六つのレストラン、フィットネスセンターなども完備している。ふたつのカジノは空中通路でつながっており、未来的で斬新なデザインが人目をひく。

これほどまでに大きな事業が、たてつづけに人里離れた田舎で成功した秘訣はなんだったのか。著書にはこう記されている。

「人びとは自分の余暇を楽しむために、たとえ遠いところであっても、美しい良質のデザイン、おいしい食事、幅広い娯楽の選択肢、素晴らしいサービスと、親切で気持ちのよい宿泊施設があれば、必ずやってくることをわたしは確信していました」

彼は、人びとが居留地を最終目的地としてやってくるような、魅力的なリゾートを建設する必要性を認識していた。孤立した地理条件をよくよくわかってのことである。

成功している部族のカジノは主要幹線道路沿いにあり、一般客やトラックドライバーが移動の

ゴールデン・ムーン・ホテル・アンド・カジノ

ついでに立ち寄ることが経営の前提にある。深南部の辺境にあるチョクトー族の居留地は、そのような客を期待できない。つまり、居留地への人の流れをつくることは大きな挑戦だった。また、地域の人口が限られているので、固定客をつかまないと観光業は成り立たない。

一九六九年から二〇〇五年までのあいだ、マーティンは建設会社やカジノなど二三もの事業の設立に携わり、部族の教育制度を確立し、病院を新設し、チョクトーの人びとの暮らしの向上に全力をあげて取り組んだ。彼はひとつの国家に必要とされるものを、すべて居留地に取り入れようとしていたのだ。連邦政府やインディアン局の管理のもとに開発計画をすすめるのではなく、部族政府主体でこれまでにない斬新なことに挑戦をつづけたリーダーだった。

マーティンの精神は現在も、「チョクトー・ホスピタリティ・プログラム」によって引き継がれている。

## 未来の産業

観光業以外で部族が軌道に乗せたのがハイテク産業だ。居留地にある、アプライド・ジオ・テクノロジー株式会社で働く、ジュン・ウォレス－パルミエーリ（四〇歳）は、自社の製品について、目を輝かせながら紹介してくれた。

同社は二〇〇六年から、宇宙開発や軍事目的に使われるさまざまな部品を製造する工場を運営しており、およそ一五〇人の部族員が働いている。アメリカ軍と連携しながら、爆弾処理や監視用のロボットの部品、ロケットエンジンの部品の生産を手がけるようになった。戦車や戦闘機の操縦室の備品をつくる際には、過去にクルマのシートベルトの部品を製造した経験が役立っているという。

現在、同社は遠く離れたイスラエル政府とも提携し、戦車の操縦室の気温を下げるクーラーの開発と製造をおこなっている。居留地だけではなく、テキサス州やアラバマ州をふくむ九カ所に事務所を構え、その勢いはとどまるところを知らない。

ウォレス－パルミエーリは、「いまある部族の繁栄はむかしからのものではありませんでした。いろいろな可能性を探りながら、時間をかけて成長してきたのです」と感慨深そうにいう。

誘致した企業から経営のノウハウや技術を学びながら、部族が雇われる側から雇う側に発展してきた、と彼女はつづけた。

「大手自動車会社が経営する工場で部族員が働いていたときは、低い賃金で、スキルも育ちませんでした。しかし、教育を受けた部族員が居留地に帰ってきて、経済開発に携わることによって、高い水準の仕事を提供できるようになりました」

しかし、アメリカ先住民の部族が製造した部品でつくられた戦闘機が、イラクやアフガニスタン、パレスチナを爆撃する構図はあまりにも悲しい。アメリカ軍やイスラエル政府と提携しながら、大量殺戮につながる軍需産業に加担することに抵抗はないのだろうか。大国の侵略に苦しみ、その痛みを誰よりもわかっているはずの先住民に、倫理的なジレンマはないのだろうか。ウォレス－パルミエーリに質問をぶつけてみた。

ジュン・ウォレス－パルミエーリ

「部族のなかにもいろいろな意見がありますが、自分たちのやっていることと、実際に製品になったものの使われかたを切り離して考えるようにしています」

どんな質問を投げかけても、彼女は自信満々の笑みを浮かべる。部族の将来のために、よりよい製品をつくる確固たる熱意は感じたが、腑《ふ》に落ちない答えだった。

彼女の生い立ちをきくと、さらに複雑な思いばかりが募った。まだ部族が貧しかった時代に必死に生きてきた祖父母は、土地をもたない小作農で、八人の子どもがいた。いつも生活はギリギリで、よりよい暮らしをもとめて、一家はオハイオ州に移住せざるをえなかった。

そこで生まれた彼女は、当時の部族員としては珍しく、チョクトー語ではなく英語を母語として育つ。居留地の外でアメリカ文化に接していたことが、一八年前に居留地にもどったときに大いに役立った。失業率が高かった居留地で、彼女は部族員に英語を教えて生計を立てることができたのだ。

「一九〇〇年代のはじめ、部族員の平均寿命は四〇歳でした」

貧しい居留地には、絶望感が漂い、人びとの心も身体もぼろぼろだった。彼女の両親は、ともにアルコール依存症で、母親は四四歳の若さで他界した。

「酔っぱらった両親を見ながら育ったわたしは、彼らのようにはなりたくない、と自分にいいきかせてきました。ですから、お酒は一切飲みません。母はどんな気持ちでわたしを育て、死んでいったのか。考えるとたまらなくなります」

貧しさに加え、人種差別も、部族の人びとを蝕《むしば》んでいた。

「深南部の土地柄もあり、凄まじい人種差別があったと両親からはきいています。先住民にたいする差別も深刻でした。黒人と白人のはざまで、わたしたちは完全に取り残されていたのです」

現在も先住民への差別や偏見がないとは到底いえない。彼女は居留地からクルマで一時間半ほどの州都、人口およそ一八万四〇〇〇人のジャクソンに一時期住んでいたが、近所の人たちは州内に先住民の居留地があることさえも知らなかった。

自分のことをわかってもらいたくて、先住民であることを伝えると失笑された。いまも先住民は馬に乗り、テント暮らしをしている、と信じて疑わない人ばかりだったのだ。

人種差別や偏見は過去のものではなく、乗り越えていかねばならない大きな課題である。「深南部の居留地で、最先端の技術産業に従事できるのは部族の誇りです」と声高にいい切る彼女に、わたしは返す言葉を失ってしまった。

経済開発は実を結び、貧困は克服したが、部族はもっと大きな敵に必死に抵抗している最中なのかもしれない。

## 居留地の福祉

部族政府庁舎から徒歩三分ほどのところにある、ふるい木造のバラック小屋が目についた。壁にはちいさく「社会福祉事務所」と書かれている。近代的な建物が目立つ居留地で、みすぼらしく見えた。

部族によっては、社会福祉事務所は生活保護を受ける人が頻繁に訪れるため、混雑しているところもある。失業率が一パーセント未満のこの居留地では、社会福祉は、おもにお年寄りや身体に障がいを抱えた人へのケアのためのもので、失業した部族員への生活保護の相談は主目的ではない。健康であれば働くべきであるとする理念が、部族員のあいだで共有されている。

ウォレス゠パルミエーリは「わたしたちは、健康に問題がある場合を除き、仕事をしない人を冷ややかに見ています」と勤勉を尊ぶ部族社会について得意満面で語った。雇用機会があまるほどある居留地では、仕事をしていないのは、ただの怠け者であるという認識が強い。働くために必要なのは、健康な身体だ。これを維持するために、部族員はどのような医療サービスを受けているのだろうか。

たいがいの居留地には連邦機関であるインディアン・ヘルス・サービスが運営する病院がある。もしも、居留地の規模がちいさくて、このような病院がない場合は、先住民たちは付近の部族との共同診療所を利用するか、都市部にあるインディアン病院に足をのばさなくてはならない。

チョクトー族の居留地のあるミシシッピー州の中心部も、医療サービスを容易に受けられる場所ではない。部族員は長年にわたって、医療不足に苦しめられてきた。

窮状を救うために、部族政府は一九七五年、居留地内にヘルス・センター（以下、病院）を設立した。部族員が気軽に通える病院が居留地内にあることは、安全な暮らしを象徴している。しかも、運営しているのはインディアン・ヘルス・サービスではなく、部族政府である。

部族政府の建物からほどちかいところにある、この病院を訪ねた。入口付近には携帯電話で話をしている若者が何人かいる。どこの病院でも見かける風景だ。なかに入り、ひろびろとした待合室で、院長のゲリー・ベンから話をきいたあと、内部を見せてもらった。ベンは、二年前からこの病院の院長として医療改革に精力的に取り組んできた。

病院には現在、一二人の医者と一一人の看護師が勤めている。ベッド数は一八で、診察室が一二あり、一日平均一九五人の患者が訪れるという。部族政府からの出資にはカジノの収益もふくまれる。

まず最初にベンは、わたしを駐車場に連れて行き、自慢の救急車を見せてくれた。それぞれの車体に部族名が大きく記されている。これら六台の救急車は、地理的に孤立している同部族の生命線である。

つぎに訪れた眼科では、年配の部族員が検査を受けていた。視力検査から眼鏡の調整まで、すべてここでおこなわれている。わたしには以前、ロサンゼルスで目にゴミが入り炎症を起こしたとき、検査をしてもらうだけで一〇〇〇ドルも請求されるというので、長らく放置せざるをえなかった苦い経験がある。

アメリカの医療保険制度は弱者に無慈悲だが、この病院は部族員なら誰でも無料で利用できる。ここではまだ出産をする設備は整っていないが、それ以外の産前産後のケアのすべてを受けられる。当日も、病院内で数人の妊婦が歩いているのを見かけた。

内科の診察室にはいくつもの医療機器が鎮座していたが、一番目立っていたのが、連邦政府から七五〇〇万ドルの資金援助を受けて、一カ月前に購入したばかりの最新のCTスキャナーだった。この機材について、説明をもとめるとベンは饒舌《じょうぜつ》になった。それまでは、CTスキャナーの検査が必要な場合、居留地の住民たちは、ジャクソンもしくは州東部の町メリディアンの病院に行かねばならなかった。

通常、この検査は患者に多額の負担を強いる（一説では一回の検査では二〇万円以上にもなる）。居留地の病院では、これが無料なのだから部族員にはありがたい話である。

## あらたな「伝統食」

ベンによると、この居留地で部族員をもっとも悩ませているのは糖尿病だ。病院内部には糖尿病に関する教育施設が併設されており、この疾病を未然に防ぐための指導をはじめとする啓蒙活動がおこなわれている。

「糖尿病患者の割合は、国全体では五パーセントですが、先住民に関していえば一〇～一五パーセントにものぼります。この部族では、なんと二三パーセントです。糖尿病にかかる医療費はほかの疾病とくらべて六倍も高く、部族経済にも大きな負担になっています」

糖尿病がチョクトー族だけでなく、先住民のあいだでひろまっているのには、さまざまな理由がある。居留地で暮らすことを強制され、移動する自由を奪われ、孤立した先住民は、同化政策によって狩猟や採集といった一定の運動量を保てる暮らしができなくなった。貧困に苦しむ先住民を救ったのが、連邦政府による配給制度だった。

配給で彼らが手にすることができたのは、小麦粉やラードなどの安価な食材に限られていた。こうして先住民社会に急速にひろまった料理の例に、フライ・ブレッド（平べったい揚げパン）が挙げられる。先住民の伝統食と思われているが、配給物資として届けられた小麦粉とラードを利用したものだ。フライ・ブレッドの上に、野菜や肉、豆をのせたものは、インディアン・タコと呼ばれている。

生きるために配給物資を利用して考案された高カロリーのメニューが、先住民の伝統食になってしまったのだ。生活様式と食文化の劇的な変化が、糖尿病の原因になった。この問題の解決に

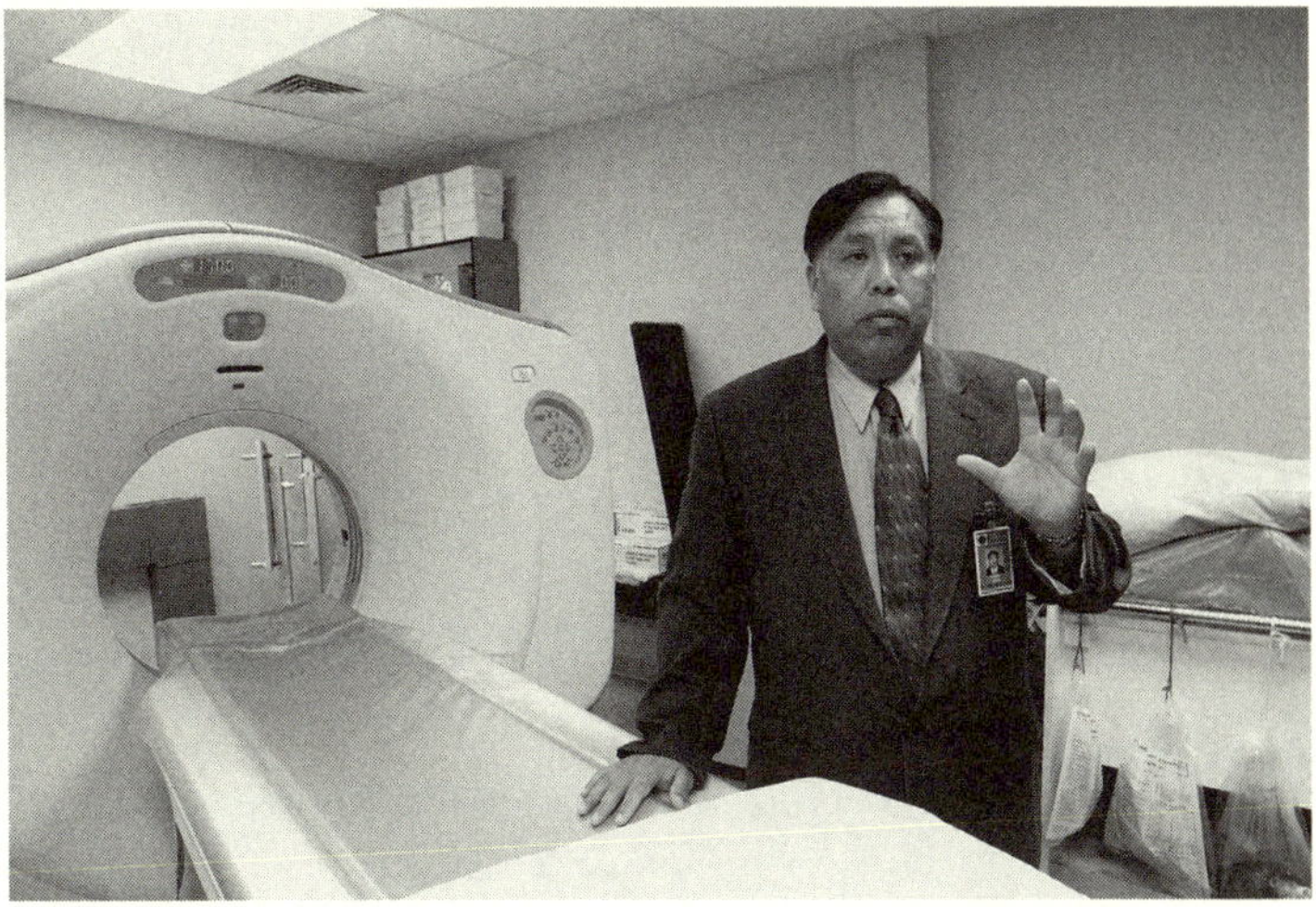

ゲリー・ベン

は、患者と病院が協力関係のもとに、食生活の根本的な見直しと、息の長い治療が要求される。

　ベンは部族の人たちとの対話を重視しながら、地域医療の発展に貢献しようと努力してきた。

「患者の問題はなにか、彼らがどのような気持ちなのかをよくきいて、病気を早期に突き止めることが重要です」。部族社会には伝統的なヒーラー（治療をおこなう者）がいるが、この病院では部族固有の信仰やまじないなどを取り入れた治療は、とくにおこなっていない。

　しかし、医師や看護師たちは、伝統的な治療を希望する患者には理解と敬意を示している。地元に密着した開かれた医療を目指しているからだ。

　入院病棟を見せてもらったが、それほどひろくない個室にベッドとテレビが備えつけてあった。「完治するまで最良の環境で、治療に専念してもらいます。元気になって社会復帰し、がんばってもらいたいのです」とベンは患者への思いを語る。

ホテルほどの設備はないし、病室もけっして新しくはない。それでも、病院にはあたたかい雰囲気があった。スタッフに、家族とおなじように患者に接する気持ちがあるからだろう。部族が一丸となって医療に取り組んでいる様子が、病院でも感じられた。

## 成功の前とあと

ベンは若いころから、部族社会に貢献する仕事に就くことを熱望していた。彼にとって部族員は、身内であり、病院にくる患者には親身に対応することを心がけている。そして、彼も「この部族の発展を可能にしたのは、フィリップ・マーティンでした」と、いまは亡き部族長への敬愛を語る。経済がうまくいっているからこそ、病院を建設し、設備投資をつづけられたのだ。

「経済開発が成功する前は、この居留地にはなにもありませんでした。ここまでくるのにずいぶん時間がかかりました。わたしたちには、本当に、なにもなかったのです」

一九七〇年代のベンが一〇代を過ごしたころの居留地は、立派なカジノもなければ、巨大なホテルもなかった。そこにあったのは「行き場のない、貧しい部族員の姿だけでした」とベンは回顧する。当時まだクルマは贅沢品で、部族員は居留地のなかで、なんのあてもなく、時間を過ごすことしかできなかったのだ。

以来彼は、現在副部族長を務める父親のハリソン・ベンとともに居留地の発展を見守ってきた。彼らの世代は、部族が経済開発で大きな成功をおさめる前と、そのあとの両方を知っている。二階建ての一軒家に住み、居留地の外の町へクルマででかけ、ショッピングを楽しみ、ほかのアメリカ人とおなじような暮らしを享受することは、七〇年代では考えられないことだった。

「部族出身の看護師はいますが、医者はまだいません。一日も早く、部族員が大学の医学部を卒業し、経験を積み、医者としてこの病院に勤務してくれることを祈っています」

ベンは完璧な医療サービスを部族員の力のみでおこなえるような病院を目指している。彼は、一〇年以内にはその夢が可能になる、と宣言した。

居留地には病院のほかにも、障がいをもった部族員に職業訓練を施す施設や、高齢者用の交流センターがある。部族は、経済開発だけでなく、福祉と教育の発展にも力を注いできた。

居留地では、自信に満ちた、満足そうな表情に数多く接することができた。が、いまある幸せがいつまでつづくか、部族が謳歌《おうか》する経済発展の真価が問われるのは、もうすこし先のことなのかもしれない。過去およそ五〇年のあいだに、マーティンが中心になって導いた経済的な発展を、将来にいかにつなげていくかは、これからの若い世代にかかっている。

ミシシッピー・バンド・オブ・チョクトー族の人びとは、人種隔離政策のもと、白人社会にも黒人社会にも属さないままに、周囲から孤立した居留地でひっそりと暮らしてきた。深南部の特殊な地域文化において、白人に疎まれ、蔑まれながらも、先住民としての尊厳を失わなかった。

経済開発に見事に成功したこの居留地に、いまでは黒人や白人たちが仕事や娯楽をもとめてやってくる。失業者はゼロにちかく、教育や医療は無料。さらに、国内だけでなく、海外にも事業を拡大していくさまは衝撃的ですらある。

文化的な伝統や、それを受け継いできた年長者を尊重し、地道に努力する姿勢は、居留地にしっかりと根づいている。偉大なリーダーの遺志を継いだ部族は、アメリカ国内の従属国家を脱皮し、ひとつの独立国家として成長をつづける。

# 第6章　アメリカ化のあとで

▲コロラド川沿いにそびえ立つカジノ・リゾート

## 未確認飛行物体

二〇一〇年一一月、カリフォルニア州南部の国境地帯で、メキシコとアメリカを結ぶ地下トンネルが発見されたことが大きなニュースになった。長さはおよそ五〇〇メートル。換気口まで完備された、かなり本格的なものだった。

そのトンネルのなかに、三〇トンものマリファナが発見されたことも注目を集めた。メキシコではドラッグ・カルテルの抗争が激化し、殺傷事件が絶えない。ニュースは、アメリカで勢力を伸ばそうとしているメキシコのギャングの動向を生々しく伝えた。

たしかにトンネルの存在は衝撃的だが、国境をまたぐドラッグ・ビジネスに、アリゾナ州の砂漠の真んなかにある先住民の居留地が深く関与していると考える人はあまりいないだろう。

メキシコ国境から一七〇キロあまり北上した、アリゾナ州西部ソノラン砂漠とモハベ砂漠が交わる一帯の荒漠とした景色のなかに、コロラド・リバー・インディアン部族居留地（以下、コロラド・リバー居留地）がある。面積およそ三〇万エーカー、東京都の面積の半分以上におよぶ。人口は約一八〇〇人（部族員総数は三七八六人）、居留地で生活しているのは部族員の半数未満だ。仕事などの理由で居留地の外に移り住んだ人が部族の過半数を占めている。

居留地を南北に貫くコロラド川は、部族社会の生命線だ。居留地の南端にむかって、コロラド

コロラド・リバー・インディアン部族居留地の入口

川の水源を利用した農地がひろがっており、綿花やアルファルファの畑は、緑色に輝いている。

　川べりには、部屋数二〇〇を有する大型ホテルと、スロットマシーン四五〇台とブラックジャックのテーブルを備えたカジノ・リゾートが屹立《きつりつ》する。部族政府が五二〇〇万ドルを投じて建設した、このカジノ・リゾートは、農業と同様に、この部族の貴重な財源になっている。

　居留地の中心部には、立派な部族政府庁舎が立ち、教育、観光、医療、環境保護などに取り組む六六もの部署がある。その周囲には警察署、裁判所、病院、図書館などが立ち並ぶ。

　部族政府を取り仕切る部族評議会は、部族長、副部族長、財務担当官、書記官、さらに五人の審議委員から構成されている。砂漠に囲まれた居留地は、さながらちいさな国家として機能している。

この居留地で二〇一〇年、三人の女性部族員、クロリンダ・ノパ（六一歳）、メロディ・スティーブンス（三七歳）、ローズ・クルーズ・レイバス（三二歳）が逮捕された。部族政府が運営する農産物出荷場で、トラック運転手を相手にドラッグ・ビジネスを展開していた容疑だった。この出荷場から全米各地にむけて、農産物と一緒にドラッグがばらまかれていた。

これまでドラッグは、フィーニックスをはじめとする大都市からギャングによって居留地に運ばれ、部族社会で消費されていた。しかし近年、都市部周辺の警備が厳重になったので、居留地にドラッグを運んでくる途中で売人が逮捕される可能性が高くなった。

いまは逆に、居留地から大都市にむかってドラッグがまき散らされている。それでは、居留地のドラッグはどこからくるのだろうか。

コロラド・リバー居留地では、低空で飛来する小型の飛行機が部族員に目撃されている。現場は、居留地南部の農村地帯だ。この何年かは、さらに頻繁になっており、ほぼ毎晩のように飛行機が飛んでくるという。

居留地に飛行場はない。しかし、クルマの行き来がなくなる深夜の舗装道路が、離着陸用の滑走路になる。極端に低空を飛ぶ小型機が、国境警備隊のレーダーにかかる可能性は低い。

深夜にライトを消して舞い降りる小型機は、メキシコ北部のソノラ州からやってくる。地上にいる部族員が懐中電灯を使って誘導し、着陸を手伝い、荷物を投下させるための指示をだす。ぎゅうぎゅうに詰められた荷物の中身はドラッグだ。その後、空から降ってきたドラッグは、待ち構えていたクルマに乗せられて、居留地の内部に運びこまれる。

夜の居留地は、街灯ひとつなく漆黒の闇に包まれている。ときおり、クルマのライトが見えるくらいで、ほかにはなにもない。ライトを消したちいさな飛行機が、このひろい居留地に着陸しても、気づく人はいない。岩陰など、死角になる場所を巧みに利用してドラッグの取引がおこなわれる。

メキシコ国境にちかい地域には、国境警備隊が集中している。有色人種がクルマで走っていれば、片っ端から尋問される。わたし自身も、国境地帯でパスポートのチェックをされたのは一度や二度ではない。しかし、自治権を有する先住民の居留地では、警備が手薄になる。国境警備隊のみならず、連邦捜査局（以下、ＦＢＩ）も部族政府の許可なく、取り締まることはできないからだ。メキシコのギャングには、これほど安全な「取引場」はほかにない。

アリゾナ州の西部、コロラド川沿岸には大都市はないものの、先住民の居留地が点在する。コロラド・リバー居留地の北部にふたつ、南部にもふたつ、合計で五つの居留地がある。それらの居留地を経由してドラッグが北上していく仕組みになっている。

コロラド・リバー居留地からクルマで三時間半北に行けば、ギャンブルの都、ネバダ州ラスベガスだ。そこから、中西部の都市コロラド州デンバーや、さらに北上しカナダへも運ばれていく。ドラッグはさまざまなかたちで売買されており、部族警察はもとより、郡や州の警察にとっても手に負えない状況だ。

居留地で、ドラッグやアルコールの依存症が深刻な問題になっていることは、アメリカではよく知られている。しかし、特殊な社会構造をもつ居留地が、密輸の中継点になっていることはほとんど知られていない。

## 移民労働者の群れ

コロラド・リバー居留地は、一八六五年に大統領行政命令によって、その一帯に生活していたモハベ族とチェメウエビ族を対象に設置された。これは、それらの先住民部族がもともと領土にしていた広大な土地の、ごく一部にすぎない。

一九四五年以降に、インディアン局が移住を促したナバホ族とホピ族の人たちが加わり、現在は四つの民族がともに生活する居留地である。コロラド・リバー・インディアン部族は居留地の名称ではあるが、特定の民族集団をあらわす名称ではない。

居留地内ではことなる部族出身の先住民のあいだで混血がすすんでいるので、民族構成を明確に記すことは難しい。居留地の博物館の元館長で、現在はカリフォルニア大学リバーサイド校の教壇に立つマイケル・ソーシ（四六歳）は、その内訳はモハベ族が約二二〇〇人、チェメウエビ族が約七〇〇人、ナバホ族が約六〇〇人、ホピ族が約三五〇人と概算する。彼のいう数字が総部族人口を上回るのは、ふたつ以上の部族の血をひく部族員も多いからだ。

それぞれの部族には、べつの場所にも居留地がある。たとえば、コロラド・リバー居留地から北に位置する町、ニードルスにあるフォート・モハベ居留地には、モハベ族の人びとが生活している。この居留地の住人たちとコロラド・リバー居留地のモハベ族の人たちは、血縁関係があるとされる。

同様にチェメウエビ族はカリフォルニア州に、ナバホ族、ホピ族もそれぞれアリゾナ州、ニューメキシコ州、ユタ州、コロラド州に自分たちの同胞がいる居留地をもつ。それらの居留地を離れた人たちが、現在コロラド・リバー居留地で暮らしている。

わたしは、二〇〇一年に低レベル放射性廃棄物の処分場建設に反対する先住民の抵抗と、公共政策のありかたについての調査をするために、この居留地をはじめて訪れた。それから、定期的に通って調査をしているが、居留地の人種・民族構成は大きく変わりつつある。

居留地の南部には、白人の農家が部族政府から借りている農場がいくつもある。それらの農家は、部族政府に水道代と土地の賃貸料を払う契約を結んでいる。居留地は連邦政府から援助を受けており、一般の水道料金よりも安い。土地の賃貸料もほかで借りるより割安で、居留地は農業者に人気がある。

マイケル・ソーシ

連邦政府が一八六五年に居留地として割り当てた土地は塩分がふくまれており、農耕には適さなかった。それで部族政府は、一九四八年ごろから周囲にあるいくぶん農耕に適した土地を購入し、居留地を整備してきた。

総面積およそ三〇万エーカーの居留地のうち、九万エーカーが開墾された農地である。そのうち約一万八〇〇〇エーカーの土地では、部族員が農業に携わっているが、残りは部族員ではない人たちに貸しだされている。借り手の約八〇パーセントは白人農家だ。彼らが支払う賃貸料は、部族の財政を支えるおもな収入源のひとつである。

デニス・パッチ

農場主が労働力を安くあげるために雇うのは、メキシコからやってくる移民労働者だ。そのほとんどが非合法移民で、最低賃金を無視した給与で酷使される。収穫の季節になると二〇～三〇人ほどのメキシコ人労働者が畑にでて、黙々と農作業に従事する。全員が帽子を目深にかぶっているので顔は見えないが、ちかくを通るとスペイン語の会話がきこえてくる。

部族評議会の元審議委員で、現在は部族政府教育課の責任者を務めるデニス・パッチ（五八歳）によれば、現在の居留地人口は子どもをふくめて、およそ一八〇〇人。季節労働者の雇用形態は流動的であるため、時期によってことなるが、平均して部族員の四倍以上（およそ八〇〇〇人）のメキシコ人が居留地の農場で雇われ、暮らしている。

住んでいる人の大多数が、部族員ではなく、存在が把握しにくい移民労働者というほかにあまり例がない居留地だ。そこでは、モハベ語、チェメウエビ語、ナバホ語、ホピ語、英語、スペイン語の六つのことなる言葉が飛び交う。

言語と民族が複雑に入り交じっている部族社会を、一部の部族員は「旧ユーゴスラビアのような居留地」と呼んでいる。

## バラックの異邦人

居留地にはときおり、不法滞在をしている移民労働者を取り締まる目的で、国境警備隊がやってくる。しかし、部族には自治権があるため、警備隊は事前に連絡を入れなければならない。

移民労働者と部族政府には独自のネットワークがあるようだ。部族政府が国境警備隊から連絡を受けると、移民労働者は蜘蛛《くも》の子を散らすようにいなくなる。国境警備隊と部族政府の交信がどこで漏れるのかはわからないが、メキシコ出身の労働者が居留地で捕まることはめったにない。

もちろん原則的には、居留地で非合法な移民労働者を雇って農業に従事させることは許されていない。しかし、白人農家が彼らを働かせて収益を上げれば、部族政府には安定した賃貸料が支払われる。部族政府に毎月滞ることなく賃貸料を払ってくれる白人農場主は大切な顧客だ。その顧客の利益を上げるために働く移民労働者を、誰も追い払いたくはない。

たいていのメキシコ人はまず、白人農家に低賃金で奴隷のように働かされる。待遇があまりに悪いので、農作業のノウハウを覚え、資金を貯めて、部族政府から土地を借りる人がでてきた。部族政府は土地を貸すときに、その人物が合法移民か否かを確認しないため、都市部よりも簡単に事業をはじめることができる。

そして、土地を借りた移民が、新しくやってきた同胞を非人道的に酷使する。移民が移民を搾取するサイクルが確立されており、居留地は移民労働者の拠点になっている。

二〇一〇年五月、メキシコからの移民労働者が生活する家を訪ねた。木造のバラックの外装は整っていたが、細かいところはほころびていた。開け放してある窓からは、ノリのいいメキシコの音楽が大音量で漏れている。木製のドアをノックすると、なかから人の声がするのにもかかわらず、開ける気配はない。

家の前には、大型のワゴン車が一台、乗用車が二台とめてある。玄関の脇にはビールの缶が散乱していた。どれも、一番安い銘柄のビールだ。

調査に同行してくれた、部族政府職員のリサ・スウィック（三九歳）に、わたしのかわりにドアを叩いてもらう。誰もでてこない。もう一度ノックすると、一瞬音楽の音量がちいさくなり、なかから農場労働者風のメキシコ人男性があらわれた。かなり警戒しているようだ。家のなかには、二〇人以上が暮らしていた。

「部族政府は居留地の南側で、何人くらいの労働者が働いているのか、また、誰が彼らを雇っているのか把握していません。この家に暮らすメキシコ人がいったいどれくらいの期間、居留地にいて、いついなくなるのかも見当がつきません」

スウィックは、部族政府が正確な数を知らないことを恥じているようだった。

メキシコ出身の労働者が暮らす家屋のいくつかは、もともと第二次世界大戦中に日系人を強制

日系人収容所として使われていたバラック。現在はメキシコ人の労働者が暮らす。

収容するためにつくられたバラックを改築したものだ。

アメリカ政府は一九四二年から一九四五年の夏まで、全米各地に一〇カ所もの日系人強制収容所を設置した。強制収容の対象になったのは、おもに太平洋沿岸部、カリフォルニア州、オレゴン州、ワシントン州とアリゾナ州の一部などで生活する一一万人余の日系人だった。しかも、その半数以上は、アメリカ生まれで、アメリカ国籍を有していた。

一〇件の収容所のうちのふたつが、アリゾナ州にある先住民の居留地に建てられた。コロラド・リバー居留地に建設されたポストン収容所は、合計一万七〇〇〇人もの日系人を収容した。

砂漠に連れてこられた日系人は、灌漑《かんがい》用水路の整備や農地開発に従事させられた。カリフォルニア州で農業を営んでいた日系人を居留地で働かせるのが、当時のインディアン局局長ジョン・コリアーの狙いだった。

強制連行された日系人が、コロラド川へとつづく実用的で完成度の高い灌漑用水路を建設したからこそ、極度に乾燥している砂漠の居留地で大規模な農業が可能になった。日系人の労働がなければ、居留地は現在も農業に適さない荒れ地のままであっただろう。部族政府は日系人の歴史に同情を寄せるだけでなく、過酷な労働を生き延び、豊かな農地を残して去っていった彼らに敬意を表している。

戦後、資源の乏しかった居留地の先住民たちは、日系人が収容されたバラックを、教会や家屋に再利用した。部族政府は収容所にあった学校の建物をオフィスとして使っていた時期がある。わたしが戸を叩いたバラックは、収容所跡地から五キロほど離れた農業地帯に移され、農業労働者に提供されたもののひとつだった。

日系人が住んでいた建物を、いまでは非合法で働くメキシコ人が宿舎として使っている。ところどころが破損して、ぼろぼろになりながらも、いまも大地に根を下ろすバラックは、居留地の複雑な歴史と現在をあらわしているようだった。

なかからでてきたリーダー格の野球帽をかぶった背の高い男性は、自分たちが住んでいるバラックの悲しい歴史について、まったく知らない、とスペイン語で話した。

## 砂漠の処刑

二〇〇九年の初夏、居留地の南部にある岩山の麓《ふもと》で、メキシコ人の男性の遺体が発見された。両手をうしろで縛られたまま、砂漠に横たわり、ひからびていた。口から拳銃を入れられて脳天を打ち抜かれており、むごい死にざまだった。部族社会に恐怖が走った。

殺された男性の兄は、部族政府の幹部のひとりであるジェームス・ウォーカー（仮名）とともに居留地で農業関連の会社を経営していた。

居留地の南にある町ブライスで、建築資材を扱う商店から、この会社へ二万ドル以上もの請求がきている。支払いが長らく滞っていたのだ。それ以外にも、この会社はいくつかの疑惑があり、居留地の人たちは不信感をつのらせていた。

派手な処刑は、メキシコからきたギャングの見せしめのための殺人だったようだ。しかし、事件の被害者の兄が、部族の有力者と一緒に会社を経営していたためか、詳細はなにもあきらかにされなかった。部族警察による捜査も進展していない。

さらに、殺人現場が居留地で、被害者がアメリカ人ではなかったので、FBIの捜査もうやむやのうちに終わったといわれている。真相はわからないが、ドラッグと部族政治の汚職が絡み、トラブルになったのだろうという噂が流れた。

居留地における殺人や傷害、放火などの重罪は、FBIもしくはインディアン局の捜査対象になる。ところが、加害者と被害者の両方が先住民である場合、FBIが居留地にきても、犯人があがるまで腰を据えて捜査をおこなうことは稀だ。部族には自治権があるので内政干渉はできないというのが、表向きの理由である。

いっぽうで、いかなる場合でも被害者が白人ならば、FBIはやってくる。ソーシいわく、先住民はFBIには優先されないのだ。「わたしたちの居留地は、誰もコントロールできない、無法地帯のようになってしまいました。部族が自治権を有することの、ネガティブな側面です」。

この居留地では、謎の殺人事件が頻発している。中心部から南に下ったところには、まるで射撃場であるかのように、無数のショットガンの薬莢《やっきょう》が生々しく散らばる殺伐とした空間がある。パッチによると、居留地内での殺人事件の被害者は、一年間に最低でも五人は確認される。ひろい砂漠地帯では、発見されない死体も多い。

本章の冒頭で述べたように、メキシコからの移民が犯罪に巻きこまれることもよくある。しかし、そもそもどれくらいの数の移民労働者が居留地にいるのか、誰も正確な人数を突きとめていないので、被害の大きさを計ることができない。

居留地人口の大半を占めるメキシコ人労働者とギャングが、どのような関係をもっているのかは、部族員は見当もつかない。どちらも、仕事が終わればすぐにいなくなるからだ。

オーバーにきこえるかもしれないが、実体が見えない不気味な存在であるメキシコのギャングに、居留地の生活が左右されているようだ。ギャングに歯向かえば殺される。だから、殺人事件が起きて、部族警察やＦＢＩから証言を頼まれても、協力する人はまずいない。ＦＢＩの捜査員は問題が起こると居留地にやってくるが、なにも情報が得られないので、大抵はそのままあきらめて帰っていく。

仮に部族員が勇気をだして捜査に応じても、部族警察が証言者の安全を確保してくれるわけもない。黙っているのが一番安全だ。捜査員になにか証言すれば、ギャングからの報復につながる。自分だけでなく、身内も狙われるかもしれないという恐怖が居留地を覆っている。

## 汚染された大地

メキシコのギャングが居留地で勢力を伸ばせた背景には、部族社会を悩ますドラッグ、とくにメタンフェタミン（以下、メス）の蔓延という深刻な問題がある。居留地のメスの相場は一番安いもので、一回分二ドル程度。アルコールよりも安価で手に入り、依存性が強いために、先住民社会に急速にひろまった。

パッチは居留地の現状についてこう説明する。

「ドラッグやアルコールの問題を抱えていない部族員は、少数派です。そんな状況でメキシコのギャングはドラッグを利用し、部族社会に入りこんできました」

メスはさまざまな形に化けるドラッグである。ピンク色のマシュマロに混ぜられて、お菓子の箱にきれいに詰められていたり、市販の風邪薬のように錠剤になっていたりする。酒やタバコにくらべて安いが、それでも買えない人は、メスを「再利用」することになる。

摂取したメスは体内に約一〇日間残るが、その一部が尿に混ざって排泄される。これを飲んで、急場をしのぐのだ。メスはそこまで人間を陥れる。

また、メス依存症患者へのケアは、どの居留地でも万全ではない。コロラド・リバー居留地の場合、依存症患者用のリハビリを受けるには、クルマで三時間半かかるフィーニックスに通うことになる。クルマがない人はリハビリを受けられない。

実際に居留地でメス依存症の女性に会ったときに驚いたのは、外見と実年齢の差である。まだ二〇代の女性だったが、目は顔から突きでていて、独特なしわが無数にあり、血色も悪い。メスは、かゆみをともなう幻覚を起こすので、顔には無数の掻き傷がある。やせこけていて、落ち着きがなく、歯並びもおかしい。メスロと呼ばれるものだ。髪はぼさぼさで、生気がない。トイレに行く回数が極端に多い。彼女は決まった時間に起きることができず、定職には就いていない。

コロラド・リバー居留地では一九九〇年代以降、経済開発が波にのり、雇用状況は改善された。とくに一九九四年に設立された、カジノ・リゾートの成功にともない、就労機会は増加した。こうした経済発展と、ほぼおなじ時期に居留地に入ってきたのがメスだった。

部族政府の関連企業では、雇用に際して、犯罪歴に加えて、ドラッグ依存の有無が調べられる。九〇日間我慢すれば尿検査をパスできるのだが、依存症の人には容易なことではない。居留地の雇用は安定したものの、その恩恵にあずかっている半数以上は、部族員ではない人たちだ。

全国アメリカ・インディアン議会がまとめた報告によると、先住民のメス使用率は一・七パーセントとほかの人種とくらべてもっとも高い（白人〇・七パーセント、ヒスパニック〇・五パーセント、アジア系アメリカ人〇・二パーセント、アフリカ系アメリカ人〇・一パーセント）。先住民社会で使用されるメスの約七〇パーセントがメキシコからもちこまれる。

メスの問題は年々深刻化しており、収束する気配はない。アリゾナ州のべつの居留地では、部族政府職員の三〇パーセントがメスの常用者だった。全米の居留地における暴力的な犯罪の約四〇パーセントがメスに起因している。さらに、児童福祉のサービスを受けている先住民の家庭の八〇〜八五パーセントが、ドラッグもしくはアルコールの濫用の傾向があるといわれる。そしていまでは、多くの居留地でメス依存症の女性から生まれる子どもが急増している。

メス撲滅を訴える看板（アリゾナ州パーカー）

ワイオミング州のウインド・リバー居留地では、二〇〇五年、部族の裁判官をふくむ一九人がメスに手をだしていたことが問題になった。メスは、共同体を破壊する脅威である。

ワシントン州に本部をおく居留地の環境問題に取り組む非営利団体、部族固定廃棄物監査ネットワークの代表者カミ・スノウデンは、先住民社会に蔓延するメスの危険性について警鐘を鳴らしてきた。

「たった一度でも吸引すると、ほぼまちがいなく依存症になります。メスは生活のすべてを破壊します。脳や肌、歯が溶けてしまうなどの後遺症が残るだけでなく、メス常用者のほとんどが、更生施設に入院しなければ立ち直ることができない状況に追いこまれます」

メスを吸引すれば、長期にわたって、

精神的なストレスに苦しめられることになる。希望の見えない不安定な居留地の暮らしで、メスに蝕まれた人びとは絶望し、ほかの犯罪に手を染めることも多い。

計り知れない苦悩をもたらすメスだが、その製造はいたって簡単だといわれている。ちょっとした料理ができる人であれば、特別な機械や装置がなくても容易につくることができる。意外なことに、必要な材料はすべて通常の食料品店で手に入る。市販の風邪薬などを中心にした材料を三〇ドルで購入すれば、五〇〇〇ドル分のメスができるという。

さらにスノウデンによれば、居留地でメスが蔓延するプロセスもいたってシンプルだ。

まず、メキシコのギャングが居留地の外でクルマを盗み、メスの材料を積んで居留地に忍びこむ。人目につかない場所に行き、短時間でメスをつくる。クルマのなかにできあがったメスを置いて、すぐに迎えにくる仲間のクルマで居留地から脱出する。

その後、あらかじめ連絡をとっていた部族員がクルマに残されたメスを手に入れ、居留地内で売りさばく。その売上金がメキシコのギャングにまわる仕組みだ。

人里離れた居留地には、警察がなかなかこない。それだけでなく、自治権の問題もあり、外部の警察は自由に捜査できない。そのうえ、居留地からでれば部族警察は追跡できない。司法制度の隙間に、メキシコのギャングが目をつけたのだ。

## 国境の攻防

スノウデンが主催する団体は一九九七年に発足し、それ以来、ワシントン、オレゴン、アイダホ、アラスカ諸州などの三二部族の居留地で、ドラッグが生みだす環境汚染を防ぐ活動をしている。ドラッグが人体を滅ぼすことは知っていたが、環境破壊の原因になるとは想像していなかった。この問題は悪化の一途をたどっており、スノウデンの団体は連邦環境保護庁から財政援助を受けている。

たとえば、メス工場と化したあとに居留地に棄てられる盗難車は、重大な汚染源になる。さまざまな薬品を融合した道具の残骸は危険物になり、そのまま車内に放置される。なかには、爆発を引き起こすものもある。車内を捜索している最中に、クルマが爆発して警察官が死亡したり、なにも知らずに遊んでいた子どもの腕が吹き飛ばされたり、と悲惨な事件があとを絶たない。汚染された盗難車の処理を、安全におこなうように部族政府に指導をするのがスノウデンの団体の仕事である。最近では、遠く離れたニューメキシコ州からも依頼がくるほど、全国規模の問題になっている。

スノウデンは、いくつもの居留地でメス依存症が世代を超えて再生産されていく過程を見てきた。ある二三歳の先住民の女性は、両親ともに依存症だった。まだ若い彼女自身もメスの常用者であるが、現在五人の子どもがおり、さらにもうひとりを妊娠中だ。子どもたちの父親はそれぞれことなる。メス依存症の女性から生まれた子どもたちが、常習者である母親に育てられれば、メスに手をだすのは時間の問題であるという。

コロラド・リバー居留地の付近でも「メス工場」は見つかっており、メキシコからの空輪以外にもドラッグの経路があることがわかっている。部族社会には、「メスを合法化して、部族政府が課税し収入源にしたほうがいい」と極端な意見を発する人もすくなくない。

いずれにせよ、メキシコのギャングたちは、コロラド・リバー居留地のように国境にちかい居留地や町を足がかりにして、ドラッグのテリトリーを全米中に張り巡らせようとしている。

現在メキシコでは、ドラッグ関連の殺人事件が絶えない。二〇一〇年の死亡者は一万五二七三人にのぼる。二〇〇六年の死亡者が六二人だったことを考えると、ここ五年間で被害者は急増している。

一九九四年にカナダ、アメリカ、メキシコの三国間で確立された北米自由貿易協定（NAFTA）は、アメリカ型自由貿易を拡大した。その後、アメリカむけに生産されるクルマや電化製品の下請け工場が、メキシコ北部の国境地帯に林立するようになった。製造された物品の輸送路が拡大するとともに、ドラッグもその流れに紛れこんでくるようになったのだ。自由貿易は活発になるが、アメリカとメキシコの貧富の差はさらにひろがった。

裏社会での貿易も盛んになり、表では利益を得られない人たちが、裏で金を稼ぐ構図ができ上がった。先住民の居留地は、貿易の自由化がつくりだしたシステムの末端におかれている。

## 部族の荒廃

居留地に接する町パーカー（人口三一〇〇人）では、この一五年間に、すくなくとも五人の部族員が白人警官に殺されているとソーシはいう。殺人を犯した白人警官のなかで、有罪判決を受けた者はいない。

アメリカ社会では、有色人種にたいする警察の暴力が積年の問題になっている。一九九〇年のロサンゼルス暴動も、交通違反を犯した黒人男性を、複数の白人警官がめった打ちにしている場面を撮影したビデオ映像がきっかけだった。また、二〇〇九年の正月に、サンフランシスコの隣町であるオークランドの地下鉄の駅で、白人警官が地面に押さえつけた黒人男性を撃ち殺した事件でも、殺人犯が刑務所に入るのはたったの一年間である。

居留地から一歩でも外にでれば、先住民と警察の関係はきわめて不平等だ。人種差別と絡んだ警察の蛮行は、コロラド・リバー居留地の人びとにとっては、日常的なことである。

また、先住民はほかの人種とくらべて寿命が短いことで知られている。疾病、事故、自殺と死因はさまざまだが、アリゾナ州の先住民男性の平均寿命は五二歳である。二六歳が人生の折り返し地点になる。

四七歳になるソーシの、高校時代のクラスメイトのうち、先住民は二〇人ほどだったが、存命なのは彼ともうひとりだけ。近年とくに目立つのは事故死だ。アルコール依存症の人がいれば、それだけ危険な事故を招く可能性は増加する。

わたしが居留地を訪ねているときにも事件が起きた。三人の若者が大量の酒を飲んだあとに、もっと酒が必要になり、クルマを運転してパーカーのスーパーマーケットにむかった。そして猛スピードで走る彼らのクルマは、畑に突っこみ横転し、全員が命を落としたのだ。

残酷な事件や、事故が相次ぐ居留地では、共同体の荒廃が目立つ。最近では、観光施設や雑貨屋の駐車場で、女性の部族員が売春をしていることが問題になっている。おもな顧客は、パーカーにやってくる観光客か、近隣に住む白人男性だ。狭い社会なので、部族員が客になることはまずない。彼女たちはなぜ、危険をともなう売春を生業にするのだろうか。

一九九六年まで、経済開発によってもたらされる収益は、部族員のあいだで分配されていた。その金額は、ときによってことなるが、まとまった額が定期的に支払われていた。また、生活保護などの援助もいまとくらべて簡単に受けることができた。なにもしなくても暮らせるようになり、仕事をやめ酒やドラッグに溺れる部族員がふえてしまった。

また、二〇〇五年までは、部族の収益を、福祉助成金やローンとして低金利で貸しだす制度もあった。たとえば、子どもが腹を減らしているといえば、部族政府からすぐに八〇ドルが支給された。こうした福祉助成金の申請は一年につき三回までという規定があったが、部族政府のコネを使い、一〇回以上もらった人もいた。

クルマが故障したり、熱波がやってくる夏にエアコンが壊れたりすれば、必要に応じて金が手に入った。この金をドラッグや酒類の購入に当てる人もいた。もちろん、最終的には返金する義務が生じるが、きちんと返済する人はほとんどいなかった。

このような制度の恩恵をなんども受けられたのは、部族政府にコネがあったり、自身は働かず、不平不満をいいふらすような人たちだった。部族政府の選挙のときに、特定の候補者を応援するか否かといった政治的な問題も、支給に関する判断基準に大きな影響をあたえた。

現在もつづけられている貧困家庭への食料品や生活用品の配給は、切符でおこなわれている。月はじめに二〇〇ドル、中旬に二〇〇ドルという具合に配られる切符を利用できる店舗は指定されており、食料（酒類はふくまれない）や生活用品以外の商品を購入することはできない。

その二〇〇ドル分の切符を、現金で売買する裏ビジネスがはじまった。たとえば、一〇〇ドルの現金で二〇〇ドル分の切符を得た人は、スーパーマーケットで買い物し、居留地や近隣の町で同等の価格で売りさばく。これで一〇〇ドルの儲けになる。

切符を売って、一〇〇ドルの現金を獲得した人は、家族や子どもたちのことは顧みずに、そのお金でドラッグや酒を入手する。双方ともに欲しいものが手に入る「相互扶助」のシステムだ。部族の福祉のための金が、こうしてドラッグやアルコール依存症の問題を拡大する一因になった。

この数年間、下降をつづけるアメリカ経済の影響で、連邦政府から居留地へまわされる福祉関連の資金は大幅に縮小された。さまざまな生活保護プログラムには見直しが加えられ、部族社会は混乱に陥った。このように錯綜《さくそう》した状況のなかで生まれたのが、売春ビジネスだった。

おなじように空き巣も急増している。手っ取り早くお金を得たい人は、近所の家に押し入り、盗みを働く。

そして、いまではドラッグの売買に関係した雇用も増加している。運び屋や飛行機の誘導など、ドラッグの輸送と販売に携わる仕事はいくらでもある。賃金は普通の仕事よりも断然いい。一度でもドラッグが入りこむと、居留地は犯罪の温床になってしまう。

## 人事の刷新

二〇〇八年四月二九日、コロラド・リバー居留地に住むメスの常習者で部族員のギルバート・

ホルムス（二九歳）が、元交際相手のアードリー・シャープ（四〇歳）を刺し殺した。

ホルムスは彼女を殺害後、居留地にある交際中の女性宅に身を隠した。この女性は、当時部族政府で役員をしていたルビィ・アルバレス（仮名）の妹だった。ホルムスはこの女性宅に二～三日潜伏したあと、クルマで居留地を脱出しようと試みたが、協力者を見つけられず、結局みずから出頭した。

この事件のあと、アルバレスが、自分のクルマのタイヤを部族政府のお金で購入した疑惑が浮かび上がり、しばらくして、彼女にたいするリコール運動が組織された。彼女の妹が殺人犯をかくまっていたことが、リコール運動への強い追い風になった。

リコールをもとめる嘆願書をまわしたのは、ブライアン・エリクソン（仮名）だった。彼には一九九二年、居留地で部族員の男性を刺し殺し、部族社会に悪名をとどろかせた過去がある。殺しに使われたナイフは、そのために持参したものではなく、殺人は自分の身を守る正当防衛だった、と裁判で主張。その結果、殺人罪にはならず二年以内の軽い刑期を終え、刑務所から出所した。それ以来、彼は居留地で暮らしている。

リコールに必要な署名数は部族内の有権者（二七〇〇人）の三分の一だったが、十分な署名が集まらず、アルバレスのリコール選挙は実現しなかった。どうしても彼女を解任したかったエリクソンと部族政府の要人たちは、部族法が定めるリコールの条件を、有権者の数ではなく、前回の選挙の投票数（九〇〇人）の三分の一に変更した。九人からなる部族評議会員の五人以上が賛成すれば、一部の部族法は変えられることになっている。あっというまの出来事だった。

二回目のリコール運動の中心人物となったのは、エリクソンの親友であるナンシー・ギルバート（仮名）だった。彼女はすぐに規定の三〇〇人を上回る、四〇〇人以上もの署名を集めてきた。ところが彼女は、嘆願書を提出したあとに、部族政府庁舎の事務室に侵入し、それを盗みだした。彼女は重要書類の窃盗容疑で、すぐに逮捕された。

部族政府は、リコールなどをもとめる署名のリストを受け取った際に、そのすべてが本物であるかを確認しなければならない。彼女が一度提出したリストを盗みだしたのは、部族政府が確認作業をはじめる直前だった。このときもリコール選挙は幻に終わった。

そのあともアルバレスの退陣をもとめる人たちの勢いはおさまらず、三度目のリコール運動の末、最終的に彼女は要職から引きずり降ろされた。二〇〇八年九月、あらたな役員の座に、エリクソンの姉の息子で、疑惑が取りざたされてきた農業関連の会社を経営しているウォーカーが選ばれる。

それから半年ほど経った二〇〇九年三月、部族政府は農業委員会と商業委員会（カジノなどの観光業を管理する）を廃止する。独立した監査をおこなっていた機関を、居留地内の金と権力を集中することに成功した。これで部族政府が、すべての収益を自由に操作できるようになった。

農産物の管理をおこなう農業委員会には、ドラッグ取り締まりの強化を訴えてきた元審議委員のデニス・パッチや元役員のアルバレスが名を連ねていた。部族政府が居留地の農業の管理を一括することになってから、農産物の出荷場はドラッグ売り場になり、先述したクロリンダ・ノパらをふくめた部族員の女性三人が逮捕された。

夫の不倫

ノパをはじめとする三人の女性が、郡警察から目をつけられたのは、居留地の外にむけてドラッグを販売していたからだった。彼女らを逮捕したのは、居留地からのドラッグの拡散に業を煮やした郡警察などで組織されたドラッグ機動部隊だった。

機動部隊はこの捜査を「不思議の国のアリス作戦」と名づけて、逮捕にいたるまで慎重な姿勢でいた。しかし、このなかに部族警察は入っていなかった（入っているという報道もあるが、部族政府関係者はこれを否定）。部族警察の管轄である居留地でドラッグを売っていただけなら、逮捕にはおよばなかっただろう。

さらに部族員のあいだでは、この三人組が部族警察に守られていたのではないか、という憶測がひろがっている。この大掛かりな逮捕劇に、部族警察の姿がみえなかったからだ。

コロラド・リバー居留地がメキシコのギャングのアメリカ進出の足場として狙われる理由のひとつに、警備の甘さがある。部族政府庁舎のある中心部には、朝八時から夕方五時までふたりの警官しか配置されていない。いっぽうの警官が会議などにでているときは、広大な居留地をパトロールできるのは、ひとりだけになる。

夕方五時から翌朝八時までのあいだに事件が起きた場合、警察に電話をしても誰も助けにはこない。事件の報告書を作成してもらいたくても、警備の脆弱さが発覚するのを恐れ、応じてくれることはまずない。居留地では、自分の安全は自分で守るしかないのだ。

部族政府の関係者のひとりであるポール・アンダーソン（仮名）は、二〇〇五年にコロラド・リバー居留地にもどってくるまで、三〇年以上にわたり、殺人や傷害などの重罪が起きたときに居留地内の捜査をおこなうインディアン局の捜査官をしていた。

彼は、いくつもの居留地で任務にあたっていたが、その間に数々の事件を起こした札つきの人物だった。なかでも二〇〇一年、ネバダ州の居留地で容疑のかかった一九歳の無抵抗の先住民男性を撃ち殺した事件は、部族社会を震撼させた。

そのアンダーソンと血縁関係があるシェーリー・レイバス（四九歳）はある日、夫シスト・レイバスの浮気を発見する。二〇〇七年八月三〇日、激昂したレイバスはショットガンを手に、ふたりの娘、デリシア（三〇歳）とセレナ（二八歳）を連れて、居留地内にある浮気相手の女性宅に押し掛けた。

家のなかに入りこみ、娘に銃をもたせたレイバスは、浮気相手を撃つように命じた。母親にいわれるままに、娘は父親の浮気相手の足を撃った。

その後、彼女たちは逮捕されたが、アンダーソンの親族だったので、殺人未遂ではなく、暴行の罪に問われたといわれている。事件当時、アンダーソンは部族警察と強い結びつきがあった。部族政府の関係者が警察となんらかの利害関係をもつことは、三権分立を基本にする社会ではあってはならないことだ。当然、部族の法律では禁じられているのだが、居留地では警察と政府の癒着が恒常化している。

三人に下された判決は、セレナが懲役三七カ月、シェーリーは懲役三〇カ月と一万ドルの罰金、デリシアは懲役一八カ月だった。この刑期の短さは異例だ。この親子はすでに出所し、以前とおなじように居留地で生活している。ほかにも凶悪事件が続発しているからか、とくに部族社会では疎まれているわけではない。

ちなみに、この三人にはメス依存症に苦しんでいた過去があり、シェーリーはリハビリを受けていたといわれている。

またべつの例では、ある役員の恋人で部族政府に勤めるマリア・ホプキンス（仮名）が居留地内での不法賭博に関与した疑いで逮捕されたが、すぐに釈放された。部族政府は、この事件をうやむやのままに葬り去った。

二〇一〇年にこの役員の弟が、ドラッグを売った容疑で逮捕された事件でも、部族警察と部族政府の癒着が疑われている。このとき捜査をした機動部隊は、郡警察、ＦＢＩ、司法省、州警察、部族警察などによって構成されていた。部族警察も名前だけは連ねていたものの、最終的に彼を逮捕に追いこんだのは、郡警察だった。ドラッグ・ビジネスの巨大なネットワークを居留地の外に形成していた彼も、ノパたちとおなじように郡警察からマークされていたのだ。

そして、この事件で部族員の関心の的になったのは、その役員の弟が逮捕時に乗っていたトラックの所在だ。事件の直後、部族警察と提携をしている民間のレッカー会社が、現場からトラックをもち去った。この会社の社長は、居留地と隣接するパーカーに住む白人で、事件現場から運んできたトラックは同社の駐車場にとめられていた。

容疑者の兄であるその役員は社長に詰め寄り、警察の捜査の手がのびる前に、トラックの所有権を自分に移し、トラックを引きとった。見返りにその役員は、それまでのように複数の会社を順番に利用するのをやめ、この会社に居留地内でのすべての業務を独占させることを約束したという。

本来ならば、犯罪に使われた車両は警察に押収され、徹底的に調べられる。なにか見られてはまずいものが、トラックのなかにあったのだろう。さらに不可解なことに、このトラックは当初、押収が必要であるとされた物品のリストにすら載せられていなかった。

部族警察とレッカー会社、そしてこの役員のあいだで取り交わされた取引に、アンダーソンが関与していた可能性は高い。レッカー会社の社長が部族政府関係者に漏らした話によると、その後ＦＢＩがこのトラックに関心を示し、彼にコンタクトをとってきた。しかしそのときすでに、このトラックは解体処分されていた。

わたしに情報を提供してくれた人のなかには、警察関係者の親族もいた。血縁関係で結ばれた狭い部族社会では、部族政府に関係する重要な情報を隠蔽することは難しい。居留地で生活している人たちは、親戚縁者からさまざまな情報を入手する。部族政府がなにを隠しているのかもわかっている。しかし、誰も声をあげることはできない。

情報網を張り巡らせ、自分自身を安全な場所におくしかないのだ。

## インディアン再組織法

デニス・パッチは、すべての権力が部族政府にまとめられていることが、諸問題の根底にあると考えている。三権分立が成立していないので、政治腐敗がはびこる結果を招いてしまったのだ。

一九三四年に成立した「インディアン再組織法」のもと、多くの部族同様、コロラド・リバー居留地でも、統治体制の再編がはじまった。同法をうけてアメリカ型の議会政治をまねた、複数の代表者からなる部族政府が構築され、連邦政府の主導で共同体が再組織されていった。

それまでは、伝統的な価値観に基づいて、指導的な役割を担う人や、年長者を尊重する文化があった。しかし突然、部族が育んできた営みとは呼応しない政治構造をその素地がないまま押しつけられたため、混乱が生じた。

たとえば、精神世界のリーダーが部族の政治的な決断をしてきたという歴史的な経緯から、精神的な信仰と部族政治は密接に絡みあっている。しかし、連邦政府によって再編された部族政府では、伝統的な哲学や信仰を政治に活かす仕組みがなくなってしまった。

インディアン再組織法が居留地に民主化をもたらしたという見かたもあるが、パッチは、連邦政府が部族社会をアメリカ的に再編したことで大きな弊害が残ってしまったことを悔やんでいる。

「インディアン再組織法によって、部族社会はインディアン局に支配されやすくなりました。連邦政府の傀儡《かいらい》政権になったのです。そして、部族内の政治的な権力は、部族政府に一極集中しました。権力をチェックする機能もなくなり、コミュニティが内部から崩壊していったのです」

少人数が運営する部族政府に、司法、行政、立法に関するすべての権力が集中している状態は、連邦政府だけでなく、犯罪者にも好都合だ。部族政府の要人をドラッグと金で操り、支配下にいれることで、部族全体を動かすことが可能になるからだ。ことに政治が腐敗している居留地は、メキシコのギャングなどの凶悪な組織にとっては、うってつけの場所だ。

そのうえ、問題を抱えた人同士がおたがいに守りあうことによって部族政府、そして部族社会が動かされている現状がある。また、血縁関係の強い居留地では、ある一家が役職を独占することも珍しくない。親族のひとりが部族政府の役職に就けば、その存在を安定させるためのさまざまな動きが生じる。血筋と伝統、宗教と政治が一体化している。

役員の不祥事に関してはすでに述べたが、この部族政府には、ほかにも問題のある面々が並んでいる。べつの役員、トーマス・レイノルズ（仮名）には、二〇〇五年のクリスマスの直前に、民間企業が部族の子どもたちに寄付したおもちゃ箱（ダンボールおよそ二〇箱）を横領した容疑がかけられている。

わたしが入手した部族警察の内部文書によると、彼は容疑を否定しながらも、おもちゃ箱を自分の倉庫に保管していたことを認めている。しかし、部族政府における彼の処遇はそのままで、警察は容疑をもみ消した。

さらにもうひとりの役員、エリック・テイラー（仮名）は、部族政府から借りた五〇〇〇ドルをまだ返済していない。会議でこのことを追及された際、彼は「なぜわたしだけ返金しなくてはならないのですか。返金しない人はほかにもいます」といい逃れた。部族政府にした借金を、指導層みずからが踏み倒している現状は悲惨としかいいようがない。

癒着や腐敗が横行するようになってしまった部族政府について、ソーシはこういう。

「先住民は文化的に劣っているとみなされ、白人から文明化とやらを強要されました。それが機能していないのはあきらかです」

アメリカ型の民主主義に懐疑的な彼は、つぎのようにつづけた。「だから、アフガニスタンやイラクで、アメリカが民主化を促そうとしても、うまくいくわけがありません」。

さらにソーシは、これが日本の現状にもあてはまると声を荒らげた。

「第二次大戦後、アメリカが日本に押しつけたのが、アメリカ型の民主主義でした。わたしが見るかぎり、日本はアメリカにノーといえない国になってしまったのではないでしょうか。米軍基地を受け入れてきた日本と、この居留地には共通点があります。アメリカには、ある一定の人たちにだけ都合のよい植民地的な空間をつくりだす、ゆがんだ構造があるのです」

部族の言語と文化に精通したソーシとパッチは、伝統的な観点からは部族社会のリーダー的な存在だ。とくに年長の部族員たちが彼らへ寄せる信頼は厚い。しかし、現在の部族政府は、彼らの能力を認めてはいるものの、部族長や副部族長といった要職に就かせようとはしていない。

## 金のゆくえ

秩序の乱れとともに、居留地の財政も悪化の一途をたどっている。

部族の年間予算（二〇〇九～二〇一〇年）は約三六〇〇万ドル。この予算のおよそ半分が居留地での経済活動によってもたらされる。部族の年間総収入は、約一八〇〇万ドル。そのうちの約八〇〇万ドルは、部族が所有する土地の賃貸料である。残りが、カジノやそのほかのビジネスから得られる収入だ。

あとの約五〇パーセントは、連邦政府や各省庁からの助成金だ。その大部分が生活保護などの福祉予算にまわされ、部族政府からそのまま個々の部族員に支給される。つまり、助成金は部族経済の改善やインフラの整備などに利用されることはない。またそれらの助成金は、景気の影響をまともに受けるため、いつ減額、または打ち切りになるかもわからず、安定した財源とはいえない部分がある。

観光業と農業が順調に成長したため、二〇〇五年ごろまでは部族の経済は安定していた。とくにカジノ・リゾートの経営はうまくいっていて、問題はなかった。

しかし近年、リゾート施設で働く従業員の接客態度が悪化している。わたしが宿泊したときも、つっけんどんな応対が目立ち、列に並んでいても無視されることさえあった。部屋の家具は老朽化が目立ち、タオルやシーツもあきらかにふるい。

劣悪なサービスにもかかわらず、宿泊費は値上がりしている。以前は日曜から水曜日まで一泊四〇ドルだったのが、現在はおよそ二倍の七九ドルも払わなければならなくなった。さらに木曜日から土曜日までは、週末料金で一四〇ドルに跳ね上がる。当然ながら集客力は落ちており、経営状態は悪い。果たしてこれは、ホテルだけのことなのだろうか。

ソーシによると、二〇〇八年度、部族の負債は八三〇万ドルだった。二〇〇九年度には一一五〇万ドル、二〇一〇年度には一四〇〇万〜一五〇〇万ドルに上昇している。つまり、毎年三〇〇万ドルずつ借金がふえていることになる。当初は、観光業の経営悪化がおもな原因だと思われていたが、ここにきて部族政府の予算を取り扱う部署に、はっきりしない会計がいくつもあることが発覚した。

そのひとつが、ある役員の金の出所だ。彼が経営する農業会社が、部族政府に滞納している二〇〇九年度の農地の賃貸料は二〇万ドル（ここまで滞納しているケースはほかにない）にものぼる。彼はその支払いを期日が一年過ぎた二〇一一年一月に完了した。しかしまだ、二〇一〇年度の土地の賃貸料およそ一六万ドルが借金として残っている。

彼の農業会社が所有する農地に行ったことがある。まわりの畑ではアルファルファが元気に育っていたが、そこは耕された形跡がなく、雑草が生い茂った荒れ地だった。農業が軌道に乗っていないことはあきらかだ。この役員がどのようにして、二〇万ドルもの大金を用立てたのか、部族社会には疑惑がひろがっている。

彼が二〇万ドルを部族に返済するふた月ほど前の二〇一〇年一一月二九日、カジノ・リゾートの警備部門の責任者、ハリー・パッチ・ジュニア（六〇歳）が突然解雇された。数日後、警備が手薄になった隙をついて、カジノとホテルの売り上げのすべてが、部族政府にトラックでもち去られた。

本来なら、観光業の収益は月に数回、定められた日に銀行に入金されることになっている。一度でも銀行口座に入金されると、記録が残ってしまうため、強盗まがいの手口で秘密裏に部族政府に運ばれ、この役員の借金返済にあてられたらしい。もちろん部族議会での決議がないのに、勝手に金を移動すれば部族法違反になる。ところが、部族政府と部族警察、および財務を担当する部署の分立がきちんと確立していない居留地では、誰も罪に問われていない。

さらなる疑惑が二〇一一年に入ってからあきらかになった。部族政府は農業地以外にも居留地の一部を一般に貸しだしている。部族員ではない人が居留地内で土地もしくは建物を借りて住む場合、部族政府に届けでて、賃貸料を払わなければならない。一九八〇年以前とくらべて部族員ではない人の数は一八倍になった。しかし、土地の賃貸による収入は変わらない。

たとえば、居留地の南西部には合計で六〇区画以上の住宅地がある。そのすべてが部族員ではない人たちに貸されているのだが、部族政府にきちんと支払われる家賃は二区画分だけである。しかも、その地域の住民全員が部族政府発行の領収書を手にしていた。とすれば、それ以外の区画の賃貸料は何者かの懐に入っていることになる。

部族政府が、居留地全体で何世帯が暮らしているのか、またそのうちの何世帯が部族員でなく、家賃を徴収しなくてはならないのかを把握していないこともわかった。チェック機能を果たしていない部族政府は、金のみならず、人の流れも認識できなくなっているのだ。

居留地内の各家庭がひいている電気配線の数を見れば、おおまかな世帯数を割りだすことは可能だ。実際に電気事業に携わった部族員が挙げた数字から、部族政府が公式に認めている世帯数は、全体の約三〇パーセントにすぎず、残りのおよそ七〇パーセントの世帯については実態がつかめていないことが判明した。

その七〇パーセントが誰なのか、彼らによる家賃の支払いについては謎のままである。部族政府によるずさんな情報管理が、この居留地に暮らす人びとにあたえる影響は大きい。また、順調だった部族の経済が行きづまり、負債によって破綻寸前まで追いこまれているのを目の当たりにして、部族政府の管理能力を疑問視する声は強い。

しかし、居留地に住む先住民が、恥部でもある部族政府の腐敗を外の機関に告発することはめったにない。不正があかるみになり、連邦政府からの助成金を打ち切られてしまうのを恐れているからだ。部族はより一層孤立し、住民は無秩序の空間での生活を強いられることになる。

## 一票の重さ

コロラド・リバー居留地に限ったことではないのだが、汚職にまみれる原因のひとつに、部族政府の中枢を担う役職や、専門的な知識を必要とする職務に、適切な人が選ばれないことが挙げられる。

前出のキンバリー・トールベアーは、カリフォルニア大学で教鞭をとる前に、当時住んでいたサウスダコタ州のレイク・トラバース居留地にある部族大学で、授業を開講しようと試みた。部族社会に、自分にできるなにかを還元したいと強く願っていたのだ。しかし、部族大学は、理由もなく彼女の申し出を拒否した。

部族の若者たちは、その数年後にカリフォルニア大学で教えることになる研究者の授業を受ける機会を失ったことになる。キンバリーは、この不可解な出来事は、居留地の外で高等教育を受けた人にたいする嫉妬である、と確信している。

また、二〇〇五年に、コロラド・リバー居留地の博物館の館長に就任したソーシは、一九八六年にハーバード大学の政治学科を卒業。イギリスのオックスフォード大学への留学をへて、カリフォルニア大学バークレイ校で人類学の修士号を取得した。その後、カナダにあるビクトリア大学の博士課程に進学している。彼は、部族でもっとも高いレベルの教育を受けたひとりである。大学を卒業してすぐの一九八六年、ソーシは居留地にもどって、部族政府関連の仕事を探したことがある。彼は自分が外の世界で受けた教育を、故郷の発展になんとか活かしていきたいと思っていたのだ。ところが部族政府の役人は、「経験のない人間は雇えない」と吐き捨て、まったく相手にしなかった。結局彼は、隣のチェメウエビ族居留地の部族政府教育課で職を得た。ソーシも、これをやっかみであると断定する。

それでは、どのような人たちを部族政府は評価し、仕事をあたえているのだろうか。

居留地のあるアリゾナ州では、過去に重罪を犯した人物は州の選挙（州知事選挙や上院議員選挙）やアメリカの大統領選挙には投票できない。いっぽうでコロラド・リバー居留地では、元重罪犯だったとしても、部族政府の選挙（部族長選挙や審議委員選挙など）に参加できる。

以前はこの部族でも、重罪人の選挙権を剥奪していたのだが、八〇年代に入り、居留地で殺人、強盗、ドラッグの売買などの重罪を犯す人が急増した。それで投票権をもつ人口が激減したため、重犯罪歴がある人の選挙権を認めるべきだという声が高まった。犯罪者の票をもとめる人たちが、部族政府にいたことも、この流れを後押しした。その結果、部族法が改定され、たとえ殺人犯であっても、居留地での投票が許されることになった。

選挙管理委員会の一員として、ソーシはこの動きに強い懸念を表明した。しかし、彼の意見は部族政府関係者の同意を得られずに、却下されてしまった。ソーシによると、選挙権をもつ一八歳以上の部族員は二七〇〇人あまりで、そのうちの約一六〇〇人が居留地に住んでいる。そのうちのおよそ四五パーセントにあたるおよそ七〇〇人には、重犯罪歴があるという。

実際に部族の選挙で投票するのは一一〇〇人くらいだ。狭い社会でこれほどまでに重罪を犯した人の数がふえると、その人たちに支持されなければ、居留地の政治の中枢にいられなくなる。

## 酔っぱらった投票者

二〇一〇年一二月、部族長をふくむ部族政府の役員を選ぶ選挙がおこなわれた。ソーシが担当する第一選挙区で投票した六〇〇人のうち、二〇〇人ちかくが泥酔か、ドラッグで高揚した状態だった。部族法によって泥酔状態の人物が投票を許可されない居留地もあるが、コロラド・リバー居留地では、泥酔していても、ドラッグでハイになっていても、一票を投じることができる。投票所は酩酊《めいてい》状態の人びととマリファナの臭いであふれていた、とソーシは証言する。

また選挙がちかくなると居留地のいたるところで、「〇〇に投票すればメスがもらえる」とか「メス・パーティが開かれる」といった類いの噂が飛び交う。選挙との関係ははっきりしないが、実際に選挙のあとは、大量のメスが居留地にバラまかれている。そのとき、メスを使用する人たちが家にこもるため、居留地は不気味なほど静まりかえる。

二〇一〇年、部族政府のある役員にたいするリコール運動が起きた。その結果、約四〇〇人が嘆願書に署名し、リコール選挙が実施された。投票日には、署名した人数を大幅に上回る八〇〇人以上が投票した。結果は、わずかに過半数におよばず、その役員が職にとどまるのを望む声が上回った。その差は一四票だった。

選挙管理委員として、投票所に一日詰めていたソーシによれば、投票にきた人のうち、四〇〇人以上はメスによる興奮状態だった。投票の前後に大量のメスが居留地内でバラまかれたという。

# 第7章　砂漠に生きる民

▲犯罪多発地帯モー・チェム。窓ガラスがない家

## 母の鉄拳

二〇一〇年、コロラド・リバー居留地で、わたしの調査を手伝ってくれた、部族政府に勤める三〇代の女性が、部族警察に逮捕された。

逮捕の理由は、パーカーのガソリンスタンドで、給油をしていた次女（一九歳）の髪の毛をつかみ地面に叩きつけ、殴りつづけた暴行の容疑だった。ガソリンスタンドから連絡を受けて駆けつけた警察に、本人は容疑を否認したが、防犯カメラには、彼女の暴力の一部始終があますところなく記録されていた。

その後、彼女には罰金にくわえて、「アンガー・マネージメント（怒りの抑制）」のカウンセリングを受けることが義務づけられた。逮捕歴は居留地では珍しくないためか、部族政府は現在にいたるまで彼女を雇いつづけている。

彼女は一六歳のときに第一子を産み、その後六人の子どもの母親となり、ずっと居留地で生活をしてきた。夫はカジノで警備員をしている。長女も若くして子どもを産んだので、彼女は三〇代半ばで祖母になった。大家族に囲まれ、暮らしぶりは安定していた。

「休日に家族が集まって、庭でバーベキューをします。とても賑やかで、なにより楽しく、うれしいひとときです」。彼女は幸せそうだった。そのときわたしが見たのは、やさしい母親の笑顔だった。しかし、この一九歳の次女とは、数年前から意見があわなかったようだ。

ガソリンスタンドで暴力沙汰になったとき、娘は部族政府で働くメキシコ系の中年女性と一緒にいた。このふたりは恋愛関係にあり、その仲睦まじさは部族内で誰もが認めるほどだった。いっぽうで母親は、娘の恋人が女性であることに強い反感を抱いていた。狭い部族社会では、この事件はまたたくまに有名になった。

現在、居留地でふえているのが、レズビアンの女性の数だ。正確な統計はないが、一八歳から四〇歳の女性の五〇～八〇パーセントがレズビアンである、と複数の部族員から証言を得た。そしてこれは、男性に虐待された経験からくるトラウマが深く関係しているといわれている。

また、レズビアンの増加にともない、居留地では、女性が女性に手を挙げる家庭内暴力が多発している。女性の喧嘩には伝統的な理由によって、男は仲裁に入れない。もしもそこで女性に殴られたら、「女よりも弱い男」というレッテルを貼られ、面目は丸つぶれになるからだ。

体重一〇〇キロ級の男でも「やせっぽち」と呼ばれる部族社会で、モハベ族の女性は男性に劣らない体格をしている。身長一七五センチ以上の女性はざらだ。骨太で背の高いモハベ族の女性に本気で殴りかかられたら、かなり腕っ節が強い男でないと勝てない。

最近では、女性が男性に暴力をふるう事件も頻繁に起きている。実際に女性に投げ飛ばされて、大けがを負ったモハベ族の男性がいる。女性に負けたこの男性を、部族の人たちは陰であざ笑い、よほどの大仕事を成し遂げないかぎり、彼が尊厳を回復できる見込みはない。このままいけば、おそらく彼は居留地から引っ越す道を選択することになるだろう。

もちろん、男性から女性への暴力も深刻だ。それにもかかわらず、女性が加害者のときばかりが周囲の関心を集めるのはおかしなことである。

### 女性の役割

元来、居留地の多数派を占めるモハベ族の社会には、家父長的な文化が根づいていたが、女性には女性の役割があり、彼女たちは部族内に確固たる地位を築いていた。たとえば、伝統的な儀式を取り仕切るのは男性だが、儀式に欠かせないパンを焼くのは女性の仕事だ。つまり男女両方がいなければ、儀式は成立しない。

それでも、伝統的に部族の指導者になるのは男性で、表向きは目立っているが、女性の発言力が部族政治の局面で発揮された例もある。年長者の女性が結成したサポート・グループ、モハベ老女の会のメンバーだったバイオラ・ストーンは、モハベ族の女性は意見を述べるのに長けていると胸を張る。

「男性が中心になって政治を統括しています。それは部族の伝統ですから、わたしも尊重します。でも、彼らがくだす決断がすべて正しいわけではありません。部族が誤った方向にすすんでいるときは声をあげて、それを正すのが、年長者の女性の仕事です」

しかし、いまでは男性の権威が極端に落ちている。居留地の多くの男性が、アルコールやドラッグに依存する生活を送り、失業中であることが、そのおもな原因だ。もともとモハベ族には、男性が外で働き、女性が家庭を守るという役割分担があったが、最近は男性が酒やドラッグに溺れているあいだに、女性は外で働き、生計を立て、家に帰ってからは家事もこなすようになっている。

なんの役にも立たない男性の地位が低下するのは、しごく当たり前のことだ。仕事もなく、いつも酔っぱらっている男よりも、経済基盤が安定した女性と一緒にいたほうが安全であるし、幸せだろう。

居留地の若い女性の半数以上がレズビアンであるという噂は、都市部の社会福祉関連の研究機関にもひろまっている。これまで約一〇人の研究者が、調査に必要な許可を部族政府に申請した。部族政府は、レズビアンが増加していることが外部に漏れることを快く思っておらず、申請が認められた研究者はいない。

ガソリンスタンドで娘を殴打した女性の夫は、仕事が長続きしないことで有名だった。ある夜、彼の勤務時間にカジノに行ってみたが、その姿はなかった。彼は働いたり、働かなかったりをくり返していた。身内に囲まれた居留地では、まわりに頼ればなんとか生活できるので、就業意欲がわかないようだった。

夫の収入に頼れない分、事件後も彼女が仕事を維持できたことは、家族にとってはありがたいことだった。しかし、見かたを変えれば、娘を公衆の面前で殴打して逮捕された人が、いまもなお部族政府の職員であることは、やはりどこか機能不全に陥っている面がある。

それからしばらくして、彼女はパーカーのマクドナルドで、店員のハンドバッグから財布を盗んだ。当初、本人は容疑を否定したが、その一部始終がまたしても防犯カメラに映っていたため、すぐに逮捕された。

彼女は一〇年以上におよぶメス依存症に苦しんでいた。この事件のあともまだ、彼女はメスをやめていない。それでも、部族政府は彼女を雇いつづけている。

## 居留地の住宅

コロラド・リバー居留地には、今日も数多くの観光客がやってくる。そのほとんどが、レジャー目的のアメリカ人だ。きらびやかなカジノ・リゾートや、コロラド川で遊ぶ観光客の表情は明るい。しかし、外部の人間が足を踏み入れない居留地の奥には、信じられないような混沌とした世界がある。

一九七〇年代、連邦機関である住宅土地開発省の財政援助を得て、部族政府は居留地の三カ所に低所得者むけの集合住宅を建設した。居留地の南西部にあるハンドレッド・ホームス（もともと一〇〇軒だったが、現在は一二五軒）、居留地の南部に位置するフィフティー・ホームス（五〇軒）、居留地の中心部と南部の町ポストンのあいだにあるモー・チェム（四六軒）だ。

低所得者に安い家賃で住宅を提供し、経済状態が改善すれば、ほかへの引っ越しを促すというのが、部族政府の本来の計画だった。しかし、いったんこの住宅に住みはじめた住民のほとんどが、長期にわたってとどまることになる。そして貧困を背景に、ドラッグや犯罪の温床になってしまった。

ある平日の午後、モハベ族とチェメウエビ族にちなんで名づけられたモー・チェムを、マイケル・ソーシが案内してくれた。居留地の現状を知ってほしいという。

部族政府庁舎からクルマで一五分ほど南下し、アルファルファの畑に面した細い道を曲がるとモー・チェムの集落が見えてきた。農地に囲まれた静かな場所だ。住宅以外はなにもない。道は舗装されているものの、所々に穴があいて傷みが激しい。

部族の人びとはこの場所を、「ノー・マンズ・ランド（男のいない土地）」と呼ぶ。住民の八割以上がレズビアンだといわれている。暴力事件が頻発し、ドラッグが蔓延し、治安の悪化が問題視される地域だ。一時は定期的にパトロールがおこなわれていたが、部族警察は匙《さじ》を投げ、いまでは無法地帯と化している。

だだっぴろい敷地に、ぽつりぽつりと木造のトレーラー・ハウスが立っている。一軒一軒が数十メートル、もしくは一〇〇メートル以上離れている。そのためか、ひとつのまとまったコミュニティにいる感じはしない。道からすこしでも外れると、乾燥した砂漠が足下にひろがる。

集落に入る曲がり角には、大きな犬を一〇匹ほど放し飼いにしている家があった。恐くて、クルマから降りることはできない。凶暴そうな犬を鎖につながず、警備にあてているのは、なにか隠すべきものがある証拠だ。ドラッグの売買がおこなわれているのだろう。

この集落に入ってすぐに方向感覚がまったくなくなった。標識もなければ、個々の住宅の番地を示すプレートもない。警察がきたときに家を特定できなくするために、住民が目印になるものをすべて破壊するからだという。

そのうえ、どの家もつくりが似ているため、特徴をつかみにくい。武器やドラッグを買いにく

居留地の南部にひろがる農業地帯

るなど、よほど明確な目的がないかぎり、外部の人間は足を踏み入れないところだ。

モー・チェムの住宅のほとんどには、窓ガラスがなく、そのかわりにベニヤ板が打ちつけられている。外からの銃撃や家庭内暴力で、ガラスが割られ、修理してもすぐに壊されるのでベニヤ板のままにしているのだ。これでは自然の光が家のなかに入ることはない。静まり返った住宅地には、異様な空気が流れている。

写真を撮るためにクルマの窓を開けると、一瞬のうちにマリファナの臭いが車内に充満した。まるですぐ脇で、数人が同時に吸引している感じだ。一軒一軒が離れている住宅地で、これだけの臭いを発生させるには、かなりの人数が同時に吸っているか、特殊なパイプを利用しているかのいずれかだろう。

週末でもないのに、何人もの人が家にこもっているようだ。甘ったるい臭いが衣類につくのが嫌だったので、すぐに窓を閉めた。

モー・チェムには、見張り役のギャングや、ドラッグの売人の出入りが頻繁にあるため、住民のあいだには監視システムが確立している。住民以外の人間がこの集落に入れば、すぐに見張り役に連絡がいく仕組みになっているらしい。

そのせいか、ベニヤ板で塞がれた家屋から、研ぎすまされたような鋭い視線をなんども感じた。集落を走るクルマは、わたしたちのものだけだった。外を歩く人は誰もいない。

どんよりとした気だるい空間に、マリファナの独特な臭いだけがただよい、鼻腔《びこう》に染みついた。

## 託児所の虐待

コロラド・リバー居留地に蔓延する暴力と虐待の遠因は、一九八〇年代前半に起こった事件にあるのではないかと、ソーシは考えている。当時、部族政府の福祉課の責任者だったソーシの母親、マリエッタ・パッチ（六六歳）と会ってみてはどうか、とすすめられ、彼女が生活するアリゾナ州最大の都市、フィーニックスを訪れた。

マリエッタ・パッチはおよそ三〇年前に起こった、その事件のことを鮮明に憶えていた。

ある日、福祉課にひとりの女性がやってきた。彼女は、託児所の女性職員が子どもたちをトイレに連れこみ、性的な虐待をしていると直訴した。彼女の孫は、被害者のひとりだった。驚いたマリエッタはすぐに調査をおこない、虐待の事実を突き止めた。部族政府に報告したが、一刻も早く状況を改善したいという彼女の申し出は、完全に黙殺された。託児所の所長が、副部族長だったからだ。

しかし噂はすぐに居留地にひろまった。早急な対応が必要と感じたある人物が、部族警察ではなく直接ＦＢＩに通報した。ただちに捜査がおこなわれ、ほどなくして託児所は閉鎖に追いこまれた。虐待がどれくらいのあいだつづいていたのかは、見当がつかない。

彼女によれば、判明している被害者の数は控えめに見ても五〇人以上にのぼる。被害者のなかには、パーカーに住む白人の子どもたちも数人ふくまれていた。だからこそ、ＦＢＩがすぐに動いたのではないか、と彼女は推測する。誰がＦＢＩに通報したかは、いまだにわかっていない。名乗りでないのは、報復を恐れているからだ。

事件が発覚したあと、子どもたちへの適切なカウンセリングはおこなわれなかった。彼らはトラウマを抱えたまま、大人になって自分の家族をもつことになる。虐待は虐待を生み、家庭内でくり返されているという。若い世代に家庭内暴力が横行し、さらには家庭が崩壊する事例が相次いでいるのは、この事件と関係があるとマリエッタは断言する。このときに被害を受けていた子どもたちが、現在の部族社会の中枢を担っている三〇代から四〇代の世代だ。

「居留地の子どもたちには、生活の基盤となる家族のサポートがありません」

彼女は部族社会における家庭の崩壊がもたらす影響を危惧する。高校を中退する生徒の数は、五〇パーセントに達し、一〇代半ばでの出産もふえている。居留地に住む高卒女性の四分の一は、卒業時にはすでに出産を経験している。

先住民社会は、性的虐待の問題に関して、内部だけでなく、外部からも長いあいだ苦しめられてきた。歴史的に先住民は白人にとって殺すか、奴隷にするかのいずれかしかなかった。一九世紀後半、同化教育を目的につくられたインディアン寄宿学校の制度は、そんな状況に追い打ちをかけた。

全寮制の学校では、白人職員による先住民の子どもへの卑劣な虐待は日常茶飯事だったが、逃げ場のない子どもたちは、じっと耐えるほかなかった。いまになって当時の暴力が問題視されているが、カウンセリングなどを通じたトラウマへの対策がとられることもなく、時間だけが過ぎてきた。

暴力は世代を超えて再生産される。いまでは、先住民が、性的な虐待や暴力の加害者にもなっている。「部族員の男女、約六〇パーセントがなんらかの性的虐待の被害者です。居留地で売春をする女性がふえたのも、子どものころからセックスの対象として扱われてきたことと関係があると思います。自尊心がないのです」とマリエッタは問題の根深さを訴える。

マリエッタ・パッチ

彼女は、大学では自然科学を専攻し、大学院にすすんで精神病患者をケアを専門とした教育学の修士号を取得した。大学院で学んだことを活かしながら、部族社会の再

アリゾナ州パーカーの中心部

建に尽力した。

一九七六年から一九八〇年までは部族裁判所の裁判長、一九八四年から一九九二年までは部族政府福祉課の責任者、さらにラ・パス郡評議委員会の副委員長を四年、委員長を二年務めた。郡の仕事を引き受けたのは、居留地と接するパーカーに住む白人住民が抱く先住民への根深い偏見を正し、関係を改善したかったからだ。

福祉課の責任者だった当時、マリエッタは、部族員の心身の健康の向上のために心を砕いた。彼女が取り組んだプロジェクトのひとつが、人工透析ができる施設の設立だった。居留地には、糖尿病の合併症が原因で透析を受けなくてはならない患者が大勢いたのにもかかわらず、彼らを受け入れる施設はなかった。

患者たちはフィーニックスの総合病院まで、クルマで三時間半かけて通わなくてはならなかった。移動時間に加え、透析に六時間かかるため、一週間に三回やると定職に就くことは難しくなる。そんな困難を打破するため、彼女は資金集めに奔走し、一九八八年に念願の透析センターが居留地の中心部にオープンした。当時、透析を受けられる施設を備えた居留地は珍しく、話題になった。

そのほかにも彼女は、居留地の病院の拡張、裁判所の新設や、少年事件用の裁判所、老人ホームの建設などを手がけた。すべては自分の先祖が大事に守ってきた部族社会を、つぎの世代に残したいという切実な思いからだった。

マリエッタは、部族員の生活水準の向上にすくなからず貢献したが、部族政府に正当に評価されていないと感じている。彼女が率先しておこなった改革を好ましく思わない部族政府関係者は、さまざまな嫌がらせをくり返していると怒る。

「むかしの指導者は、将来を見据えながら、部族の経済開発や福祉問題に取り組んでいました。現在の部族政府は目先のことだけを見て、自分たちのことしか考えていないように思います」

彼女は、アルコール、ドラッグをはじめとする諸問題になんとか解決策を見いだそうと身を粉にして取り組んできたが、この三〇年、状況はひどくなるいっぽうだ。

一九八〇年代に胎児性アルコール症候群の症状を示していた子どもたちが、適切な治療を受けることなく成長し、いまではアルコール依存症になって、部族政府で権力を握っている。そして、彼らを選挙で選ぶのもまた、おなじような問題をもっている人びとであるという。彼女は、アルコール依存症が家庭内で再生産され、その人たちが多数派になり、部族社会を動かしている現状を憂慮している。

マリエッタによれば、現在居留地で暮らす大半の女性が、アルコールやドラッグに悩まされており、居留地の病院で産まれる子どもの約半数が、依存症の母親から生まれている。アルコール依存症の母親のお産に立ち会うと、子どもが生まれる瞬間、分娩室にアルコールの臭いが充満するという。その子どもたちは、酒に囲まれた環境で育てられるようになる。

福祉課に勤務し、このような問題に取り組もうと積極的に発言してきた彼女は、結局は部族政府の職を追われてしまう。

「居留地でドラッグとアルコールの危険性を話題にすると、嫌な顔をされます。なぜならば、その人の身内をけなす行為と受け取られるからです。相手を感情的にさせることなく啓蒙活動をおこなうことは、至難の業です」

血縁関係が濃い居留地では犯罪者や依存症患者が身内にいるのはよくあることだ。ただし、それらの問題にどう対処するか、しっかりと議論されてこなかった。血縁と婚姻によって強く結ばれた部族社会では、犯罪を容認し、かばいあう文化が育っているのだ。

マリエッタの一番上の兄は、警察署長だった。その息子がドラッグ関連の事件を起こして逮捕されたとき、裁判で偽証して彼のことを守ろう、と家族は一致団結した。しかし、その息子が家族に汚名を着せたことはけっして許されるべきではないと考えたソーシは、彼を厳しく追及した。正直に罪を認め、適切な罰を受け更生していくことが、モハベ族の伝統文化であると信じているからだ。

それ以来、ソーシは身内のあいだで孤立せざるをえなくなった。「居留地はもはや、隣近所に住む人を信じられない特殊な共同体になってしまいました。親戚であっても、なにをされるかわかりません」とソーシは額に手をあてて、うつむいた。

ある日、いきなり殺されても、誰も捕まらない可能性は十分ありえる。身内でさえ信用することができない、殺伐とした場所になってしまったのだ。

「もしも、普通の感覚がある人ならば、お金が必要なら仕事を探します。それでも無理ならば公的な援助を受けようとします。異性や同性に惹かれ、交際したければ、それが実現するために自分ができることをします。相手が嫌といえば、あきらめます。しかし、その感覚がない人が、盗みやレイプをくり返しています。取り締まる側の警察は完全に腐敗している有様です」

無秩序な空間と化した居留地をソーシは嘆く。解決策はないのだろうか。

マリエッタは、部族社会の変化は外の世界、つまりアメリカ社会からではなく、部族のなかから生まれなければならない、と強調する。もしも、連邦政府が提示する改革を受け入れれば、一九三四年の「インディアン再組織法」のくり返しになってしまうからだ。

「荒廃した居留地では、家族が最後の砦です。家庭で上質の文化を育てていくしかありません」

深い絶望を経験しながらも、変革は部族員みずからの力によっていつか必ず実現する、と彼女はまだ部族を見限ってはいない。凛《りん》とした彼女の美しさに、わたしは光を見る思いがした。

### 破壊される共同体

コロラド・リバー居留地の部族員になるには、この居留地に住むモハベ族、チェメウエビ族、ナバホ族、ホピ族のいずれかの血筋を最低でも四分の一以上ひいていることと、先祖が居留地に住んでいたという証明が条件になる。年々、ほかの部族や他人種との結婚や恋愛が盛んになっているので、四分の一の血筋の割合を維持できず、部族員の資格を取得できない人がふえている。

メキシコからの労働者が、居留地の大多数を占めていることはすでに述べた。彼らが、アメリカ永住権やそのほかの利点を目当てに部族の女性と婚姻関係を結ぶことはよくある。もしも、その女性が部族の血筋を四分の一しかひいていない場合、生まれてくる子どもの血筋の割合は八分の一になるので、部族員になれない。

その際に、部族員の男性が報酬を得て、法律上の父親になる裏のシステムがある。相場は五〇〇ドル。子どもが部族員になれば、親である自分も福祉面で恩恵をこうむることができるという計算だ。居留地内にある裁判所で、「父親」が「自分の子どもである」と宣告すれば、「血縁関係」は簡単に認められる。

部族によっては、DNA検査を要求するところもあるが、コロラド・リバー居留地ではこれを実施しておらず、このような不正を暴く制度が存在しない。アルコールやドラッグの依存症の人が、現金を目当てに「父親」になる例があとを絶たない。

それでは部族員になった子どもには、どのような利点が生じるのだろうか。たとえば部族員は、医療サービスを無料で受ける権利をもっている。無料で居留地に住むことや、経済活動で得られる利益の分配金を受け取ることも可能になる。文化や伝統的な側面とはまったくべつに、なんらかの利益を得るために、先住民になりたがる人が目立つ時代になった。

また部族員は、部族政府の福祉プログラムに加えて、連邦政府の配給プログラムの対象にもなる。連邦政府の主導でおこなわれるさまざまな援助プログラムは、先住民が居留地での生活を強制された一九世紀にはじまった配給制度をもとにしている。

配給制度は、居留地に「依存体質」を生みだした。なにかあれば、連邦政府もしくは部族政府に頼ればなんとかしてくれると考える先住民はすくなくない。

貧困に窮し、藁にもすがる思いの人たちにとって、配給は生き残るための重要な手段である。しかし、部族社会でともに生活していながらも、頼る相手がそれまで助けあってきた隣人ではなく、政府になったことで、部族社会のありかたは大きく変わった。

コロラド・リバー居留地では、連邦政府が提供する援助プログラムの一環で、バスケットにいっぱい詰められた物資が、子どもが生まれた家庭に届けられる。連邦政府と協力関係を結び、配給をおこなっているのは、税金対策とイメージアップを狙った民間企業だ。

バスケットには、粉ミルクの缶が大量に入っている。ところが、なぜかこの粉ミルクには、過度の糖分がふくまれている。

また、居留地の子どもたちには、おなじように企業からの寄付で牛乳が支給される。その牛乳にはストロベリーやチョコレートの風味がついており、これも糖分が必要以上に高い。糖尿病の罹《り》患《かん》が深刻な部族社会に、このような援助をするのは疑問だ。

糖尿病の患者には、定期的な検診と薬の服用が必要になる。そのため、居留地で病気がひろまればひろまるほど、医薬会社の利益になり、さらに看護師などの資格をもった先住民ではない人の雇用も促進される。配給制度には連邦政府や企業から大きな資金がおりるので、ここでも雇用が生まれる。恩恵を受けるのは、すべて都市部に住む人たちだ。

依存の深みにはまり、先住民社会が助けを必要とすればするほど、居留地の外に住む他人種の雇用がすすむという現象が生まれている。

生活保護の受給者がふえていることにも、連邦政府への依存体質が見受けられる。居留地の病院に勤める（当時）モハベ族のデイビッド・ハーパーは、二〇〇二年にインタビューしたとき、親子三代で生活保護を受けている人たちのことを心配していた。

「祖父母と両親が健康であるのにもかかわらず、生活保護を受けていたら、その子どもはちゃんと学校に通い、自分の将来設計をしていこうとは思いません。このままでは居留地はとんでもないところになってしまいます」

たしかに、いままでいろいろな家族を見てきたが、生活保護が世代を超えてつづくと、なかなか這い上がれなくなる。働く意欲がわかず、最低限の生活に甘んじてしまう。

それから一〇年ちかくが経過し、彼の予測したように、居留地の状況が改善される見通しは立っていない。

## 部族の相互扶助

元来、先住民の社会には、なにかが必要になれば、家族や仲間と助けあう習慣があった。集会所の床を張り替えたり、ふるくなった壁を直すのは、いつも住民たちだった。朝から晩まで、一日中ともに働きながら、子どもたちに部族の習慣を教えていくことは、最高の教育だった。

部族のなかで問題が解決しなければ、ほかの部族に協力を要請する伝統的なシステムがあった。モハベ族の言語、モハベ語はユマ語族に属している。アリゾナ州にはワラパイ族、マリコパ族、ユマ族などのユマ語族の言語を話す部族が砂漠地帯に点在している。彼らは普段はべつべつに暮らしているが、なにか緊急事態が起これば即座に連盟を形成し、協力しあう体制を、白人がくるはるか以前から確立していた。

離ればなれに生活する部族と部族をつなぐ重要な役割を担ったのが、「スピリチュアル・ランナー」と呼ばれた人たちだ。彼らは、広大な砂漠に居住するユマ語族の部族を、一日から三日、ときに三〇〇キロから四〇〇キロも走り、メッセージを伝えまわった。

スピリチュアル・ランナーには、砂漠を走破する健脚と並外れた体力に恵まれた者だけが選ばれた。さらに彼らは、メッセージを詳細にわたって正確に伝達するために必要な記憶力、ほかの部族を説得するための交渉術をもちあわせていた。敵の襲来や自然災害など、部族同士で団結が必要なときはいつも、スピリチュアル・ランナーが活躍してきた。その子孫は、部族社会でランナーの末裔として尊敬されている。

だが、今日の部族社会を見てみると、部族内外での相互扶助、コミュニティの感覚が失われているのではないか、と思わせるような事件ばかりがつづいている。デニス・パッチは、居留地の状況についてつぎのように述べた。

「部族は長期間にわたり貧困にあえいでいました。カジノから大きな収入が入るようになり、わたしたちの居留地は変わりました。経済開発の成功によって教育や福祉のレベルが向上しました。それで、若者のあいだに、金を浪費する文化が生まれたのです。貯金をせずに、クルマを買ったり、酒やドラッグに溺れる人もでてきました」

パッチが子どものころ、農業をしていた両親はいつも忙しくしていて、彼らから部族の歴史について教わることは、ほとんどなかったという。差別や偏見を受けながらも、どのように生きていけばよいのか、自分で考え、学んできたことが、その後の人生に大いに役立った。

パッチは部族のまとまりがあったころの居留地の日々について懐かしそうに語ったあとに、険しい顔になってこう嘆いた。

「いまの若い世代は、ゲームやテレビに熱中しています。なにかあったときに、コンピューターやゲームの主人公に助けをもとめてしまうのです」

彼はつぎの世代を担うべき若者たちの生きかたを受け入れられないようだった。テレビやインターネットの発達によって、これまでとは比較にならないほどの、アメリカ文化が居留地に流れこんでいる。急激なアメリカ化によって引き起こされた世代間のギャップである。

そんな部族の現状と若者たちの生活ぶりに戸惑いながらも、パッチは悲観していない。これまでの歴史を通じて、どんな大変な時代においても部族は生き残ってきた。そしてこれからも、ぜったいに生きつづけていくと断言する。

「どん底まで落ちれば、そこから這い上がって行く途中で、必ずなにかを学ぶことができます。これまでも、そうやって厳しい歴史をくぐり抜けてきました。部族はぜったいに復活します」

モハベ族の人びとは、将来のビジョンは寝ているときの夢にでてくると信じている。そのビジョンに導かれながら、希望を失わず、しっかりと将来を見据えて生きることが、モハベ族の文化であり、信念である。

## 将来への投資

コロラド・リバー居留地では、一九八〇年代から、農業やカジノ・リゾートなどの収入を、部族の将来を担う人材育成のために、部族員の高等教育費にあててきた。

部族員であれば、居留地に住んでいなくても、奨学金を受ける資格がある。大学や大学院に進学が決まれば、学費、教材費、食費、住宅費、養育費、交通費等が、部族政府から支給される。教育委員会の委員でもあるソーシが提供してくれた資料によると、部族政府が連邦政府から得た教育関連の援助金は、一九八八年度の段階で一八万ドルだった。二〇一〇年度は、一一万ドルとだいぶ縮小されている。物価の上昇を考えれば、減額の影響はさらに大きい。

現在、部族政府は、部族員の高等教育に一四〇万ドルの予算をつけている。この部分に関しては、連邦政府への依存度は非常に低く、部族政府が部族員の教育を最優先事項のひとつとしていることがわかる。

経済発展が著しいミシシッピー・バンド・オブ・チョクトー族でさえも、いままでのところ部族員から医者は誕生していない。コロラド・リバー居留地では、二〇〇〇年代になってから、部族員の女性がはじめて医師になり、彼女はラスベガスで職を得た。

さらに、もうひとりの部族員が医学部の卒業を控えている。彼らが在籍した医学部の学費はきわめて高額だ。そのすべては、部族政府から奨学金として支給された。

しかし、医師になった部族員が居留地の病院で働いていないことに象徴されるように、教育への投資が、そのまま直接的に部族に還元されるとは限らない。部族からの援助を得て高等教育を修めた部族員は、最低でも二年間は居留地で獲得した知識を活かすことが望ましいとされているが、強制はされない。そのため、ほとんどが居留地の外にとどまろうとする。

現在カリフォルニア大学ロサンゼルス校の法科大学院に通っている部族員は、二〇〇九年から二〇一〇年の一年間に五万六三九六ドルを支給された。これには、学費、住宅費、教材費、交通費、食費などがふくまれる。

この男性の父親はモハベ族だが、母親は先住民ではない。彼自身は居留地に住んだことはなく、サンフランシスコ近郊で生まれ育った。仮に彼が弁護士になったとしても、部族のために働く可能性はほぼないだろう。

また、奨学金制度を、生活保護がわりに使う部族員もでてきた。子ども四人をもつシングルマザーが、美容専門学校に通うために、奨学金を長期にわたり受けていたことが問題になった。子育てに忙しい彼女は、二年間で修了するはずの専門学校に四年間通ったが、結局卒業できなかった。

部族が負担した彼女の学費は年間およそ二〇〇〇ドルにすぎなかったのだが、四人の子どもの生活費と養育費で五万六〇〇〇ドルかかった。このすべてを、部族政府が負担した。彼女は、生活費を受け取るために、この制度を濫用していたと非難されている。

さらに、これまでも触れてきたように、もうひとつ理解しがたい現象が起きている。部族政府は積極的に高等教育に投資してきたが、政府内には教育を受けた部族員を疎外し、排除しようとする動きがある。腐敗がはびこる部族政府には、都会で高等教育を受け、実力をつけて帰ってきた同胞は脅威に映ってしまうのだ。

ソーシの姪《めい》にあたるジェード・ジョンソン（一八歳）は、二〇一〇年九月から部族の奨学金を受け、カリフォルニア州にある私立サンタクララ大学に通っている。彼女は六歳まで居留地で育ったが、幼いころに母親が病死し、フィーニックスに住む祖母、マリエッタ・パッチにひきとられた。幼少期の経験と、現在の居留地への気持ちは、どちらもポジティブなものではない。

「居留地の思い出はただただ悲惨で、わたしにはトラウマでしかありません。将来は弁護士になることを希望していますが、居留地に住むことは、いまの段階では考えていません。部族員にのしかかる問題はあまりにも深刻で、まだ一八歳の自分がすぐに役に立つとは思えません。まずは、一般社会で自分ができることを見つけて、そのあとに居留地に興味がむけば、挑戦してみたいです」

ジェード・ジョンソン

彼女の祖母マリエッタは、「もう部族には、孫の代の分まで十分貢献しました。ですから、孫には居留地にもどらなくてはいけないとは思わず、のびのびと大学に通ってほしいのです」と外の世界での活躍に期待している。

## 殺しの予告

コロラド・リバー居留地で調査をおこなうとき、わたしはソーシが館長を務めるコロラド・リバー・インディアン部族博物館を拠点としていた。

二〇〇五年にソーシが館長に就任して以来、それまでは部族政府の予算に頼っていた博物館の経営は格段に好転した。経費の九八パーセントは、博物館独自の収入でまかなわれるようになり、部族政府から経済的な独立を果たした。多くの観光客が訪れ、アクセサリーをはじめとする先住民の工芸品が安く買える土産物コーナーは、地元の人たちにも人気があった。

博物館館長を務めるかたわら、ソーシは部族政府で複数の役職に就いていた。若者の進学率の向上を図るために教育委員を務め、二〇〇四年からは、選挙管理委員の仕事もしてきた。すべては居留地の改革のためだった。

だが、二〇一〇年七月、状況が大きく変わることになる。

選挙管理委員会の席上で、ある役員とソーシが選挙の運営方法や重罪犯が選挙権をあたえることなどをめぐって激しく対立した。

この会議の直後、わたしはソーシと夕食をともにしたのだが、彼はそのとき、「仕事を失うかもしれません」とぽつりとつぶやいた。ただの口論でクビを切られるわけがないと思ったが、わたしには返す言葉が見つからなかった。

つぎの日、ソーシと居留地を歩きまわり、夕方に博物館にもどったとき、彼がドアを開けようとすると、なぜかカギが使えなかった。仕方なく、その日はそのまま夕飯を食べて解散した。

翌朝、ソーシは自分が博物館を解雇されたことを部族政府に勤める友人からの電話で知らされた。彼がわたしと居留地をまわっている隙に、部族政府関係者によって博物館のすべてのカギが換えられていたのだ。これはモハベ族の社会では「黙らなければ、ちかいうちに殺す」ということを意味する。彼は五年間にわたって務めた博物館館長の座を、あっけなく失った。

博物館はもともと、薄暗い部族図書館に併設されていた。展示品はまばらで、土産物には埃がかぶり、来館者はほとんどいなかった。連邦政府等からさまざまな助成金を得て、博物館をパーカーの中心部に移し、観光客のみならず、居留地内外の住民が気軽に足を運べるようにしたのはソーシだった。

この解雇に関する部族政府の理由は、大学院卒のソーシの人件費は高すぎるので、経費削減のためというものだった。決議のための投票に役員の過半数が賛成したため、多数決によって彼は職を追われた。投票の裏側で、選挙管理委員会の席上で対立した役員が、解雇に反対するほかの役員たちに、脅迫めいた説得をおこなったらしい。さまざまな弱みを握られている部族政府の要人たちは、彼が促すままに動いたようだ。

その役員はその後もソーシへの敵意をあからさまに示している。携帯電話と自宅の電話は盗聴され、彼のクルマは、居留地のなかでつねに部族警察に尾行されるようになった。

そのあとに臨時館長として雇われた女性は、メス依存症だった。その半年後にあらたに館長に任命された男性は、アルコール依存症で、部族政府のクルマを居留地の外で運転中に、二度も飲

ソーシが館長だったころのコロラド・リバー・インディアン部族博物館

酒運転で捕まっている。

スミソニアン博物館で勤務した経験もあるソーシよりも、博物館長に適任な人物は、居留地にはいない。当然であるが、黒字がつづいていた博物館の経営状態は、後退している。このままでは閉鎖の可能性さえあるという。

多くの部族員から将来を嘱望されていたソーシへの迫害は、このあとさらにひどくなっていく。彼は反乱分子とみなされ、部族政府は彼を不敬罪にまで問うようになる。

それでも、教育委員会と選挙管理委員会は、いまでも彼を中心に回っている。こんな状況にあっても、彼はまだ、部族政府からの圧力に屈していない。

## モハべらしく

博物館館長の座を追われたソーシは、現在カリフォルニア大学リバーサイド校のネイティブ・アメリカン学科で、非常勤講師として教えている。大学ちかくのアパートを借り、週三回、先住民研究の授業を担当する生活がはじまった。

悔しさや怒りもあるだろうが、ソーシは「先住民研究に取り組むわたしには、つねに希望を失わないという義務があります」と話す。部族の歴史と現在を背負いながら、大学で教鞭をとる彼は、妥協を許さない厳しい一面をもっている。彼の授業は、先住民が直面する過酷な現実にむきあった内容だ。

最近、先住民の芸術や文学、宗教や精神世界、おたがいを思いやる思想などが再評価されているが、それらは一様に、誇張されがちだ。ソーシは居留地の現実を見ずに先住民文化の一部分だけを美化するのは、虐殺や差別を生みだす植民地主義の歴史を認識しないことに等しい、という。先住民がおかれた複雑な現状を正視するよりも、美化して愉しむほうが気軽であることはまちがいない。彼の講義には、先住民文化にたいするノスタルジアや、ロマン主義的な趣きは一切ない。先住民の日常をテーマにした臨場感あふれる内容が、学生のあいだで評判になっている。

大学のちかくに生活の拠点を移した彼は、治安が不安定で、つねに行動を監視される居留地からでられてよかったと喜んでいた。ところがある日、入居したばかりのアパートの床に血痕が残されていた。家主の番犬が、ソーシの不在時に侵入した人物を噛《か》んだのだ。そのあと、自室から盗聴器が発見された。

さらに彼のクルマにも、盗聴器と行き先を追跡できるＧＰＳ装置が仕掛けられていた。盗聴器の登録番号と製造番号をたどると、コロラド・リバー部族警察が所有するものであることが判明した。フィーニックスに住む母親の家にも盗聴器が設置されており、彼女は知り合いのアリゾナ州の警察関係者に相談し、撤去してもらった。彼を監視する資金の出所も不明である。

居留地から離れても窮屈な日々を送るソーシは、堂々としている。

「人間は恐怖に支配されたとき、まちがった判断を下します。モハベ族は本来、恐怖を避けるのではなく、自分の人生の目標にむけて生きる民族です。殺されたとしても、魂が死ぬことはありません」

モハベ族には、「マカフタハン（本物のモハベ）」と呼ばれる精神がある。モハベ族らしく生き、モハベ族らしく死にたい、と決意は固い。

また、部族の文化では、いかなる理由があっても自殺は許されない。自分の人生にこれからどんな転機が訪れるのか誰もわからない。将来の可能性を自分で踏みにじることは部族のタブーである。

「明日なにが起こるか、人間の力ではわかりません。わかりえない可能性を、みずからの手でつぶしてはいけないのです。どんなにどん底に突き落とされても、わたしはぜったいに希望を捨てません」

部族政府が一番恐れるのが、居留地に改革が起こることだろう。二〇一〇年一二月におこなわれた部族長選挙のとき、パッチを部族長に、ソーシを副部族長に推す動きがあった。彼らはいま、二〇一二年の部族長選挙に照準をあわせ、活動をはじめている。

その後、部族政府からソーシに、博物館の館長の座にもどってほしいという内々の打診があった。が、ソーシにもどる意思はない。

わたしが居留地での調査を終えて、ふた月ほどした二〇一〇年の秋ごろから、ＦＢＩは居留地での本格的な捜査に乗りだした。三権分立の問題、虐待、横領、ドラッグや癒着など捜索すべき事項は山積している。

二〇一一年八月現在、わかっただけでも二〇人以上の部族員が情報提供者になっている。それまでは殺人事件などでＦＢＩがきても、捜査に協力する人は稀だったが、部族政府の立て直しをもとめる人がふえた証拠なのだろう。

かなりの大がかりな捜査がおこなわれているので、その結果しだいで、大きな変化が生まれる可能性はある。ただ、ＦＢＩの捜査が部族の自治権の侵害につながらないようにと祈るばかりだ。

今後どのように居留地の状況が展開していくか、予断は許さない状況だ。これらのことを踏まえ、調査に協力してくれた人たち、および部族政府関係者と話しあい、前章に登場する八人を仮名にした。部族政府内には、改革を期すために、実名で記すようにとすすめてくれる人もいたが、プライバシーを考慮した。

## バラックマンの夢

わたしがはじめてソーシに会ったのは、一六年前の一九九五年だった。彼は、カリフォルニア大学バークレイ校の大学院で文化人類学を専攻していた。当時わたしは、同大学で先住民学を専攻する大学生だった。おたがいに顔見知りではあったが、個人的なつき合いはなかった。

二〇〇九年に調査先のコロラド・リバー居留地で再会し、インタビューが二〇〇時間を超えたころ、ソーシが自分の家系図を大きな紙に記してくれた。そこに記載されていたのはおよそ五〇人だったが、見覚えのある名前がいくつかあった。

そのひとりがベティ・バラックマンだった。ソーシの祖父の祖父は、ベティ・バラックマンの祖母であるキャロラインの兄にあたる。一見遠い血縁関係ではあるが、部族内ではどんなつながりであっても家族とみなされる。

ベティ・バラックマンと、夫のルエリン・バラックマンの名前をソーシの家系図に発見したとき、懐かしい思いがこみ上げてきた。博士論文の執筆にあたり、バラックマン夫妻にはとてもお世話になっていた。そして、彼らが亡くなる二〇〇〇年代の半ばまで、家族ぐるみのつき合いがつづいていた。

ルエリン・バラックマンは、コロラド・リバー居留地からクルマで一時間半ほど離れた、おなじくモハベ族が住むフォート・モハベ居留地の偉大なリーダーだった。二〇〇六年にルエリンが亡くなったあと、妻のベティをなんどか訪ねた。

失意のどん底にあった彼女は、翌年には死の床についていた。最後に会ったとき、ベッドに横たわったままの彼女は、「自分がいなくなっても、モハベ族の若者が、必ずあなたの面倒をみます。部族とはずっと関わっていってください」とかすれた声で絞りだすように発した。

ベティが亡くなり、バラックマン家は彼らの孫に引き継がれた。この孫の一家に会うために、二〇〇七年にベティが暮らしていた家に行くと、なかから若いギャング風の男性がでてきた。二の腕に大きなタトゥーがある彼は「彼ら（バラックマンの孫）はここには住んでいないし、いまどこにいるかもわからない」とすこぶる無愛想だ。鋭い目つきでこちらをじっと睨《にら》んでいる。居留地では、見知らぬ人間に住民の居所を明かさないのはよくあることだ。どんなに事情を説明しても、よそ者とは話をしたくない、とけんもほろろに追い返された。

そこで、生前のベティがボランティアをしていたシニアセンターに足をのばした。事情を教えてくれる知り合いがいるかもしれないと思ったからだ。ドアを叩くと、なかから三人の若者がでてきた。いずれもバラックマン家と親しい人たちで、わたしが前に会ったことがある面々だったが、彼らの居場所を教えてくれないかと頼むと、黙りこんでしまった。

あきらめてそのままクルマを走らせると、居留地の出口付近で一台のワゴン車が猛スピードで追いかけてきた。ベティの姪だった。

「トイレに入っていて、でられませんでした。本当に申し訳なかった。許してほしい」と深刻な面持ちだった。

先祖や親の友人を追い返すことは、モハベ族の文化では断じて許されない。彼女は、かなり引け目を感じているようだった。バラックマン家の近況を、当たり障りのない程度に教えてくれた。あまりよい話はなく、みんなが知らぬふりをした事情がよくわかった。

それ以降も引きつづき、この地域を訪ねてはいたが、バラックマン夫妻亡きあとの居留地とは距離ができた気がしていた。そんなときに、居留地はちがうが、おなじモハベ族であるソーシとつながりがもてたことがうれしかった。ベティが病床で明言したわたしの面倒をみてくれる若い世代のモハベ族とは、きっと彼のことだったのだ。そのことを伝えると、ソーシも感無量の様子だった。

彼へのインタビュー時間は、その後六〇〇時間を超えた。緊張感のある居留地で、彼を通じて何人もの情報提供者に会った。ぜったいに不可能だと思っていた、部族警察の内部文書も入手できた。

ルエリンが、実はモハベ族のメディシン・マン（呪医、または祈祷師）だったことを、ソーシとパッチから教わった。生前、一緒に居留地を調査しているときに、ルエリン本人にメディシン・マンであるか否かを、それとなくきいたことがある。しかし、そのとき彼は、「わたしは、ごく普通のモハベです」とあっさり答えた。

部族の人間ではないわたしには、知られたくなかったのだろう。謙遜《けんそん》していたのかもしれない。ただしバラックマンは、「モハベ族は、夢にさまざまな意味を見いだします。わたしもよく夢を見ます。わたしは政治家として、その夢を実行にうつしてきました」と語っていた。

彼が見た夢のひとつが、フォート・モハベ居留地で大成功をおさめている巨大カジノ・リゾートの建設だった。その後、このリゾートは大成功をおさめている。ルエリンは、精神的な世界ともつながった、先住民史上に名を残す偉大な指導者だった。

「部族政府内にチェンジが起きたら、経済開発と公共政策に取り組む部署に入ってほしい」

と、ソーシは冗談まじりにわたしに提案した。生前、ルエリンも似たようなことを遠回しに示唆していた。

「砂漠に生きるモハベ族のために仕事をしなさい。そうなる日がぜったいにくる」

とあたかも、なにかを予言しているようだった。

大学や大学院で勉強した先住民研究や都市計画の知識を、なにかしらのかたちで居留地の発展のために活用できる日がくればうれしい。バラックマン夫妻に託されたモハベ族との絆を、ソーシをはじめ、あらたに出会った人たちと一緒に、これからも大切にしていきたい。

ソーシやパッチをはじめ、コロラド・リバー居留地で出会った人たちは、伝統に即した部族の復活を信じている。最底辺から立ち上がり、今日の繁栄を築いたことを思えば、部族の再建は十分に可能だ。

# 第8章　希望を紡ぐ

▲ヨケェヨ・ポモ族の籠《かご》職人
クリスティーン・ハミルトン

## 博物館の先住民

「このバスケット（籠）はなにでできているでしょう」

甲高い、白人女性の学生アルバイトの声が博物館にこだましている。その声は得意げで、不快感を煽った。あたりは静寂に包まれていた。

館内は薄暗く、壁沿いに立ち並ぶ大きなキャビネットのなかに収められた展示品は、天井から伸びる無数のスポットライトを浴びて、うっすらと闇に浮かび上がっている。そのコントラストが不気味に見える。

二〇〇九年五月、ヨケェヨ・ポモ族（北カリフォルニアのポモ語を話す部族のひとつ。それらの部族を総称してポモ族あるいはポモ系という）の伝統的な籠のつくり手であるクリスティーン・ハミルトンと彼女の息子一家と一緒に、カリフォルニア大学バークレイ校の人類学部に併設されているハースト博物館を訪れた。この博物館には、世界中から集められたおよそ三八〇万もの伝統工芸品や遺品、遺骨などのコレクションがある。

なかでもカリフォルニア先住民のコレクションは、随一の規模である。約二六万の目録品目があり、所蔵されている籠の数は八〇〇〇個以上にものぼる。一般公開されているのは、膨大なコレクションのほんの一部にすぎない。所蔵品の大部分は、博物館の地下、および郊外に建てられた倉庫に保管されている。

アルバイトの女子学生は、歴史学を専攻している同大学の三年生だ。ポモ族の籠づくりの歴史と伝統について、快活に説明してくれるのだが、彼女に歩みを合わせているハミルトン一行のテンションは低い。当然のことである。

簡単に喩えると、相撲のことをなにも知らない外国人が、謙虚な横綱にそのルールを説明するようなものかもしれない。しかも、白人と先住民、侵略した側とされた側、略奪した側とされた側という関係を考えるともっと複雑だ。この様子を見ていて、とても不愉快になった。

それでも、ハミルトンがやさしいまなざしで、この女子学生が発する言葉をきいていたのが印象的だった。質疑応答の時間になり、ハミルトンがゆっくりと手を挙げた。彼女はいったいなにを話しだすのだろうか。わたしは思わず身構えた。すると彼女は、

「所蔵されている籠は、いったいどこに保管されているのですか」

と落ち着いた口調でたずねた。部族でも指折りの籠職人である彼女は、自信満々に説明していたアルバイトの学生を困らせるわけでもなく、ゆったりと構えていた。

ハミルトンによると、籠の材料であるセージは、川のちかくに生えていて湿気をおびている。その根は強度があり、柔軟性に優れ、簡単には切れない。ポモ族の人びとは、籠の外側はセージの根で編み、内側には柳の枝を使う。柳の枝はセージとくらべて、強度がないので、時間がたつと消えてなくなってしまう。

博物館に展示されている籠のなかには、セージの根だけになってしまい、原型をとどめていな

いものもある。ハミルトンは、展示用のキャビネットに収められた籠は、部族や地域、年代ごとにきちんと分けられていない、と不安そうに目をやった。途方もない数の籠が博物館の地下や郊外の倉庫に眠っているのは、彼女からすれば不本意なことだ。

「わたしたちは、いろいろな思いや祈りを籠に編みこみながらつくります。ですから、籠にはいくつもの物語がこめられているのです。それを手にした人に、物語を語るともいわれています。暗い地下に保管されている籠からは、物語を紡ぎだす力が失われてしまうでしょう」

わたしは学生アルバイトの態度について、ハミルトンがどう思っているのか興味があった。どうして、彼女は自分が籠のつくり手であることを伝えなかったのか、説明が表面的だったことや、当事者である先住民に「教えよう」とする姿勢は傲慢であると注意しなかったのかをたずねた。

「大学で教えられたことを一生懸命やっている人を、わたしたちは尊重するべきでしょう。もちろん、前の世代から伝えられたことをそのまま教えるのは問題です。だからといって、それを学ぼうとする個人を責めては、その人がかわいそうです」

と、出会ったばかりの学生アルバイトのことをかばおうとする。彼女の穏やかさだけが印象に残った。

### 侵略と略奪

休日になると、ハースト博物館は家族連れで賑やかになる。博物館は展示されたコレクションからさまざまな文化や、歴史などを学ぶ、教育的な空間である。しかし、同時にそれらの展示は、

ハースト博物館の入口

時間を過去の時点で停止させ、現在とのつながりを見えなくし、先住民はかつてこの国に生きていた人たちだった、と印象づけてしまうことがある。

ハースト博物館は、先住民社会では侵略と略奪、そして暴力の象徴とみなされている。著名な人類学者アルフレッド・クロエバーの妻シオドーラの著作によって衆目を集めた、ヤヒ族の男性イシを博物館で働かせ、見せ物にしていたことにたいする批判も強い。

博物館に奪われたものは、二度と部族に返ってこないというのがこれまでの常識だった。しかし、略奪された人骨がそのまま博物館に保管されていることを問題視した先住民の要請を受け、一九九〇年にアメリカ先住民墓地保護・返還法（以下、返還法）が制定された。

以来、連邦政府から資金援助を受けている博物館などの研究機関は、遺骨をはじめ伝統工芸品や宗教行事、葬儀に関連した物品など（以下、文化財）、所蔵品の目録を作成し、各部族政府に送付することになった。ハースト博物館も連邦政府から援助を受けており、例外ではない。

白人たちは、アメリカ大陸を植民地化していく過程で、先住民の遺骨や葬儀に関連した物品を収集しつづけた。領土をひろげるために西へとむかう白人と、辺境に追われる先住民のあいだで、公平かつ公正な取引が成立するわけはなかった。侵略、虐殺、支配の歴史のなかで、白人たちは先住民の遺骨や文化財などを一方的に収奪したのだ。

植民地主義と人種差別、略奪と収集、博物館への収蔵は同時に進行してきた。だから、先住民の脱植民地主義を実現する抵抗運動と博物館にたいする所蔵品の返還要求には、切っても切れない関係がある。

しかし、博物館は、これとはまったくことなる見解をもっている。籠や陶器などに関しては、所蔵品のすべてが盗品ではなく、先住民から購入したものもある。部族との合意のもとに取引されたものであれば、むやみやたらと返還に応じるわけにはいかない、と主張している。

部族側の考えかたはこれとは食いちがう。ハミルトンは、博物館がいう購入のプロセスに疑問を投げかける。「博物館は、先住民から買ったと説明します。その値段は一〇セントだったかもしれないし、一五セントだったかもしれません。つまり、二束三文で買い叩いたのです。侵略者と先住民に公正な取引は存在しませんでした」。

返還法の成立以降、部族政府は、送られてきた目録のなかに自分の部族に帰属すべきものを見つけた際には、博物館に連絡を入れ、現物を見るために訪れる。このときに博物館にくるのは、部族政府に雇われた考古学者や人類学者である場合が多くなっている。なぜなら、部族が「これは自分たちのものだ」と感覚的に訴えても、科学的な根拠がもとめられるからだ。

部族側は、考古学、歴史学、人類学などの側面から分析し、博物館の役員である専門家や大学教授たちを説き伏せるレベルの返還申請書を書き上げなくてはならない。しかも彼らは、その物品との関係を白人の考古学者たちの調査結果や資料をもとに、実証することになる。過去に所有したものを取り返すのに、白人が残した記録に頼らなければいけないのは皮肉なことである。

これにかかる時間と経費はかなりのものになる。部族にそこまでの時間的、経済的な余裕があるわけではない。多くの部族はこの時点で挫折する。

それればかりか、博物館は公平を期するために、ひとつの部族から問い合わせを受けると、おなじ文化圏に属する諸部族に連絡を入れる。そこでもしも、ほかの部族もおなじものの返還を希望した場合、話はますますややこしくなる。部族間の見解の一致が必要になるからだ。

どちらの部族が返還を請求するかは、あくまでも部族同士で決めなくてはならない問題なので、博物館が調停役を務めることはできない。部族が意見交換の場をもち、どちらかがあきらめて、もう一方が返還を要求することになる。白人が奪ったものをめぐって、部族と部族のあいだにわだかまりが生まれる可能性は否めない。

## 返還進行係《コーディネーター》

返還法が制定されてから、早くも二〇年が経過した。

ハースト博物館で、返還部門の責任者「進行係」を務めるアンソニー・ガルシア（六六歳）によれば、この間に博物館が部族からの返還要求に応じたのは二一件のみだ。

所蔵品の目録を作成するのに数年かかったのを考慮したとしても、一九九〇年の法制化から現在にいたるまでに返還されたのが、たった二一件というのはあまりにもすくない。

「個人的には返還したいのはやまやまですが、返還法のさまざまな規制が、そのプロセスを複雑にしています」

とガルシアはくやしそうだ。部族と博物館のあいだに立たされ、難しい決断を迫られることも珍しくはないと語る。

ガルシアの仕事は、返還を希望する部族にそのプロセスを説明し、助言することであるが、審査そのものには一切関与できない。すべての所蔵品は大学の財産であり、最終的な判断はカリフォルニア大学評議会に委ねられる。そうなると、きわめて官僚的に扱われてしまい、先住民の声は反映されにくくなってしまう。部族と直接的な対話をおこなう現場の職員には、ごくわずかな権限しかない。

二〇〇八年から進行係を務めるガルシアは、サン・カルロス・アパッチ族で（ヒカリヤ・アパッチ族の血もひいている）、ベトナム帰還兵でもある。一九六三年、一八歳のときにみずからの意思で軍に入隊。運良く輸送機の乗組員になり、おぞましい地上戦を体験せずに生き延びた。「地獄を見ずにすみました」とガルシアはふり返る。

その後、退役軍人用の奨学金を受けて、一九六八年にカリフォルニア大学バークレイ校に入学した。同年、大学内に組織された先住民学生グループの一員として、公民権運動とともに拡大していた、先住民の諸権利を訴える抵抗運動に参加するようになる。

「黒人の公民権運動は、アメリカ市民としての権利を追求するのが目的でした。いっぽうで先住民の運動は、先住民のままでいたい、とアピールする運動でした」

先住民とそのほかのマイノリティが展開した社会運動には、根本的なちがいがあった、とガルシアは強調する。そのちがいは双方が歩んだ歴史を反映していた。

ガルシアは先住民の大学生が中心になって、サンフランシスコ沖合に浮かぶ連邦刑務所があったアルカトラズ島を、一九六九年からおよそ一年半にわたって占拠した抵抗運動の初期のメンバーである。彼をはじめとする当時の先住民の若者を突き動かしたものはなんだったのだろうか。

先住民が占拠したアルカトラズ島の連邦刑務所跡地

「先住民は過去の遺物ではありません。絶滅もしていません。わたしたちがこの国に現在も存在していることを、ちいさな島を占拠することで世界中に知らしめたかったのです」

卒業後、都市部の先住民を支援する団体に職を得たガルシアだったが、しばらくしてバークレイの大学院に進学し、一九八八年に文化人類学の博士号を取得する。大学院修了後、しばらくはネイティブ・アメリカン学科で教鞭をとっていた。

二〇〇五年にハースト博物館に就職して以来、部族と博物館、双方の意見を尊重しなくてはならない厳しい立場におかれている。部族社会には、ガルシアはもっと先住民の側について、博物館と闘うべきだ、という批判があるのも事実だ。

彼にとっては、このような困難な仕事を引き受けたことは、六〇年代の抵抗運動の延長であるという意識がある。彼が進行係でいるあいだに、どれだけの返還を実現できるかに、最終的な評価はかかっている。

おなじくハースト博物館の職員で、部族との連絡係を務めるフパ族のブラッドリー・マーシャル(四一歳)は、返還法を「キバのない犬」と否定的にいいあらわす。威勢はいいように見えるのだが、決め手がない。強制力が弱く、本当に部族のためになっているのかどうかよくわからない。彼は、職場の体制についても懐疑的だ。

「返還法が成立して、ずいぶん年月がたちますが、ハースト博物館の先住民の遺骨コレクションは、いまだに全米で二番目の規模です。なぜでしょうか。返還法が成立したあと、博物館はいったいなにをしてきたのでしょうか」

マーシャルは返還にいたるまでのプロセスがあまりにも複雑で、時間がかかりすぎることを懸念する。「わたしたちの博物館は、部族ともっと積極的に関わりをもっていくべきです」。この発言は、多くの先住民の思いを代弁している。

彼は、ハースト博物館は公立大学内の施設であることにも言及する。そのコレクションは、大学のものでも、研究者のものでも、職員のものでもない。「税金を払っている州民のコレクションなのに、地下や倉庫に保管されている所蔵品は、ほとんどは一般に公開されていません」と憤然とする。

先住民社会と博物館のはざまで仕事をつづけるのは、容易なことではない。現状を改善していくには、部族の視点を理解し、政治的な意識をもつ良心的な博物館員の存在が不可欠だ。

## すでに神聖ではないもの

「博物館で毎日働いていると、所蔵品のどれが神聖で、どれが神聖でないかが、よくわからなくなります」とマーシャルは困惑した顔になった。

神聖な意味をもつものが、部族社会から引き離されて、博物館に保管されれば、宗教的な意味合いや、精神世界における力が薄れてしまうことを危惧しているのだ。神聖なものは、部族社会に生きる先住民とともにあるべきである、と彼は信じている。

前出のマイケル・ソーシは、ハーバード大学の学生だったころ、裕福な家庭の白人の女子学生から交際を申しこまれたことがある。その女性に、「先住民の男性とは、つきあったことがありません」と告げられ、愕然としたと語る。まるで、「恋人コレクション」のアイテムとして扱われたように感じたのだ。

大学を卒業後、ソーシは三年間、スミソニアン博物館のインターンとして働いた。そこにはおよそ一万八五〇〇の先住民の遺骨や膨大な数の文化財が保存されている。彼は、博物館における保存の概念は、適切ではないという。

「白人は、先住民は保存の方法を知らないから、自分たちがなんとかしなければならない、といい張ります。でも彼らが本当に、正しい取り扱いの方法を知っているかといえば、そうではありません。保存のための薬品をかけることだけが、適切な方法ではないのです」

所蔵品の腐敗や劣化を防ぐ目的で、人体に害をおよぼすほど強い薬品が使われてきた。そのため、たとえばお面や衣装などは二度と身につけることができなくなり、儀式で使えなくなった。

ソーシの部族、モハベ族の伝統では、男性しか触ることが許されないものや、生理中の女性がちかづいてはいけないものがある。出血は不浄とみなされるためだ。身体の一部に傷口がある人も対象になる。同様に、女性や子どもを尊重できない人、暴力をふるう人、気持ちが穏やかでない人が扱うべきでないものもある。

たとえば、博物館に勤める男性が自宅でパートナーに手をあげたり、子どもを虐待していたりする場合、ほんの一瞬でも彼が触れたものは宗教的な力を失ってしまう。ましてや、白人たちが先住民の領土を侵略し、虐殺をくり返してきた歴史を見れば、略奪され、粗暴に扱われた文化財に元来宿っていた力がなくなっている可能性はきわめて高い。

モハベ族の遺骨や文化財は全米二〇館もの博物館や研究機関に収められている。しかしモハベ族の伝統では、亡くなった人の家や所有物は親族の手ですべて燃やし、故人とともに精神世界へ送りだす慣習がある。博物館などが遺品を保管することは、部族の文化を理解しない人たちが勝手にやっていることにすぎず、部族の人たちにとって到底受け入れられるものではない。

またべつの例を挙げると、プエブロ族には神聖な力をもつカチーナと呼ばれる人形がある。カチーナには、定期的にとうもろこしなどのお供え物と祈りを捧げなければならない。部族の観点から見て適切な扱いを受けていないカチーナは、もともとの意味をもたなくなる。ものによっては、適切にあつかわれなかった反動で、邪気が宿ってしまうことがある。白人がいう「保管」が、部族の感覚では「破壊」につながる恐れすらあるのだ。そうした物品の返還は、望まれない。

さらに、返還法そのものを疑問視する声もある。遺骨や文化財が象徴する過去ではなく、現在の福祉や教育に目をむけるべきだ、という意見だ。高額の報酬を要求する考古学者や人類学者を雇って遺骨や文化財の返還をもとめるよりは、その分の知識、労力、そして資金を、居留地の現状の改善と、経済開発にまわすべきであるという見解にはそれなりの説得力がある。

たとえ遺骨や文化財を取り返せたとしても、それが現在の部族社会にどれだけ実質的な意味があるのかも不透明である。もちろん、先住民みずからが部族の歴史や文化を確認すれば、部族社会が潤いを取りもどすきっかけにはなるだろう。

だからといって、それがすぐに先住民の日常生活の改善につながるとは限らない。若い世代の先住民が、返還にあまり関心がないのは当然のことだ。

ソーシは、遺骨や文化財の返還よりも、現在部族がおかれている窮状を救うことを優先すべきであると訴える。「深刻な社会問題が山積している居留地で、遺骨や文化財の返還よりも大切なことがいくらでもあります。誰が遺骨を奪ったかではなく、いま、誰が命を奪っているかを見てほしいのです」。

カリフォルニア州のピノルビル・ポモ族部族政府の環境課に勤めるデイビッド・エドモンズは、部族側の代表としてハースト博物館の会合に参加したことがある。そのとき、申請から返還にいたるまでのプロセスの煩雑さにあきれ果てた。部族には、そこまでするほどの経済的、人的な余裕がないといい切る。遠くの居留地から博物館に通うだけでも負担になる。

また、この部族の場合、遺骨を取りもどしたとしても保管場所がない。エドモンズはこういう。

「遺骨を返してもらうことは大事です。しかし、居留地のちかくの、白人に奪われたままになっている土地の一角にある、部族の墓地を取り返すことが先決です。そうしないと遺骨が返還されたあとに、埋める場所がありません」

遺骨や文化財の前に奪還しなくてはならないものがあるのだ。

## 誠意のある返還

部族への遺骨や文化財の返還が、完璧ではないものの、比較的スムーズにすすんだケースを最後に紹介しておきたい。デス・バレー国立公園の事務局（国立公園局所轄）が率先して取り組んできた、ティンビシャ・ショショーニ族への返還である。

同国立公園の事務局の文化資源課に勤める職員、ブレア・ダベンポートを訪ねた。彼女は部族の人たちに誠意を見せたいと述べた。

「ティンビシャ・ショショーニ族の遺骨や文化財を、国立公園局が所有するのは、歴史的な背景を考えればあきらかにまちがっています。社会正義に反するといってよいでしょう。わたしたちは、すべての遺骨を、一刻も早く返還したいと考えました。自分たちには、ただの遺骨でも、先住民には、大切なものです」

彼女の論旨は明快だ。この事務局では、これまでに四〇体の遺骨（なかには指の一部だけのものもあるが、四〇人分と確認できる）を部族に返した。その際にダベンポートは、ふたつのステップを踏んだ。国立公園内で遺骨を発見したときには、これまでにこの地域に関係をもった部族にただちに知らせる。

そのあとに、考古学者と人類学者に調査を依頼し、遺骨の発見場所と部族の歴史的な生活圏を照らしあわせ、それが実証された場合は早急に返還する。いたってシンプルなプロセスである。大事な点は、あとでほかの部族と問題が生じるのを避けるために、国立公園局みずからが考古学者と人類学者を雇い、遺骨がティンビシャ・ショショーニ族のものであるかを調査したことだ。部族は金銭的な負担を一切負わなかった。

ところが返還後、すぐに問題が生じた。居留地に遺骨を保管する適切な施設がなかったのだ。さらに、部族には遺骨をふたたび地面に埋める習慣はない。また、遺骨が発掘された場所は観光客が出入りする地域だった。そこに遺骨をもどすのは、道義的に許されない。

そのため国立公園局が管轄する博物館が、責任をもって遺骨を預かることになった。ダベンポートは念を押すようにいった。「一番大切なのは、いつも部族と交流をもつことです。なんども、時間をかけて話をすることです。そうすれば、信頼関係を築くことができるかもしれません」。

デス・バレー国立公園

同国立公園の事務局に勤務する考古学者リア・ボンステッドは、三年間にわたりティンビシャ・ショショーニ族の声に耳を傾けてきた。

「考古学者は、すでに掘り起こされているのだから、もっと掘ってもかまわないと思いがちです。でも部族の人たちは、もうこれ以上、大切な大地を傷つけないでほしいと感じているのです」

ボンステッドは、研究者はみんな部族のそうした思いを尊重すべきだ、と同僚にたいしても手厳しい。先住民は自分たちの隣人であるという感覚を、国立公園局の職員に育てていかねばならないのだ。

部族側は同国立公園の事務局が率先しておこなう返還事業について、どう感じているのだろうか。

ティンビシャ・ショショーニ族の元部族長ポウリーン・エスティーブスは、事務局が意欲的に返還をおこなっていることを評価するいっぽうで、「返還はこれまでの侵略と差別の歴史を帳消しにするものではありません」と険しい表情で話す。国立公園局の博物館に遺骨や文化財の管理を委託しているのは、もともと宿っていた魂はもう消滅してしまったと感じているからだ。

デス・バレー国立公園で実現した返還が、最適な方法でおこなわれたかどうかはわからない。ただ、ハースト博物館よりは一歩先を行っているのは確かだ。いまでも、国立公園局はティンビシャ・ショショーニ族と年に四回の会合を開き、遺骨や文化財の返還や、そのほかの問題について話し合いをつづけている。

もちろん、交渉する部族がすくないデス・バレー国立公園と、多数の部族に対応しているハースト博物館が直面する課題はことなる。しかし、返還にかける誠意と心意気には、学べるものがあるのではないだろうか。

## 拒否された日々

わたしは二〇〇七年から、本章の冒頭で紹介したヨケェヨ・ポモ族の籠づくりの名手、クリスティーン・ハミルトンを、部族の集落があるカリフォルニア州北部、ユカイヤにたびたび訪ね、話をきいている。

ユカイヤでは一九五〇年代まで、町の中心部にあるすべてのホテルとレストランに「犬とインディアンはお断り」と書かれた紙が張られていた。先住民が歩ける歩道も制限されており、外食はおろか、自由に町を移動することすら叶わなかった。

一九三九年から一九四一年まで、ポモ族の女性について調査をするためにユカイヤに住んでいた、著名な文化人類学者エリザベス・コールソン（九三歳）は、当時の状況をこう語った。

「先住民は、映画館では二階席にしか座れませんでした。どの店に行っても、店員が彼らを相手にするのは、白人の客が全員いなくなってからでした。歯科医も、先住民の治療を拒否していました。先住民にとっては、ひどい時代でした」

南部の黒人差別の象徴である隔離政策とおなじことが、カリフォルニア州の北部でも起きていたのだ。

一九四五年、まだ先住民にたいする差別が激しかったユカイヤで、ハミルトンは生まれた。市内のすべてのレストランは先住民の入店を拒否していたが、ポールズ・ライス・ボールという中華料理店だけは、先住民を歓迎してくれた。ハミルトンは、中国系移民の店主、ポールの顔を、いまでも鮮明に憶えている。

「当時はまだ幼かったので、「犬とインディアンはお断り」の張り紙を見ても、それが当たり前だとしか思いませんでした。肌の色が白い姉は、どのレストランにも入ることができました。色が白いインディアンは、メキシコ人になりすまして生活していたのです」

先住民にとってはつらい時代だったが、彼女の父親の世代はもっと激しい差別を受けてきた。

一九〇一年生まれのハミルトンの父親は一〇歳のとき、自宅から約七〇キロ離れた町コルビルにあったインディアン寄宿学校に強制的に連れて行かれた。彼は、寄宿学校に連行されたとき、貨物列車にぎゅうぎゅうに詰めこまれたことをよく話題にしていた。

列車は山沿いの線路を猛スピードですすんでいく。ふり落とされる子どもがいても、そのまま列車は走り抜ける。そのときの恐怖については家族に吐露できたが、寄宿学校で受けたであろう虐待については、固く口を閉ざしたままだった。

父親はつぎの世代に部族の言葉を残そうとはしなかった。きょうだいとの会話はポモ語だったが、娘たちとは英語でしか話さなかった。英語以外の言語を発すると白人教員から暴力をふるわれた寄宿学校でのトラウマがあったからだろう。

ハミルトンの父親の世代は、寄宿学校に到着すると、すぐに髪の毛を切られ、身につけていた装飾品を没収された。部族の伝統文化をすべて否定されたのである。そこでは工場のベルトコンベアーの製作ラインなどでの単純労働に就くことを想定した教育を受けた。

卒業後、彼は一八歳で軍に入隊した。派遣されたサンディエゴで、ハミルトンの母になる、メキシコ人の女性と結婚。寄宿学校を卒業した父親には、つらい過去を酒に紛らわす習慣があった。

エリザベス・コールソン

アメリカでは一九五三年まで、先住民が酒類を購入することは法律で禁じられていた。当然ながら、どの店もハミルトンの父親には酒を売らなかった。彼女の家では、メキシコ人の母親が父親のために酒を買いに走った。父親の飲酒によって、ハミルトン一家の生活は荒れ果てていった。

ハミルトンは寄宿学校に行った姉たちとはことなり、地元の高校に入学した。しかし、そのすこし前まで「犬とインディアンお断り」と記された張り紙をだしていたユカイヤにある高校は、彼女が落ちついて勉強できる場所ではなかった。「いろいろと、本当に、大変でした」とつぶやいた彼女の顔は、悲しみにあふれていた。

## 生き残った人たち

ヨケェヨ・ポモ族の社会には、歴史的にキャピタノ（スペイン語。英語でのキャプテン）と呼ばれる指導者が権力を握っており、彼らの判断のもとに、侵略してきた白人との関係が構築された。ハミルトンは、キャピタノは白人と友好を築き、おなじ地域で共生しようと考えていたという。白人の存在が、自分たちの土地や文化の喪失につながるとは予想していなかったのだ。

「白人は先住民を皆殺しにして、すべてを独り占めする勢いでした。先住民が邪魔だったのです。彼らは、わたしたちの全滅を望んでいました」

一八四八年のゴールドラッシュとともに、カリフォルニアには一攫千金が目当ての白人たちが堰《せき》を切ってやってきた。彼らにとって先住民は、強制労働に就かせるか、セックス用の奴隷にするか、もしくは虐殺するか、そのいずれかでしかなかった。

「インディアンは白人だけでなく、メキシコ人にも奴隷として酷使されました（一八四六年までカリフォルニア州はメキシコの一部だった）。わたしたちはいつも、社会の底辺に追いやられていました」

といったあと、ハミルトンは、先住民社会を震えあがらせたある事件のことを、部族の現状に触れながら話しはじめた。

ユカイヤの東、約二五キロのところに、巨大な湖、クリアー湖がひろがっている。その西側に、ケルシービルと呼ばれるちいさな町がある。ポモ族を奴隷化し、さらに何人も殺害したといわれている開拓者アンドリュー・ケルシーにちなんで名づけられた。

ケルシーは、白人には開拓時代のヒーローだが、先住民にとっては憎むべき殺人鬼である。居留地のすぐそばに侵略者の名前を冠した町があることは、いまもポモ族の人たちを不愉快な気持ちにさせている。

クリアー湖には、ポモ族の人たちが伝統行事をおこなうちいさな島が浮かんでいる。一八五〇年、この島に集められた先住民が、軍隊によって一斉に殺害された。「血の島の虐殺」と呼ばれる事件である。軍隊が先住民の絶滅を目指していたのはあきらかだが、開拓者ケルシーがポモ族に殺害されたことへの報復だったという説もある。

この虐殺で殺された先住民の数は、四〇〇人との記録もあれば、一〇〇人未満とするものもある。ハミルトンは、被害者の数の相違について、つぎのように語った。

「虐殺の被害者の数がちがうのは、いま、アメリカ軍がイラクやアフガニスタンで女性や子どもたちをふくむ、何人の市民を殺しているのか、なにをしているのか、真実が伝えられないことに似ています」

「血の島」が浮かぶクリアー湖

白人の歴史観によってゆがめられてきた真実について、地域に住むポモ系の部族の人たちは憤りを感じている。

おなじく虐殺の被害を受けたピノルビル・ポモ族の副部族長アンジェラ・ジェームス（三八歳）は、「多いほうの数字を認めれば、その分の補償が必要になります。自分たちのした悪事を最小限に見せようとしているだけでしょう」と書き換えられてきた歴史に異議を唱えた。

レッド・ウッド・バレー・ランチェリア・オブ・ポモ族のエリカ・カーソン（三〇歳）は、アメリカは基本的に、先住民を恐れているのではないか、という。あまりにも醜い過去を正式に認めた場合、先住民と白人の確執はさらに増すだろう。虐殺や差別を意図的に隠すことは、生き残った先住民と共生しなくてはならない状況に追いやられた白人に残された手段なのかもしれない。

ピノルビル・ポモ族のデボラ・スミスは、「白人はすぐに戦争という言葉を使います。先住民は白人と戦争して負けたのだから仕方がない、と自分たちの蛮行を正当化しようとします。でもそれは虐殺でした。こちらは戦うことを意図していなかったのです」と息巻いた。

いまだに語られていない虐殺も数多くあるのだろう。

## 頭皮狩りの恐怖

この地域においても、一八五〇年代から一九〇〇年代にかけて、軍隊のみならず、一般市民のあいだでも、先住民を報酬目的で殺す頭皮狩りが横行していた。殺した先住民の頭皮（指、耳など死体の一部だけでも認められた）を自治体に持参すれば、賞金が付与された。

カリフォルニア州のタチ・ヨクト族の部族政府のホームページによれば、一八五六年、先住民ひとりの頭皮に、二五セントの報酬が約束されていた。その四年後には五ドルに跳ね上がる。

ハミルトンは「先住民を絶滅させたかったのでしょう」と静かに語る。

彼女が生まれた一九四五年には、頭皮狩りはもうおこなわれていなかった。しかしハミルトンは、幼少期に父親がいつもなにかに脅えていたのを鮮明に記憶している。彼は沿岸部の部族と交易をしており、ドングリをもって外出し、その引き換えに海の幸を手に入れて帰宅した。

海沿いの部族の集落へ行くには山を越えなくてはならなかった。彼は白人に見つかると報酬のために捕まえられて殺されるという恐怖から、極度にびくびくしながら木の陰に隠れたり、うしろをなんどもふり返っては立ち止まったり、ぎこちなく動きまわったり、山道からそれたりしながら移動していた。ハミルトンは子どもながらに、父親の行動に違和感を覚えていた。

いつ頭皮狩りが終了したかについては諸説あり、一八八〇年代に終わったとする意見もあれば、それ以降もつづいていたとの見かたもある。複数の部族の人たちにきいたが、最後の頭皮狩りがいつだったのか、地域や部族によってもちがうため、はっきりと答えられる人はいなかった。

ハミルトンの父親が一八歳で軍隊に入ったのは、人種差別がひどく、ほかに仕事がなかったことに起因しているが、頭皮狩りの恐怖から逃れ、生き残っていくためだったのだ。

ある日を境に頭皮狩りがなくなったとしても、追われていた人たちにしてみれば、白人は脅威であることに変わりはなかった。

頭皮狩りや虐殺、疫病などによって、カリフォルニア州の先住民の人口は激減した。一八世紀の後半に同州に三〇万人以上いたとされる先住民は、一九一〇年の統計では二万五〇〇〇人を数えるのみとなった。

## 苦難を乗り越えて

「いまは、お酒とドラッグとは縁のない、平和な暮らしを送っています」

はじめて出会ってから四年ほどたったある日、ハミルトンはぽつりぽつりと荒んだ暮らしを送っていた過去を打ち明けはじめた。

「人は逃避するものだと思います。現実からも、困難からも逃げたい。弱いものなのです。逃げようと思えば、それは簡単なことです」

若くして母親になった彼女は、家族や家計を守らなければならないプレッシャーを受けて生活していた。周囲の人間関係も荒れ果てていた。厳しい環境におかれながらも、子育てをしなければならず、すべてが嫌になっていた。そんな現実から逃避するために、酒とドラッグに溺れた。まわりも同様の問題に苦しむ人ばかりだった。どん底の暮らしから抜けだすための知恵を授けてくれる年長者や、救いの手を差し伸べてくれる友人はいなかった。

しかし、彼女はこの二一年間、酒とドラッグには一切手をつけていない。どうして断絶することができたのか、と依存症に苦しむ人からよくきかれる。彼女の場合、ある日を境に、もうぜったいに手をださないことを自分に誓い、その瞬間から自分が変わったという。

酒やドラッグの問題に苦しんでいる人が、意志だけでその状態から抜けだすのは、難しいはずだ。そこまでの決意をするにいたったきっかけをきいた。

「二一年前のある夜、息子がパーティーに行きました。まだ一八歳でした。そこで、酔っぱらった友だちに刺されて亡くなりました」

息子を殺《あや》めた男は、隣の居留地からきていた。彼はたったの半年で刑務所から出所した。

「裁判所は彼に好意的でした。それがなぜかは、わかりません。司法なんてそんなものなのかもしれません。でも、グランドファーザー（先祖）はすべてを知っていると思います。だから最終的には、グランドファーザーが彼を裁くべきです。わたしが彼を裁くべきではないのです」

息子の命を奪った男とは、伝統行事の場などでよく顔を合わせる。あれ以来話をしたことはないが、いつか彼に話しかけるかもしれない。彼が、いまどんな人生を歩んでいるのか、息子のことをどう思っているのか、実は知りたいのだ。

現在ハミルトンは、ピノルビル・ポモ族居留地にある保育園で、子どもたちの面倒をみている。つぎの世代を担う子どもたちに、部族の文化を伝えるのが彼女の生き甲斐だ。子どもを教育するためには、自分が模範となる必要がある。だから、ドラッグも酒もやらない。自分がやっていたら、人にそうするなとはいえなくなってしまう。彼女は淡々と表情を変えずに言葉を発していく。

「過去に囚われていたら前にすすめません。過酷な経験から、立ち直れない先住民は大勢います。だからといって、その人たちのことを否定したくはありません。みんなそれほどひどい思いをしてきたのです。彼らもいつか、立ち直ることができるかもしれません」

ハミルトンの魂がこもった籠、そしてこれを編んでいく作業は、メンドシノ郡のポモ族が守ってきた文化である。彼女は一九歳のとき、ポモ族の女性職人エルシー・アレン（一八九九〜一九九〇年）から手ほどきを受けた。それでも当時はまだ、籠をつくる気持ちにはなれなかった。彼女が本格的に籠づくりに専念しはじめたのは、息子が殺されてからだ。

籠を編むことは、自分の思いや物語を、心をこめて紡ぐことである。自分の意思だけでおこなうのではなく、グランドファーザーに力を貸してもらいながら作品を仕上げていく。籠には、いくつもの祈りや希望が託される。

いまでは部族のみならず、遠い都市部に住む人びとからも、子どもが生まれたときなどに、赤ん坊をおんぶするための籠（ベビーキャリアー）をつくってくれと頼まれる。最近では、かかりつけの歯科医から頼まれた。そういうときは、赤ん坊が安心して眠れるように明るい物語を編みこむ。

現在はよく切れるハサミやナイフ、丈夫なナイロン製のひもが簡単に手に入るので、作業は昔よりも楽になった。以前は雑草でひもをつくり、黒曜石や岩をナイフのかわりにしていた。いっぽうで、川沿いに育つセージの根や、柳の枝を確保するのが難しくなった。便利にはなったが、先住民が伝統工芸をつづけていくことが困難になってきている。

## 未承認部族として

あるときハミルトンに、わたしの連絡先が変わったことを知らせるために、新しくできた名刺を渡したことがあった。すると彼女は、肩書きは気にしないといって、名刺を受けとるのをためらい、わたしの人間性はわかっていると、突っぱねる素振りをした。住所と電話番号を伝えておきたい旨を説明すると、面倒くさそうに、しぶしぶ手を差しだした。

ハミルトンが編んだベビーキャリアー

彼女はあまり笑わない。人の目をまっすぐに見つめたまま話をする。声はやさしいのだが、眼光が鋭いためか、威圧感を感じる人もいる。慣れないうちは、緊張感のある会話がつづいた。

ハミルトンにはじめて会ったとき、連邦未承認部族の問題を丁寧に説明してくれた。全米には現在五六五の先住民部族があると先述したが、これは連邦政府から承認を受けている部族であり、なんらかの理由で承認されていない部族をふくめれば、その数は七〇〇以上におよぶ。カリフォルニア州だけでも、およそ五〇の部族が承認をもとめる運動を展開している。彼女の部族、ヨケェヨ・ポモ族も、連邦政府から承認を受けていない。

「自分たちは、本当の意味での自治権を守ってきました」とハミルトンは眼を輝かせていった。連邦政府が認めなくても、自分たちには確固とした部族のアイデンティティがある。「生活を縛られるのは税務署だけで、十分です」。国家から完全に自立していることに自分たちの存在意義を見いだしているのだ。

ヨケェヨ・ポモ族が一八八一年に、ユカイヤの南東部に集落を形成してから一三〇年がたつ。現在、およそ五〇人が暮らしている。連邦政府の承認がなくても、土地に根ざした生活をつづけているのは、抵抗の意思表示である。独自の政治的な解釈をもち、自分たちの土地で、自分たちの思いを貫いて生活している。

「これまで一三〇年間、連邦政府の承認なしでやってきました。これが、わたしたちの抵抗のスタイルです。これからもこうして、未来をつくっていきたいのです」

ハミルトンは晴れやかな顔になった。アメリカという国家に、自分たちを受け入れてもらおうとは思わない。それよりも自分たちの生きかたを通すことで、まわりの価値観や先入観を変えていこうとしている。ハミルトンが虐殺について語った言葉が印象的だった。

「もちろん、毎日処刑台に立たされて、拳銃を突きつけられてきたわけではありません。そういう意味では、一般的に考えられる虐殺が、毎日おこなわれていたとはいいません。でも、わたしたちの先祖は、たくさん殺されていきました。強制連行もされました。受けたくもない教育を無理に押しつけられました。そして自分たちの言語や文化を禁止されました。これはまぎれもないジェノサイドです。そしてこのプロセスは毎日、絶え間なくつづきました。そして、現在もつづいているのです」

しかし、未承認部族ゆえに生じる不利益も多い。そのひとつが返還法の対象にならないことだ。博物館に所蔵されているコレクションには、植民者や考古学者、人類学者が連邦未承認部族から略奪した遺骨や文化財もふくまれている。しかし、返還法の対象になるのは、連邦政府から承認を受けている部族のみである。返還法の理不尽な側面である。

ポモ族にとって籠は、生活必需品だった。水をくんだり、収穫物を入れたりするのに使われた。でもそれだけではなかった。ひとつひとつの籠は、先祖の思いや物語が描かれた本であり、先祖からの手紙であり、生きるために必要不可欠な聖書のようなものだ。つくり手の思いがこめられた多くの籠が、語りかける相手がいないまま、ハースト博物館の倉庫に保管されている。

進行係のガルシアいわく、同博物館は返還法に則り、承認部族を優先するとしながらも、未承認部族とも話し合いには応じるとしている。が、未確認部族にたいする返還の義務があるわけではない。

ハミルトンはあきらめたように、返還の可能性を否定した。

「籠をはじめとした文化財を略奪した植民者や学者たちが、どこから盗んだのか、誰から奪ったのかをきちんと記録しているわけがありません。なかには、籠などを盗まれたあとに全員殺され、絶滅した部族もあります。博物館の所蔵品を取りもどすのは無理でしょう」

いつか籠にこめられた数々の物語が、未来の世代のために、ひろく語られるときがくる。それまで先住民は、とにかく生きつづけなければならない。

# 第9章　ちいさな部族の挑戦

▲ピノルビル・ポモ族の子どもたち

## いまもつづく差別

カリフォルニア州の北部、メンドシノ郡に居留地をもつ、人口二五〇人ほどのピノルビル・ポモ族の奮闘に、わたしは二〇〇七年から注目してきた。いま流行のカジノに頼らないユニークな経済開発の実践例に、興味があったからだ。

部族長のレオナ・ウィリアムス（六二歳）は、再生可能なエネルギーに関連したプロジェクトを推進し、部族の経済開発に取り組んでいる。居留地での太陽光発電、風力発電、水力発電などには、連邦政府からもまとまった額の助成金がおりるようになり、部族員に環境保護の理想を活かせる仕事、いま全米で話題になっているグリーン・ジョブを提供することが可能になった。ウィリアムスはこの機会をバネに、さらに部族経済の活性化を図ろう、と張り切っている。

まず最初に、この部族と周辺地域の関係について記してみたい。カリフォルニア州には連邦政府から承認を受けた一〇七の部族がある。そのほとんどが小規模な部族で、平均人口は五〇〇人に満たない。

サンフランスコからクルマで二時間あまりのメンドシノ郡には、合計九つの居留地がある。同郡で一番大きな町、ユカイヤ（人口一万五〇〇〇人）の周辺には、ピノルビル・ポモ族のほかに、前章で紹介したヨケェヨ・ポモ族（連邦政府未承認）、レッドウッド・バレー・ランチェリア・オブ・ポモ族、ホップランド・バンド・オブ・ポモ族の居留地がある。このあたり一帯はポモ族の文化が色濃い地域だ。

ユカイヤの日常生活は、都市部のそれとはだいぶことなる。ワイン用の葡萄《ぶどう》を栽培する農業を中心に町全体が動いており、農業用品や電動工具などを売る小売店は朝の七時には開店し、ダウンタウンにある洒落たカフェは夕方の五時に閉店する。ゆったりとした時間が流れるユカイヤに、部族の生活も息づいている。

しかし、先住民にたいする差別はいまも厳しい。レオナ・ウィリアムスの次女で、副部族長のアンジェラ・ジェームスは、娘が通う高校で起こった出来事が気になっている。

あるとき、娘が白人のクラスメイトに、黒人の蔑称であるニッガーと呼ばれた。これは問題だと思い、高校を訪ねたが、白人の担任はまったく相手にしてくれなかった。五〇年代まで「犬とインディアンはお断り」と書かれた張り紙があった町の差別的な因習は、目に見えない形で存在していることを痛感したという。

ユカイヤ北部、レッドウッド・バレー・ランチェリア・オブ・ポモ族の部族政府の審議委員を務めたエリカ・カーソンは、おなじ高校を一二年前に卒業した。父母のあいだでも評判がよかったべつの白人教員からは、「君はマイノリティなのだから、なにも達成することはできないでしょう」と蔑まれた。

大学進学の指導は一切してもらえず、彼女は高校をでてからすぐに働きはじめた。どんなときにも彼女を支えたのは、中学生のときから密かに抱いていた「自分は部族のために、指導的な立

エリカ・カーソン

場に就く」という強い信念だった。二一歳のときに部族政府の審議委員に立候補して、当選。その後出産と育児を理由に休職するまで、六年間にわたり部族の発展に尽くした。

現在彼女は、ピノルビル・ポモ族の居留地にある保育園で、ポモ語を教えている。この保育園に通う子どもの数は三〇人。そのうちの二五人がポモ系の先住民で、ユカイヤ周辺の居留地からきている。あとの五人は先住民ではない子どもだ。

「毎年、白人やラティーノの子どもたちが数人は入園します。彼らが先住民の文化に触れてくれることは、わたしの希望です。ちかい将来、彼らが報道関係者、市長、州の政治家、もしかしたら大統領になり、先住民に敬意をもって接してくれるでしょう」

部族の子どもだけではなく、白人やラティーノの子どもの将来にも期待することは、ひろい意味での共生の基盤をつくっていくことなのだ。

## 奪われた言語

歌手でもあるカーソンにとって、伝統行事で歌うことには特別の意味がある。

「いまわたしたちが歌ったり、踊ったりするのは、先祖とつながっていることなのです。そして、自分たちの世代の歌や踊りは、七世代あとの子孫にまで継承されていきます」

守ってきた伝統の一部を一般に公開するようになったのは、ごく最近になってからだ。七〇年代までは、葬儀も歌も、踊りも、すべて秘密裏におこなっていた。先住民であることを隠して生きることが、アメリカ社会で生き抜く術であるというのが、部族内の暗黙の了解だった。先住民であることが発覚したら、いつ白人に殺されるかわからないという恐怖は大きかった。それから二世代がたち、伝統文化を覆い隠さなくてもよい時代が訪れた。

「七世代前の先祖は、わたしたちの世代が歌や踊りを受け継ぐことに夢を託していたはずです。だから白人に弾圧されても、自分たちの言語や文化を心のなかにしまいこんで、しっかりと守ってきたのです」

カーソンの世代は、生まれながらにして部族の言語に接してきたわけではない。彼女は、居留地で部族の歌や踊りを学んでいくうちに、言葉がわからないことに空虚感を抱いた。八年前（二〇〇二年）二二歳のときに、一念発起した彼女は、仕事の合間にポモ語の勉強をはじめようとしたが、まわりにはポモ語を話せる人がいなかった。

居留地に住む祖父母の世代は、寄宿学校の同化教育で言葉を奪われ、英語しか話せない。そこで彼女は、言語学者たちが、カリフォルニア大学の言語学部の研究室に残したポモ語のテープや辞書、文法書を使って地道に勉強することにした。発音記号などの解読に関しては、知り合いになった大学院生から教わった。言語学者がむかし、ポモ語の話者から収集したコレクションが、時をへて言語文化の回復に一役買ったことになる。

彼女は八年間にわたり、奪われた言語を必死に学び、子どもたちに教えられるまでになった。二〇一〇年一二月、カリフォルニア州の教育課はカーソンに、ポモ語教員としての正式な免許を授与した。部族の言語や文化にたいして歴史的に弾圧をくり返してきたカリフォルニア州が、ゆっくりとではあるが方向転換を図ろうとしている。

「わたしが受け取った教員免許証には、州政府からの謝罪の意味があると思います」

とカーソンはうれしそうだった。いまでは、居留地に住むお年寄りからポモ語の物語をきかせてほしいと頼まれることがある。自分たちの言語で語られる物語でなければ、満たされない思いがあるのだ。

保育園でのポモ語の授業を、彼女はなによりも大事にしている。

「一日一語でもいいから語彙をふやしてほしいのです。一度は使用禁止にされた言語を、完全に取りもどすことは無理なのかもしれません。それでも学ぶ自由があるというのは大切なことです。言語を学ぶことは、自分たちのプライドを回復することなのです」

クリスマス会やサンクスギビング（感謝祭）などのパーティでは、カーソンとその教え子たちが部族の言葉で食事の前にスピーチをするのが恒例になっている。どんなに賑やかに歓談していても、その瞬間、人びとは静まりかえり、先祖が話していた言葉に固唾《かたず》をのんできいっている。

部族の言葉が響くとき、居留地は厳粛な雰囲気に包まれる。

### 強制収容をへて

ポモ族という呼称は、人類学者がカリフォルニア州北部の一地域の先住民を指してつけたものだ。学問上の分類をあらわす意味はあるが、実際にポモ族と呼ばれている人たちに、それほどのまとまりはない。それでも、書物などを通じて一般的になり、いまではこの地域の先住民の総称として使われるようになった。また、ヨケェヨ・ポモやピノルビル・ポモなど、それぞれの分派集団の呼び名とともに用いられている。

この地域一帯の先住民は、ポモ語、もしくは北部ポモ語と呼ばれる言語を話していた。この言語は、わずかでも場所がちがうと通じないほど細分化されている。

レオナ・ウィリアムス

人類学者アルフレッド・クロエバーらが調査に入り、山野を歩きまわってポモ族の分布図を作成したが、地域に住む先住民のすべてを網羅したわけではなかった。幹線道路にちかい集落に関する情報は充実しているが、そうではない僻地に位置する部族に関しては、綿密な調査がなされていない。

人類学者たちは、言語を物差しに境界線をひき、地図を色分けしたが、それがポモ族と呼ばれている人たちの伝統的な領土や生活圏を正確に指し示しているのかは、きわめて疑わしい。

「ポモ族という呼称には、それほどこだわっていません。便宜上使っているにすぎません」

と、レオナは説明する。

ピノルビル・ポモ族の居留地は一九一一年に設置された。部族政府の出版物によれば、もともと侵略してきた白人が先住民を集めたのはべつの地域だった。一八五三年、白人の入植者は虐殺を逃れた一部の先住民を奴隷労働に従事させるために、約二八キロ内陸に入ったポッター・バレーに連れて行き、そのまま強制収容した。そこで働かされていた先住民は一八七一年、軍隊によってメンドシノ郡の山間部に建設されたラウンド・バレー居留地に強制移住させられた。

この居留地には、沿岸部や山間部から、言語も習慣も異なる七つの部族が集められた。山脈をへだてたところに住んでいたコンコウ族も、徒歩での移動を強制された。ポッター・バレーからラウンド・バレーまでは、現在クルマで行っても、およそ二時間の勾配がきつい道がつづく。長く険しい山道を、ポモ族の人たちも歩かされた。

部族のお年寄りから虐殺の悲劇をきかされたカーソンは、怒りをこめてこういう。

「白人は土地を略奪する目的で先住民を追いだし、居留地へ連れて行きました。その途中で歩けなくなった子どもや年寄りは、情け容赦なく殺されました。彼らの遺体は、付近を流れるイール川沿いに投げ捨てられたのです。川は三日間、鮮血で真っ赤に染まったといわれています」

すさまじい暴力である。

アンジェラは、ゴールドラッシュで野望にかきたてられた人間の欲と西部開拓の時代における膨張主義の思想が、先住民への弾圧に拍車をかけたと考えている。

「いつか先祖が歩かされた道を、自分の足で歩き、彼らの心に触れてみたいと思います」

彼女は落ちついたトーンでゆっくりと先祖への思いを語る。土地を追われ、強制収容所のような場所をつぎつぎと移動させられることは、どれほどの屈辱だっただろうか。

「白人たちは、捕まえてきた先住民を居留地に押しこめ、強制労働に就かせました。監獄のような居留地から、脱出した家族もいました」

レオナは強制収容の果てに、自分の身を守るために、多くの仲間たちが部族社会を去っていったことを、つらそうに話す。なかには、部族との関係を完全に絶ってしまう人もいた。そうした生きかたを選んだとしても、見た目を理由に人種差別を受けることはあったはずだ。それでも、部族単位で標的にされる危険を避けることができたのだ。

アンジェラ・ジェームス

一八七八年にラウンド・バレー居留地から逃れた集団に、現在のピノルビル・ポモ族の先祖がいた。彼らはユカイヤの北部に土地を購入し、生活をはじめた。そして一九一一年に実現する、自分たちの居留地の設立につなげた。

当時の部族員の暮らしを、レオナはこう

説明する。

「居留地ができてから、部族員は貧しいながらも絆を守り生活していました。伝統行事を定期的におこない、奪われた文化の復興に努めたのです」

生活の基盤になる居留地の設立にこぎつけ、部族員は堅実な暮らしを営んでいた。

## 消された居留地

しかし、ささやかな幸せを取りもどしたちいさな部族を、ふたたび連邦政府の暴力が襲う。第二次世界大戦と朝鮮戦争をへて、アメリカ経済は疲弊していた。連邦政府は経費削減に躍起になる。資金援助などで経費がかさむため、先住民の部族および居留地の数を減らすことに焦点がおかれた。

一九五三年、連邦政府は特定の居留地を分割して、部族員に所有させ、職業訓練などの自立支援をおこなうことを約束し、そのかわりに、部族としての承認を破棄させようとした。居留地をなくし、先住民としての生活をできなくさせる策略だった。多数の部族に壊滅的な打撃をあたえた、終結政策である。

先住民に白人の文化を教え、近代的な暮らしを可能にするという建前が強調されたが、その実これは、連邦政府の経費削減だけでなく、先住民文化の消滅を意図した政策だった。

終結政策以前のピノルビル・ポモ族の人口は約一六〇人で、大半の部族員はユカイヤで仕事をしていた。レオナによれば、当時の指導者は、終結政策に絶対反対の姿勢を貫いていた。そこで連邦政府は、部族の承認の取り消しに応じれば、職業訓練、インフラの整備、土地の所有権等を保障すると執拗に迫った。「連邦政府は生き残った先住民と居留地を消滅させたかったのでしょう」とアンジェラはいう。ピノルビル・ポモ族の人びとは結局、連邦政府（インディアン局）の職員に促されるまま、一九六六年に終結政策に従うことにした。

居留地は区画ごとに分けられ、部族員に分配され、私有地になった。それらの土地は農業にはむかない荒地だった。約束されたはずのインフラの整備や職業訓練は、実現しなかった。部族政府への経済的な援助はすべて打ち切られ、部族員はさらなる貧困に苦しむことになる。

ほんの一握りの部族員を除くほぼ全員が、農業に適さず、経済活動が困難な土地を二束三文で手放し、サンタロサなどの近郊の町に引っ越して行った。

一九六〇年代半ばまでつづいた終結政策の結果、合計一〇九もの居留地および先住民コミュニティが解体された。そのなかには、カリフォルニア州の四一の部族もふくまれている。全米の居留地の面積は計一三〇万エーカー減り、一万二五〇〇人が所属する部族を失った。

その後ピノルビル・ポモ族は、部族の復権運動に加わり、連邦政府にたいする訴訟を起こした。一九八三年、そのほか一六の部族とともに連邦政府から再承認を勝ち取り、部族として再出発を果たした。このときに部族が所有していた居留地の面積は、たったの二エーカーだった。

これ以降、部族政府は積極的に土地を買いもどし、現在の居留地は一〇六・二三エーカーにひろがっている。しかし、部族政府庁舎がある居留地の中心部の一角は、終結政策によって部族員に分けあたえられ、その後、白人の手に渡った土地だ。いまでも部族は、その土地を所有するにはいたっておらず、白人地主から借りている状況だ。

連邦政府は、終結政策を受け入れれば、近代的な暮らしが手に入ると約束した。貧困も克服できるといわれた。しかし現実には、暮らしむきは変わらないどころか、土地がなくなり、部族員は離散するはめになった。アンジェラは、一度ちりぢりになった部族は、そう簡単に元にはもどらないと嘆く。

彼女は、「なぜ自分の部族が終結政策の対象になったのか、その理由がわからない」という。ちいさな部族だったからかもしれない。また、高速道路を拡張するために居留地の一部が必要だったとも考えられる。しかし、実際のところは不透明だ。「ですから、いつまたはっきりした理由もなく国家権力の標的になるかわかりません」と心配そうな声になった。白人社会への不信感は、当然ながら強い。

カーソンの部族、レッドウッド・バレー・ランチェリア・オブ・ポモ族も、終結政策の憂き目にあい、承認を剝奪された状態が一九八三年までつづいた。彼女は終結政策を受け入れる前の部族の暮らしについて、季節労働者として働いていた祖父母からきかされていた。

「先住民は当時、奴隷とおなじような扱いで、白人が経営する農家や牧場などに住みこみで働いていました。現在のメキシコ人移民労働者のようにバッグひとつと、毛布一枚をもってリンゴや葡萄、クルミなどの農場を転々としていたのです」

数々の農場を季節ごとに移り住むうちに、部族としてのまとまりはどんどんなくなっていった。そのときに部族にもちかけられたのが、終結政策だった。カーソンは終結政策に同意した部族の人たちの心情をこう説明した。

「農場をたらい回しにされ、奴隷のように働かされるよりも、近代的で、自由で、白人のような暮らしができるとすすめられれば、誰だって終結政策を受け入れると思います」

最終的に部族が終結政策に合意したのは、表向きだけでも先住民をやめれば、人間として扱ってもらえるかもしれないという、ささやかな希望があったからだ。しかし、部族員の思いはことごとく打ち砕かれた。

## 終結政策の傷跡

ピノルビル・ポモ族の人たちが終結政策で手放した、居留地の北西に位置する土地の一角は、地元の白人の手に渡った。川に面した土地は農業に適しており、高速道路からもちかく利便性が高い。この土地を維持していれば、商業地に利用できる見込みがあった。

居留地をもとの形にするために、土地をすべて買いもどすのであれば、莫大な資金を捻出しなければならない。さらに、部族が土地の購入に興味を示していると知ると、地主と不動産屋は値段を一気につり上げてくる。失った土地を取り返すのは、いまのままでは不可能にちかい。

部族政府の建物と居留地の水源であるロシア川の支流をつなぐ、およそ一五〇メートルのあいだに、野球場くらいのひろさの土地がある。ここには現在、スクラップ工場があり、無数の廃車や部品がころがっている。ぺしゃんこにつぶされた車体の上にも、さらに数台の廃車が載せられており、正確に何台あるかはわからない。ぱっと数えたかぎりでは三〇〇台はあった。

あたり一面にはクルマから取りだされた不要品が、地面に無造作に放置されている。雨季になると連日つづく雨は、ふるびた塗装や錆びついたエンジンを洗い流し、有毒物質をふくんだ雨水は地下水に浸みこんでいく。部族の生活用水の汚染が懸念されている。

二〇〇六年の一月は雨が多く、川の水があふれ洪水になった。そのとき、有毒物質が雨水に溶けて土壌に浸みこみ、地下水を汚染した。また、有毒物質が注ぎこんだ川に、オタマジャクシや小魚の姿が見えなくなった。部族政府は、スクラップ工場の経営者との話し合いを試みたが、なかなかうまくいかなかった。二〇〇八年にようやく、部族政府から連絡を受けた環境保護庁も汚染問題に関わるようになり、状況は改善にむかいはじめている。

二〇一〇年七月のある日、川べりで水質調査をおこなう部族政府環境課の課長であるデイビッド・エドモンズ（五一歳）に同行し、スクラップ工場の脇を居留地にむかって歩いていると、「なにをしている！」と怒鳴りつけられた。腕っ節の強そうな白人がつぎつぎにあらわれた。わたしがもっていたカメラを指差し、「ぜったいに撮影禁止」とすごんでくる。

工場側からすれば、土地を正式に購入して、ビジネスをつづけているだけだ。部族から文句をいわれる筋合いはないし、うろうろされては困ると切実だ。しかし部族は廃車置き場のまわりの土地を所有しており、その目と鼻の先には保育園がある。居留地との境界線で、部族とは関係のない人に撮影禁止と命じられることに違和感を覚えた。

このときは、エドモンズが、水質調査をしていることを冷静に説明して、ことなきを得た。彼は、威嚇《いかく》してきた相手とおなじ白人だ。もしもこちらが先住民と日本人だけだったらどうなって

デイビッド・エドモンズ。「土地を手に入れたのですか？　インディアンに感謝しなさい」というメッセージの入ったTシャツを着ている。

いたかわからないと、部族の人たちは苦笑していた。

ピノルビル・ポモ族のようにちいさな部族の場合は、周囲のコミュニティとどのようなつながりを築いていけるかが、居留地の存続に関わる重大なカギになる。部族政府が、ポモ族の歴史や文化に敬意をもち、知的エリートでもある白人男性を、環境課の責任者にしているのは、人種差別がいまも根深く残る、アメリカ社会で生き抜くための戦術のひとつである。部族は、彼の知識だけでなく、彼の人種も、ひとつのリソース（資源）として頼りにしているのだ。

スクラップ工場の反対側、つまり部族政府の建物の西側には、部族の儀式をおこなう場所がある。部族政府の建物から行くときは、一度居留地をでて、迂回しなければならない。その途中には、むかしは居留地だったが、現在はドラッグの売人の手に渡った一角がある。その売人の家のまわりには、獰猛《どうもう》な大型犬が一〇匹以上放し飼いされており、周辺を歩くのは困難だ。ちいさな居留地を分断する暴力である。

居留地の保育園につづく小道に、スクラップ用の廃車を満載した巨大なトラックが爆音をたててときおり出入りしている。耳をつんざくほどのエンジン音で、居留地の静寂は打ち破られる。不景気だからこそ、中古車や中古の部品への関心が高まっており、商売は繁盛しているようだ。居留地の四方八方を白人の業者やドラッグの売人が囲み、日々の生活を脅かしている様子は、アメリカ社会の縮図のように思えてならない。

周辺地域との微妙な関係を象徴するような一本の電話が、二〇一〇年一一月のある日、部族政府にかかってきた。居留地の境界線に接する場所に自宅を構える白人女性からだった。彼女は電話口で、「これ以上、竹を切るならあなたがたを訴えます」と叫び、一方的に電話を切った。

彼女が所有する土地(もともとは居留地の一部だった)の付近に生える数百本の竹が居留地との境界線だ。厳密にいえば、竹の生えている土地の一部は、彼女の所有下にある。何者かが無断で竹を数本伐採したことが、彼女を怒らせてしまったのだ。誰が伐採したかはあきらかでないのに、彼女は一方的に部族を疑い、苦情の電話をかけてきた。

終結政策は、ちいさな部族がまわりの白人社会との軋轢《あつれき》に耐えながら暮らさなければいけないような、困難な環境をつくってしまった。

## ワイナリー

居留地のあるメンドシノ郡、その東にあるソノマ郡、さらにその東にあるナパ郡、アルマドー郡はワインの産地として知られている。ナパ・バレーのワイナリー巡りは、日本の観光客にも大人気だ。

メンドシノ郡の西部、沿岸部にちかい地域ブーンビルは、海からの風がほどよく葡萄を包みこむ。この地域は、湿気と気温に敏感な品種であるピノ・ノワールの産地である。実験的なワインづくりの原産地としても名高く、無農薬ワインで有名なボンテラ・ワイナリーも同郡にある。「メンドシノ・ワイン用葡萄およびワイン委員会」のホームページによると、現在同郡には八四軒のワイナリーと、三四三軒のワイン用の葡萄を栽培する農家がある。この地域でワイン用の葡萄がはじめて栽培されたのは、ゴールドラッシュ直後の一八五〇年代だった。それ以降、ワイナリーと葡萄農家が、急激にふえていく。

アルコール依存症が問題になっている先住民の居留地が、有名なワイナリーと葡萄農家に囲まれ、美酒を嗜《たしな》むのに絶好の環境にあるのは悲しいことだ。

ピノルビル・ポモ族は、水源を使用する権利をめぐり周辺の葡萄農家としばしば対立することがある。灌漑用水は、畑の面積と比例して使用量が決まる。農家は、部族の生活用水とはくらべものにならないほどの大量の水を要求できる。灌漑目的とはべつに、霜対策でも水は大量に利用される。

エドモンズは、水の供給を管理するメンドシノ郡の水道局が、部族員が暮らす居留地の使用量を厳しく制限するいっぽうで、葡萄を育てる農家を優先している、と話す。居留地のすぐちかくにある葡萄畑の脇には、水源である川幅一〇メートル以上のロシア川が流れており、その川上にも川下にも葡萄畑が点在している。雨季には一定の水量が期待できるが、旱魃《かんばつ》に見舞われる夏期には、水争いが熾烈になる。

現在、ピノルビル・ポモ族は農業には携わっていない。終結政策で分断された居留地には、まとまった土地がないからだ。そのうえ、居留地の大部分は平地でなく、農業にはむいていない。

水源にちかい肥沃な土地は、すべて白人に奪われ、その土地がいまでは葡萄の栽培に利用されている。葡萄畑へとつづく道はアスファルトで舗装されているのに、居留地の道は砂利道で埃っぽい。農家の設備は部族とはくらべものにならないほど充実している。整然と規則正しく植えられている葡萄の木の列を居留地から眺めると不自然に見えてくる。

葡萄農家とのトラブルを避けるため、部族は水源を川に限定するのではなく、地下水の利用も検討している。インディアン局から資金援助を受けて、部族はこれまでに四つの井戸を掘っている。今後、この水資源を生活用水に使用していく方針だ。資源のすくない、ちいさな部族は、つねに新しいアイディアをだしていかないと生活を改善できないのだ。

一九八〇年ごろに葡萄農家が進出してくる前は、居留地の周辺には、複数の牧場があった。当時、良心的な牧場主たちは、部族員に牧場の一角に自生するドングリを採取することを許可した。部族員はそのドングリをすりつぶして、粥《かゆ》のようにして食べる伝統食（エーコーン・マッシュ）をつくっていた。土地を失ったが、なんとか伝統を守ることができた。

部族の伝統行事で使う薬草も同様だった。牧場主は、先住民が立ち入り、草を採るのを黙認していた。しかし、ワインブームを受けて、一九八〇年代に、牧場にとってかわった葡萄畑のまわりには鉄条網が張られ、関係者以外は完全に立ち入り禁止になった。ドングリの木も葡萄栽培の邪魔になるため、すぐに切り倒された。

エドモンズは、環境の変化がもたらす部族社会の変容についてこう説明する。

「部族にとって、土地の喪失から受けた打撃は相当なものでした。さらに、伝統食や薬をつくるために採取していた植物へのアクセスを失い、文化的な活動ができなくなりました」

葡萄農家と牧場主には、部族との関係のもちかたにも、決定的なちがいがあった。牧場主は人手が必要になると部族に連絡をとり、定期的に仕事を斡旋しながら労働力を補強していた。一部の善良な牧場主と部族は、良好な関係を築いていたのだ。

しかし、現在の葡萄農家は、収穫時期にかなりの人手を必要とするにもかかわらず、先住民を一切雇わない。なぜなら、メキシコや中南米出身の労働者を雇ったほうが割安だからだ。

ユカイヤでは、大勢のメキシコ人労働者を乗せた、大型のワゴン車やトラックが葡萄畑に入っていく光景がよくみられるようになった。そうした労働力は、サンフランシスコなどの大都市や、近郊の町で、手配師によって調達される。労働者の朝食や昼食は、メキシコ料理のファーストフード店がバスを改造した移動型店舗で、都市部から葡萄畑に運んでくる。地域社会への経済効果は見込めない。経済のグローバル化を背景に、地域の営みは大きく変化した。

「葡萄農家のやりかたは、きわめて植民地主義的です」とエドモンズはいう。ワインの生産者は環境にやさしい製法にこだわるわりに、部族との共生については熱心に考えていないようだ。

## 脱カジノの時代

ピノルビル・ポモ族部族政府のおもな収入のひとつに、インディアン局が、部族政府の維持を目的に支払う助成金がある。たいがいの部族が助成対象になるが、その額は部族の規模や居留地の大きさによってことなる。部族政府関連の人件費も、ここから捻出される。

同様に部族政府が環境保護局などの省庁に申請し、援助を受けるシステムがある。これは職員の給与にあてられる。たとえば、スクラップ工場の汚染調査も、環境保護庁からの資金援助を受けて実現した。部族政府庁舎に隣接する保育園には、保健福祉省からも助成金が付与され、一部の職員の給与や施設の整備に使われている。そのほかに、エネルギー省、魚類野生生物局、住宅都市開発省などからも助成金が支払われる。

連邦政府および各省庁への助成金の申請は、各部族がおこなう。部族が必要な援助と使い道を計画書にまとめて省庁に提出し、審査をへて適当な予算を取得する。ピノルビル・ポモ族に関しては、連邦政府に提出する申請書類の大半を、エドモンズが書いている。

ほかの部族との競争は激しく、かなりの筆力が要求される。そのため、申請書の作成には先住民であるなしにかかわらず、専門家を雇うことが多い。マサチューセッツ州のクラーク大学大学院で地理学の博士号を取得したエドモンズは、これまでに数々の研究助成金を得て、アフリカ諸国やインドネシアでフィールドワークをおこない、国際協力関連のＮＧＯでの勤務経験もある。

彼が海外で得たノウハウがいま、居留地で活かされている。

二〇一一年七月現在、ピノルビル・ポモ族はカジノ経営には着手しない方針をとっている。カリフォルニア州では、賭博施設をもたない部族は、カジノを運営する部族が得る収益の一部を助成金として受け取ることができる。潤う部族がそうでない部族を助けるという、相互扶助の思想である。二〇一〇年度の支給額は、一部族につき年間一一〇万ドルだった。

部族間で助けあうことは理想的だが、もともとは財政難に陥ったカリフォルニア州政府が経費削減のために設立した制度である。

大きな産業のないピノルビル・ポモ族にとっては、一一〇万ドルの援助は、ほかの助成金と同様に貴重な財源である。これが、居留地の中心部、部族政府庁舎周辺の土地の賃貸料にあてられている。

アンジェラ・ジェイムスはカジノ経営について、「部族の将来にむけた、ひとつのステップになればよいと思っています。でも、たいていは一過性の利益で終わってしまいます」と現状を見据えている。彼女は、賭博産業に行き詰まる先住民社会の将来に危機感を募らせているのだ。

彼女は、一八歳以上の部族員（部族によってことなる）がカジノや経済開発で得た収益の一部を受け取ることができる分配金制度に否定的だ。

「働きもせず、黙っていてもお金が入る制度は、先住民社会を変えました。部族員であれば、自動的に巨額のお金が手に入ること自体が、普通ではありません。一八歳は、まだお金の使い道を理解できる年齢ではありません」。部族員がカジノからの収入や分配金に依存する習慣ができると、共同体の存続に影を落とす。

そのうえ、すべての部族がカジノ経営に成功しているわけではない。近隣の居留地にカジノが林立し、集客が見込めないのにもかかわらず、豪華なカジノを建設し、多額の借金を背負うはめに陥る部族もある。

前章で紹介した籠づくり職人のハミルトンも、カジノには反対だ。

「賭博もまた、先住民社会に蔓延する依存症の問題を助長しています。親がカジノでギャンブルを楽しんでいるときに、子どもたちが駐車場のクルマに残されているのをみかけます。カジノが家族を破壊し、ネグレクトされる子どもをふやしているのです」

カジノは部族社会でうまく作用すれば、経済開発への大きな可能性を秘めている。いっぽうで、部族の共同体を破壊するような、深刻な問題を招きかねない。

## 自立への道

二〇一〇年まで、ピノルビル・ポモ族は、居留地内の土地を利用し、太陽光発電所を誘致する可能性を探っていた。部族はユカイヤに電力を供給する電力会社に、居留地に誘致する予定の太陽光発電所で得たエネルギーを売る計画をもちかけた。この時点では、電気を売ろうとする部族と、できるだけ値切りたい電力会社のあいだで合意にいたらずに、頓挫している。

電力会社と粘り強く交渉をつづけたエドモンズは、州政府、郡政府の協力さえあれば、太陽光発電で利益を得ることはできたはずだ、という。彼はいまも居留地での再生可能なエネルギーを利用した発電に意欲をみせる。

「カジノのように不安定な産業を誘致するよりも、安定した経済開発である太陽光発電の実現を図りたいと考えています」

地域社会に電力を供給する計画は頓挫したが、部族はまだ再生可能なエネルギー産業の誘致をあきらめていない。

現在部族は、こうしたビジネスに着目しながら、部族員の手に職をつけるプログラムの設立を試みている。たとえば、太陽光発電のプレートを屋根に設置する技術者の育成があげられる。大学を卒業していなくても、四〇時間の訓練で免許を取得できる。それほど複雑な技術や知識を必要としないので、訓練にも金がかからない。

資格をもてば、居留地外でも仕事ができるようになる。「部族員に職業訓練を提供し、育てていく時代です。この部族は経済的にも、エネルギー面においても自立した生活を目指していきます」。これからの時代、クリーン・エネルギー関連の産業は、需要が高まるはずだ、とエドモンズは断言する。

アメリカでは、先住民はカジノで儲けているイメージが強い。ピノルビル・ポモ族も近々カジノを建設するのではないか、とユカイヤの人たちにいわれている。居留地のそばの道の補修工事がおこなわれていたとき、「いよいよカジノがくる」という根も葉もない噂がたった。

また、部族政府が終結政策以前は居留地の一部だった八エーカーの土地を購入しようとしたら、地主は五〇〇万ドルの値をつけた。この地域では考えられないほどの高値だ。さらにこの地主は、部族がカジノを誘致したあとのことまで考えており、毎年二〇パーセントの部族収益を分配しないのであれば、土地の売買には応じられないという条件をだしてきた。

この土地は、州間高速道路101と州の管轄にあるユカイヤのメイン・ストリートに接しているので、商業目的には都合のよい土地である。その地主は、部族がカジノを開くと確信しており、自分もその恩恵を受けたいと考えているようだ。

アンジェラは仮にカジノを経営しても、終結政策のときとおなじように、いつまたダメといわれるかわからないと恐れている。先住民として部族社会に暮らすことは、連邦政府の都合で暮らしが一八〇度変わるかもしれないという恐怖との闘いでもある。

「いつ仕事がなくなっても、半年は食べていけるだけの貯金をしなさい」

といまは亡き部族のリーダーだった祖父、スミス・ウィリアムスは堅実な思想をアンジェラに伝授した。彼女は副部族長として、経済開発の安定化を第一優先にしている。ひとつの事業に失敗し、部族ごと路頭に迷うことはぜったいに避けなくてはならない。

彼女は、再生可能なエネルギー関連の事業に期待を寄せている。たしかに発電量は原発ほどではないし、利益もカジノほどではないかもしれない。しかし、太陽光発電には、放射能汚染などの大きな危機を招く心配がない。「これまで、母なる大地は濫用されてきました。これからは部族が率先して守っていきたいのです」。アンジェラは、環境保護の概念を部族の将来計画に、積極的に取り入れていきたいと考えている。

リーアン・トールベアーは、ピノルビル・ポモ族の経済開発計画書の執筆者のひとりだ。彼女はこの部族について、先進的な思想をもっていると評価している。賭博産業は大金が流れこむ可能性を秘めている。しかし、裕福になったからといって、それが必ずしもよい結果を招くわけではない。

「賭博産業によって利益を上げる部族がふえましたが、長期的な視野でものごとを考えない部族政府が散見されます。先住民にとって一番好ましい経済開発モデルを、わたしたちはこれからも考えていかなければなりません」

なかには、賭博産業で巨万の富を築きあげ、贅沢な暮らしを手に入れた部族もある。高級車に乗り、大きな庭のある豪華な家に住み、アメリカ資本主義の権化のようになった先住民がいるのも事実だ。それは、彼らにとってのアメリカン・ドリームの実現なのかもしれない。

いまの世代さえよければいいという享楽的な生きかたからは、自分たちが消費するエネルギーをつくろうとする感覚は生まれない。

「ピノルビル・ポモ族の取り組みには、ほかの部族も学ぶべき点が多々あります」

部族ごとのちがいはあるものの、先住民社会が守っていくべきものは、共通しているとリーアンは力説する。ちいさな部族が理想を追求する姿に、ほかの部族も関心を寄せている。

## 地域を変える力

ピノルビル・ポモ族部族政府の環境課に勤めるネイサン・リッチは、定期的に、居留地を流れる幅五メートル、水深一メートル五〇センチの川の水流の強さを計り、水力発電の実現を目指している。

二〇一〇年に調査に同行したときは、二〇地点で計測をおこなった。最高で秒速四フィート（約一・三メートル）。穏やかな流れである。対岸へ歩いて渡れるほど、ゆったりとしている。リッチは、この程度の水流でも、やりかたによっては居留地の一〇世帯に電力を供給できるという。

雨量に恵まれる秋から冬にかけてはいいのだが、問題は夏だ。ユカイヤ周辺はしばしば旱魃に見舞われ、川の水量は大幅に低下する。ここでもまた、葡萄農家が問題になる。夏のあいだ、葡萄農家は大量の水を使う。そうなると、水勢はさらに弱くなり、水力発電はできなくなる。

居留地の周辺には三軒の葡萄農家がある。畑には灌漑用水路がひかれ、水を汲む大きなポンプが合計で三つある。このすべてが同時に稼働すると、雨季であっても、発電に必要な水量を確保するのは難しい。リッチは、葡萄農家との水争いが、大問題に発展しかねないと懸念している。

困難に直面しながらも笑みを絶やさないリッチに、居留地を住みやすい場所にしていくには、いったいなにが必要なのかをきいてみた。

「まず、自分たちが精神的にも肉体的にも健康な暮らしを送らないかぎり、いいアイディアは生まれません」

リッチは、オクラホマ州のムスコギ・クリーク族とダコタ族の血をひいている。自分の出身部族ではないが、ピノルビル・ポモ族のクリーンなエネルギー政策と経済開発を最優先に考える姿勢に賛同し、この居留地で再生可能なエネルギー政策の実現に力を入れている。

彼がカリフォルニアの部族に関わるきっかけは、祖母の代にさかのぼる。リッチの祖母は一九

ネイサン・リッチ

四〇年代前半、まだ一〇代後半の若いときにオクラホマ州の居留地から仕事を得るために都市部に移住した先住民のひとりだ。その後、フィリピン人の男性と結婚し、一九四八年、カリフォルニア州オークランドで、リッチの母親であるリンダ・アラナイドが生まれた。

アラナイドは一八歳のときにカリフォルニア大学バークレイ校に入学。一九六九年には、学生運動家としてアルカトラズ島占拠に参加する。都市部の先住民が中心になってくりひろげた抗議行動は、居留地にまで飛び火していく。

この運動に端を発して、都市部や居留地の先住民の声が、アメリカ社会に認知されるようになったことはすでに述べた。彼女は運動をつづけながら大学を卒業し、都市部の先住民コミュニティで教師として働いた。その後、かねてからの夢を叶えるために、カリフォルニア大学の医学部に進学し、念願の医者になった。現在はオクラホマ州で、おもに先住民を対象とした医療に携わっている。

リッチは一九七五年にオークランドで生まれた。父親はダコタ族の出身だった。アラナイドは、都市に移住した先住民が集まっている地域で息子を育て、折々に伝統文化を学べる環境をつくった。リッチは、よりよい雇用機会を得るために居留地をあとにしたナバホ族やポモ族など、さまざまな部族の人たちと時間をともにすることで、先住民としてのアイデンティティを強くもつようになっていった。

「居留地と離れた都市部ではありましたが、先住民のダンスを踊っても、歌を歌っても、恥ずかしいとは感じない環境でした」とリッチはふり返る。都市の生活には、多人種が混在しており、たくさんの刺激を受けて、いろいろな文化に触れることができた。しかし、治安が悪化の一途をたどるオークランドでの生活に、深刻なストレスを感じるようにもなっていた。

都市から離れて、先住民の伝統を重視した生きかたを模索したいと感じた彼は、二〇〇〇年にピノルビル・ポモ族の居留地で仕事をはじめた。「先住民社会に貢献したい」との熱い思いで、二〇〇四年まで部族政府環境課の責任者を務め、部族が環境保護を柱にした経済開発をしていくための基盤づくりに取り組んだ。

彼はその後、二〇〇四年から二〇〇八年にかけて、ちかくにある先住民部族が経営するカジノでカードゲームのディーラーを経験する。ひとつの部族や型にこだわらず、先住民のコミュニティに自分の居場所を探してきた。

二〇一〇年からふたたび、ピノルビル・ポモ族の環境課で、エドモンズらとともに働いている。ちいさな居留地だが、彼のもつ理想を実現できる貴重な場でもある。

リッチの業務内容は、連邦環境保護庁への報告書の作成、大工仕事から水質調査まで幅広い。趣味のダイビングも、部族の伝統工芸に活かされるようになった。彼がクルマで一時間半ほどのところにある海に潜り採取するアワビの貝殻が、ポモ族の女性たちがつくる伝統装飾品に利用されている。

まだまだ実験的な部分が残されているが、部族が提唱する再生可能なエネルギー開発は、革新的で将来性がある。一〇代後半までプロ野球選手を目指していた強肩のリッチは、生き生きとした表情でこう語った。

「もしも、ちいさな部族が再生可能なエネルギーを上手に利用し、州政府からエネルギー面で独立できれば、まわりの地域社会全体もクリーン・エネルギーの現実性を見直すことになり、大きな一歩になるかもしれません」

自分たちの理想を実践していけば、地域社会が変わっていくかもしれない。彼はこの部族が外の世界にむけて発信するメッセージが、やがては大きな社会の変革につながると信じている。

二〇一一年二月一日、リッチとともに居留地の一辺に杉の苗木を植えた。終結政策で切りきざまれた居留地に、自然の壁をつくるのが目的だ。祈るような気持ちで、四〇センチほどの苗木をひとつひとつ大地にもどす作業は、未来に希望を植えているように感じられた。

**ピノルビルの家《ハウス》**

「白人の技術者が部族の意思を考慮せずに、勝手につくったものです。建築資材が安いからか、冬は寒いし、夏は暑い。色はちがっても、基本的におなじスタイルの建物ばかりでぜんぜん個性がありませんでした」

副部族長のアンジェラは、住宅都市開発省が居留地に建てた住宅をこう評し、住みたくもない家屋を勝手に押しつけられたという。

居留地の住人は、家族や親類とのつながりが強い。親族の数は多く、べつの居留地からも頻繁に親戚が訪ねてくる。仕事や就学のために、居留地を離れたきょうだいに住むところがなくなれば、呼び寄せて一緒に暮らす。

祖父母を老人ホームに送ることは稀で、家族や親戚が面倒をみる。親族がおなじ場所で、一緒に生活を営むことが望ましいと考えられている。しかし、住宅都市開発省が居留地に建てた家屋は狭く、ひとつの家族が住むのがやっとだった。

そこでいま、部族は伝統と環境保護の思想を活かした家（ピノルビル・ハウス）づくりがおこなわれている。設計には部族長以下、部族政府の職員も積極的に関わってきた。外部の専門家の意見だけでなく、自分たちの考えを反映できるように工夫を凝らしてきた。実際に利用する部族員が建物を気に入れば、長期間にわたって大事に利用してくれるだろうと設計に携わった人たちは考えている。

新しくデザインされた家屋は、自然と調和したくつろぎを感じさせる。ゆるやかなカーブを描いている建物の中央には、二〇人以上がくつろげる大きな居間がある。屋根には太陽光パネルが設置され、自家発電も可能だ。南向きだから、昼間は照明を必要としない。夏は風通しがよく、冬でも日当りがよくなるように設計してあるやさしい住空間だ。

この計画は、住宅都市開発省からの資金援助を受けてすすめられる予定だ。エドモンズによれば、二〇一三年ごろまでに居留地に住む部族員のために、二五世帯分の住宅を建設するという。

さらに順調にいけば、戸数を一〇〇までふやし、ユカイヤをはじめ、近隣に住む部族員ではない人たちにも賃貸することを視野に入れている。

エドモンズの提案で、この住宅建設計画の誘致に際して、カリフォルニア大学の技術者たちの協力を得ることになった。博士課程の大学院生の研究プロジェクトと連動させることで、高度な専門技術と、若い感性を取り入れることが期待されている。大学と部族の文化交流の一環にすれば、経費を最小限に抑えられるのも魅力だ。

アンジェラは当初、カリフォルニア大学から技術支援を受けることには積極的になれなかった。「外の世界、とりわけ白人たちと信頼関係を構築するのは、とても難しいことです」。確かに、名門大学の教授や大学院生には、白人が多い。

多くの先住民は、カリフォルニア大学バークレイ校にとくに強い反感をもっている。前章で述べたように、同大学の人類学部に併設されているハースト博物館は、抑圧と略奪の象徴と見られており、とても評判が悪い。カリフォルニア州の先住民の若者が奨学金を得ても、バークレイ校に入学しない傾向がみられるのは、この大学にたいする疑心のあらわれである。

アンジェラは二一歳のとき、部族の選挙に立候補して副部族長になった。

「わたしはまだ若かったのですが、この部族の生活をどうにかして変えたいと思っていました」

立候補は部族の将来を危惧する祖父からすすめられたからだった。当時の部族政府は多額の借金を抱え、機能不全の状態に陥っていた。以来、部族長である母親とふたりで、部族の再建にかけてきた。

副部族長としての使命感は人一倍強い。部族のためならば、気が乗らないことでもむきあっていかなければならない。部族の文化を活かした住宅の建設計画を実現するために、カリフォルニア大学の知的、人的資源を利用し、さらにそれを売りに、連邦政府からも助成金を勝ち取った。だからこそ、大学になんども足を運び、対話をもとうと努めている。

## ふたりの白人教授

アンジェラが部族の住宅プロジェクトのことを話すために、部族政府に勤める姉レノラ・スティールと一緒に、はじめてカリフォルニア大学バークレイ校を訪れたのは、二〇〇八年秋だった。彼女たちは、学生たちに部族の伝統や考えかたについて話をした。居留地からきた女性の言葉など、誰も耳を傾けないのではないかと心配していたのだが、学生たちは熱心に彼女たちの声にき入った。「意外でした」と彼女はそのときのことをふり返る。

しかし、ある白人教授の態度には驚かされた。「彼女はとても威張っていました。初対面なのに質問を浴びせかけてきて、すぐに答えをもとめるのです。偉そうにしていて、ぜんぜんこちらのことを理解しようとはしていないように感じました」。アンジェラは失望を隠さない。

わたしも、この教授と夕食をともにしたことがある。挨拶もそこそこに、いきなり自分の出身校（名門私立大学）について一方的に自慢をはじめた。つぎにわたしの出身大学をきいてくる。なんともいえないイヤな雰囲気だった。

バークレイの卒業生であると伝えると、「日本の大学をでていないのは、なにか重大な過ちを日本で起こしたからではないか」と、夕飯を食べながら失礼千万なことをいう。せっかくの食事が台無しになった。このやりとりの一部始終を見ていた先住民の人たちは、冷めきっていた。あきれ果てていたのだ。

もっとひどい教授もいた。居留地にある住宅の写真を撮り、大学の講義室の大きなスクリーンに映しだした。集まった学生や教員に、「居留地に行ってみて、びっくりしました。こんなひどいところには人は住めません」と居留地の暮らしを酷評しはじめた。聴衆には部族員もふくまれていたが、まったく気にしていない。見えていないのだ。

やがて、その教授は「人間が住むにはぜったいに適さない家」といいながら、聴衆に一枚の写真を見せた。「その写真をよく見たら、わたしの従兄弟の家でした。それが居留地では普通なのに、と思いました」とアンジェラは複雑な表情を浮かべる。

このふたりの教授が居留地を訪ねてきたとき、わたしもちょうどその場に居合わせた。部族員と接する態度は、まさに超エリート教授のそれだった。協力したいと張り切るのは悪いことではないが、居留地の人たちと対話をもとうとか、文化を学ぼうとする姿勢は欠落していた。

このようないびつな関係から、人にやさしいクリエイティブな建築は生まれない。当初、カリフォルニア大学側は、その教授たちが考える「グリーン・ビルディング」のコンセプトを用いて、巨大な部屋に複数の家族を住まわせるようなプランをいくつか提示した。省エネ重視の観点から設計した集合住宅である。しかし、大家族の生活が主流を占める居留地でも、プライバシーがまったくない住宅が受け入れられるはずがない。

ライアン・シェルビー

いくら親戚同士がおなじ家に住むことを好んだとしても、ある程度のプライバシーは確保すべきであるというのが、部族側の意見だった。バークレイからきたふたりの教授を説得するのに、二年以上の時間がかかった。

そんな状況に突破口をひらいたのが、二八歳の黒人大学院生、ライアン・シェルビーである。ふたりの白人教授や大学院生と、部族関係者の交流会が居留地で開かれたとき、気さくな性格の彼は部族の人たちとすぐに打ち解けた。

アンジェラがシェルビーと話をするようになったのは、炭坑夫である彼の父親が休日に野菜を育てていることを知ってからだった。人種や文化はまったくことなるが、親近感を覚えたのだ。

「わたしの祖父も農家で野菜を育てていました。ちいさなことですが、うれしかったです」。

シェルビーは、アメリカ深南部アラバマ州にある、人口四〇〇人ほどの村で生まれ育った。子どものころから、「恐ろしいことは必ず夜に起こる」と、両親や祖父母に日々いわれていた。日が暮れると家に帰り、きょうだいと過ごすのが日課だった。

黒人にたいする激しいリンチの歴史が色濃く残る地域では、いまでも黒人は夜になると出歩くことを極力避ける。白人になんの理由もなく襲われる恐怖は、ここにも存在したのだ。

深南部の田舎での暮らしは、都市部の生活とはまったくことなり、歓楽街のネオンやバー、ディスコなどとは無縁だった。夜になるとひたすら勉強に打ちこんだシェルビーは、地元の高校をトップの成績で卒業。そのあとアラバマ農業・工科大学の奨学生となった。学生寮で暮らし、さらに勉学に勤しみ、カリフォルニア大学の大学院に進学した。

屈託のない笑顔からは想像できないが、彼は深南部の黒人社会で差別される側の痛みを幼いころから経験してきた。

シェルビーは、連邦政府の同化政策および終結政策で、存在そのものを消されそうになった先住民と、肌の色を理由に、隔離され差別を受けてきた黒人の歴史には、共通している部分があるという。また彼は、アラバマ州の村と、ピノルビル・ポモ族の居留地のどちらにおいても、助け合いの精神が成熟していると指摘する。

彼が部族の人たちの意向を尊重する姿勢には、南部で黒人として育った知恵と、やさしさが垣間みられる。おなじ有色人種というアイデンティティも、部族と連帯していくうえで大いに役立っている。侵略者としてのカリフォルニア大学のイメージは、彼によって徐々に払拭されていった。その後もシェルビーは足しげく居留地に通い、大学と部族をつなぐ役割を担っている。

現在、居留地ではポモ族のアイディアで設計されたふたつの家屋が建設中だ。二〇一一年内に入居が予定されており、部族員は完成を楽しみにしている。カリフォルニア大学からも、授業の一環で学生のグループが見学にくるようになった。部族主体で居留地の住宅を整備するこのプロジェクトは、ほかの先住民居留地だけでなく、低所得者層が快適に過ごせる住宅地の開発をすすめていくうえで、ひとつのモデルケースになっている。

## 風のエネルギー

いまピノルビル・ポモ族は、水力発電に加えて風力発電にも興味をもっている。部族の人たちはむかしからこの地域一帯をヤマ・ビダ（川沿いの風の抜け穴）と呼んでいた。強風が居留地を吹き抜けるのを間近に見て育ったアンジェラ・ジェームスは、幼いころから風を使ってエネルギーがつくれないものか、と考えていた。ただ、多額の資金を必要とするため実現は難しいと思っていた。

ある日、偶然手にした本で風力発電の有効性について知り、挑戦してみたくなった。居留地の風を利用する案をエドモンズに相談したところ、彼はただちに助成金の申請書を作成し、エネルギー省に提出した。完成度が高いプランだったため、すぐに申請が認められ、部族は同省から一五万五〇〇〇ドルの資金援助を受けることになった。そしてこの計画も、シェルビーをはじめとする、カリフォルニア大学の大学院生が技術の支援をおこなうことが決まった。

「これは、みなさんのためのプロジェクトです。居留地にお住まいのみなさんの意思を最優先にしながら、一緒にすすめていきましょう」

二〇一〇年八月、シェルビーのどこかほのぼのとした、南部訛《なま》りの英語が部族政府の会議室に響く。議題は、風力発電にむけた準備にあたり、一年間を通して風向きを観測するための気象観測塔を建てる計画についてである。

彼は風力発電の概要を、専門用語を噛みくだきながら、時間をかけて、わかりやすく説明する。個人的な意見は一切いわない。

「自分の意見を押しつけにきたわけではありません。部族との絆を大切にしたいのです」。シェルビーは白人の教授たちが見せた、「教えてやろう」とか「助けてやりにきた」といった態度とは一線を画そうとしている。

「部族は、わたしが立てた計画案に耳を傾け、理解を示してくれました。ちいさな先住民部族が再生可能なエネルギーの生産と、これを基盤にした日常生活をはじめられれば、ほかのコミュニティの人たちも、安全なエネルギーについて学べるはずです」

ピノルビル・ポモ族が立ち上げた、環境にやさしい開発は、カジノとはことなり成果がすぐには見えてこない。長い時間がかかるので、忍耐も必要だ。しかし、さまざまな人が共生し、何世代にもわたって生き抜いていくために必要な知恵を先祖から継承し、発展させている。

## 部族長の理想

二〇一〇年九月一七日、気象観測塔が居留地に建てられた。晴天の朝からはじめた大がかりな建設作業は、各自がシャベルと金槌などの大工道具を使っておこなう手づくりのものだった。

取材にきた地元の新聞記者も作業に参加し、二〇メートルの鉄塔が完成したのは夕方だった。

二〇一一年九月までの一年間、風向きのデータを集計したあと、風力発電の巨大なプロペラを居

風力発電の実現を目指して気象観測塔を建てる

留地に建設するか否かを議論することになっている。

大工仕事の途中、部族長のはからいで全員にランチがふるまわれた。ときおり数人の部族員が応援に入ったが、最初から最後まで作業に従事していたのは、リッチ、シェルビー、エドモンズ、そしてわたしの四人だった。先住民、黒人、白人、アジア人の色とりどりの面々だが、このうちの誰も部族員ではない。この部族には、部族員以外の人でも活躍できる、おおらかな雰囲気がある。

あるときわたしが部族政府の机を借りて、環境課の人たちと雑談をしていたら、久しぶりにやってきた部族員から、職員とまちがえられた。そんなことが二度もあった。

また、環境関連の事業は、リッチやエドモンズなど、部族員ではない職員に一任されている。ほかにも外部の人がなん人も部族政府の中枢で働いており、とてもユニークだ。必要なときには、外の世界にも目をむけ、いろいろな人的資源を活用することが得意な部族である。

適材適所の発想から、部族政府内は職員の多様化がすすめられてきた。部族長のレオナは、「大半の部族が、部族員や身内を優先して雇用しています。でもわたしは、部族員にだけ重点をおく姿勢は逆差別であり、部族の発展に悪影響をおよぼすことがあると考えています」と話す。人口二五〇人のちいさな部族の場合、部族に関わる仕事のすべてを、身内だけでやりくりするのは限界がある。

これまでわたしが訪れたいくつかの部族では、外部の人や、外で教育を受けてきた部族員を脅威に感じ、部族社会から遠ざける傾向があった。居留地で権力をもつ者は、自分の地位を盤石なものにできるが、部族が長期的に発展していくのを阻む結果にもなりかねない。

「わたしは、外部の人のアイディアをきちんときくようにしています。信頼関係ができれば、部族員でなくても、自分の家族とおなじように接していこうと思います」

とレオナはつづける。くる者は拒まずという姿勢を保ついっぽうで、土地に根ざした部族社会のルールを守らない者には冷たい。先住民としての尊厳を守るためだ。

「自分たちの心が平安であれば、相手の脅威は、可能性に変わっていくのではないでしょうか」

伝統、文化、精神世界を尊ぶことは、持続的な部族の発展に不可欠である、と彼女は確信している。

そして彼女は、自分たちは「祈る人（prayer）」であるという。物質的な豊かさだけにこだわるのではなく、先祖から受け継いできた信仰を中心に生活を営み、共同体を維持することに責任を感じている。

「極端なことをいえば、このまま開発計画が頓挫して、むかしのように暮らすことになってもいい、とわたしは思っています」。レオナはゆっくりと言葉を嚙み締めるように語る。ただし、いま部族のために、その将来のためにできることは、再生可能なエネルギーの生産に着手し、自給自足で暮らせるコミュニティをつくっていくことだ。その生活スタイルは、先住民の伝統や精神世界を守る基盤になる。

彼女の父親スミス・ウィリアムスは偉大なリーダーだったが、誰にたいしてもつねに謙虚だった、とレオナはいう。無農薬の農業を営み、確固とした信念をもちながら、さまざまなことに貪欲に挑戦していた。だからレオナやアンジェラには、父親が築いた共同体を存続させる夢がある。「変化をもとめ、経済開発を追うばかりがすべてではありません。自分たちの先祖が代々つづけてきたことに答えがあるのかもしれません」

この部族にあるのは、みんなが共有する理想である。

## 部外者を見る瞳

先述したカリフォルニア大学の白人教授の傲慢な態度には、アンジェラだけではなく、部族の年長者もうんざりしていた。そのふたりはそれまで先住民とはまったく関係のない世界にいたのだから、仕方がないのかもしれない。傍若無人な態度をとりつづける教授たちにも、レオナは寛大だ。

「誰にでも、なにごとにもチャンスをあたえることが必要です。粘り強く、なんどでもつきあい、できるかぎり時間をかけていくのです。もしかしたら、いつか彼女も変わるかもしれません」

さまざまな人たちと、試行錯誤を重ねながら人間関係をつくっていくことが、部族を発展させていく秘訣であると言葉を強めた。彼女の柔軟な姿勢は部族政府の運営にも活かされている。

人の成長にかける期待は、部族政府が経営する保育園への思いにもつながっている。レオナは、通園する子どもたちが、将来は政治家になるかもしれないと期待を寄せている。「この子どもたちが、将来どんな素晴らしいことをしてくれるのか、誰にもわかりません」。部族内外における教育こそが、未来への投資になるとする理念は尊い。

「まわりの人を大切にしながら共同体をひろげ、自分たちの生きかたを通じて、自立した国家をつくっていきたいのです」

この居留地には、べつの部族のお年寄りも生活している。レオナは、彼らの知識や伝統文化を尊重し、受け入れてきた。誰でも頼りにされれば、それに応えようという気力がわいてくる。年齢や性別にこだわらず、いろいろな背景をもつ住人の自主性を重んじる。個性を伸ばし、共同体の建設に役立てていくのがうまいリーダーだ。

しかし、譲れないところはぜったいに譲らない。エドモンズが、環境保護をテーマにしたある企画を提案したときのことだ。彼がもちこむ計画は、おおむね部族政府から同意を得られるのだが、このときはレオナから「伝統と噛みあいません」と突っぱねられた。その断固とした拒絶には驚いたが、部族が守ってきた哲学の個性に感銘を受けた、とエドモンズはいう。どれだけちかくで接していても、似ているプロジェクトを受け入れていても、ポモ族の観点からしかわからない部分がある。

現在の部族が直面する問題は、部族が歩んできた歴史と深い関係がある。レオナは淡々とこれまでの部族の足跡をふり返った。

「これまでに部族は、大変な苦労を経験してきました。侵略と虐殺の一九世紀をくぐり抜け、なんとか生き残ったと思ったら、終結政策の標的にされ、大打撃を受けました。すべてをなくしたとはいいませんが、さまざまなものを失いました」

奪われたものは、土地であり、共同体であり、言語であり、プライドであり、先住民として生きる権利だった。それでも、彼女の声はけっして悲観的ではない。過ぎたことにこだわるのではなく、これからのことを見据えている。

部族政府が一九八三年に再び設立されてから、一八年がたとうとしている。この間、失ったものをなんとか取り返そうと努力してきた。

「部族の文化や伝統を、まだまだ学んでいる最中なのです」

部族長みずからが、自分たちの文化について勉強中であると言明するところに、この部族の悲しみ、そして強みがある。植民地主義の歴史をへて、自分たちの文化を復活させていくにあたり、彼女はあくまでも謙虚だ。そのしなやかな姿勢にまわりの人たちがどんどん惹きつけられてくる。

おなじ志を共有するさまざまな人たちの才能や思いをつなぎ、一緒に未来をつくることで、ちいさな部族は発展していく。

二〇一一年三月一一日の東日本大震災に端を発した、福島の原発事故のあと、エドモンズは改めて再生可能なエネルギーの開発の重要性を痛感している。日本を揺るがした大事故のあとでも、オバマ政権が原子力発電を推進する姿勢に変わりはない。

「大きな国家が率先してできないことを、まずはちいさな自治体や部族がやってみることが大事です。ちいさな部族だからこそ、一丸になって再生可能なエネルギーを利用した持続可能な生活を実現できる、といわれることがあります。しかし、部族には、資金などの面で乗り越えなければいけない壁があります。本来ならば、十分な資金をもつ連邦政府が先頭に立ってほしいというのが本音です」

エドモンズが示しているのは、ちいさな部族でもできることが、どうして国家レベルでできないのかという素朴な疑問である。巨大な国家、アメリカがその気になれば、再生可能なエネルギーを主軸にした電力供給は実現すると断言する。

「誰もその気になっていないだけです」と、理想を追求しようとしないアメリカ政府に辟易しているようだった。だからこそ、彼は居留地の試みにみずからの夢をかけている。

ささやかな、しかし、とてつもない可能性を秘めた夢である。

# 第10章　「家族」のいる場所

▲オケ・オウェンゲ・プエブロ族居留地にむかう道

## 姪っ子の恋人を探して

「妹の亡きあと、姪っ子のジェードを実の娘のように育ててきました。彼女がどんな男とつきあっているのか気になってしかたがありません。なにか変なことになったら、死んだ妹に申し訳が立ちません」

コロラド・リバー居留地の砂漠で、午後の突き刺すような日差しを浴びながら、マイケル・ソーシが深刻な表情を浮かべた。彼はこれまで、自分の姪が居留地から離れた安全な環境で暮らせるように最善を尽くしてきた。

「居留地は危険すぎます。かといって大都市も心配です」と悩みは絶えない。

子どもの安全をいかに図るかはどこの家庭でも問題になるが、これが先住民だと話がややこしくなる。亡くなったソーシの妹は、「ぜったいに白人とは結婚させないでほしい」と遺言を残した。それでも、白人以外なら誰でもいいわけではなく、「できればモハベ族の人が望ましい」とソーシの私心が入る。しかし居留地の暗澹《あんたん》たる状況のなかで、姪っ子にふさわしい人がいるのだろうか。

「心配しすぎではないですか」とかきまわすと、「それでは、なにかがあったときに、責任をとれますか」とすぐに真顔になる。そういわれると、こちらは手も足もでない。普段は論理的にものごとを語るソーシも、姪の将来、とくに彼女の恋愛に関する話題には感情的になる。

ソーシの姪、ジェード・ジョンソンは、ニューメキシコ州の州都サンタフェにあるサンタフェ・インディアン・スクール（以下、インディアン・スクール）の高校課程を二〇一〇年五月に卒業した。そこでは、通常の高校のカリキュラムとはべつに、先住民文化の教育にも力を入れており、歌や踊りなどを学べる機会を提供している。

生徒の大部分は、ニューメキシコ州内の部族出身者だ。近隣の居留地からは、スクールバスがでており、集団登校する生徒もいる。ジェードのように、出身地が離れていて通学が困難な場合は、おなじ敷地内にある寮に暮らすことになる。インディアン・スクールは、先住民の生徒が、スパニッシュや白人が大多数を占める高校でいじめられたり、犯罪に巻きこまれたりする被害を食い止めることにも一役買っている。

さて、一八歳のジェードには、同級生の彼氏がいた。べつに驚くほどのことではないが、ソーシはおもしろくないようだ。わたしが、「ここはアメリカです。彼氏が好人物であれば、人種なんかどうだっていいではないですか」と問いかけると、「先住民はそうあるべきではない」と不機嫌な声で、いい返してくる。

姪の交際相手の人物像が、ソーシの最大の関心事になっているのはあきらかだ。とりあえず、彼が白人でなく、しかも先住民だと告げられて安堵したようだが、モハベ族ではないことが気に入らないらしい。

ジェードのつきあっている男性は、ニューメキシコ州北部のプエブロ系部族のひとつ、オケ・

オウェンゲ・プエブロ族（もともとサン・ファン・プエブロ族と呼ばれていた）の一八歳の若者だった。彼はインディアン・スクールを卒業したあと、部族が経営するカジノで母親とともに働いている。

ソーシはその男性と彼の母親に、卒業式のときに会ったことがある。そのときは、軽く挨拶されただけだったという。とくにいい印象も悪い印象もないようだ。ソーシは、姪が交際している相手が、どんな環境で生活しているのか、きちんと働いているのかを自分の目で確かめたいと気勢を上げている。

ソーシの住んでいるアリゾナ州の西端に位置する居留地から、ニューメキシコ州北部を訪ねるには、クルマで一〇時間以上かかる。遠いので、一緒に行くのは難しいと思っていた。が、ソーシがある日、「そういえば、君はむかし、ニューメキシコ州の北部に住んでいて、オケ・オウェンゲ・プエブロ族に知り合いがいるといっていませんでしたか」と、妙案を得たような、やけにうれしそうな顔で迫ってきた。

オケ・オウェンゲ・プエブロ族の居留地は、一〇代の終わりごろから二〇代の前半にお世話になった人たちがいる。彼らはわたしを、家族のように受け入れ、自宅に泊めてくれ、食事をふるまってくれた。しかし、しばらく音信不通になっている。

一番親しかったプエブロ族の女性ジョアン・カレンと、彼女の夫だったダニエル・ワイナンスというダコタ族とアリカラ族の血をひく親友とその息子一家以外とは、一〇年ちかくも会っていなかった。とくにダニエルがジョアンと離婚してからは、彼女の三人の姉妹とふたりの弟たち、そして彼らの家族との関係は、疎遠になっていた。

プエブロ族は家族単位の結束が強く、なにかあると家族や親戚一同が会して、相談したり、食事をしたり、映画をみたりする。だが、おなじ居留地に住んでいても、血がつながっていないと、親しいつき合いがないということもある。居留地で生活しているのは、およそ三〇〇〇人。ちいさな共同体ではあるが、部族社会はそれなりにひろく、全員が全員知り合いというわけではない。

ソーシは、ジェードの彼氏の家族、ガルシア一家のことをわたしからききだそうと躍起になっていたが、わたしの知り合いには彼の一族に関係のある人はいなかった。そういえば、ガルシア家出身の背の高い男性が部族長に就任したことがあった。その部族長にはずいぶん前に会ったことはあるが、親しくはない。

「ちいさな部族だから、知っているはずです。実際に行ってみたら、思いだすはずです」

声の調子は穏やかだが、かなり切迫しているようだ。あげくの果てに、姪の彼氏に会いに行くから、居留地を案内してほしいと頼まれた。

「君も一緒に彼に会って、どんな人物だと思うか、冷静な意見をきかせてほしいのです」

奇妙なことに巻きこまれていくことに戸惑いながらも、あまりに真剣な彼の申し出を断ることができなかった。気はすすまないが、これを機にわたしに先住民の文化を教えてくれたプエブロ族の恩人たちを探すのもいいことなのかもしれない。二〇一〇年七月下旬から八月上旬にかけて、ソーシとわたしたち夫婦の三人で、プエブロ族を訪ねることになった。

道中、ソーシの父親の出身部族であるラグーナ・プエブロ族の居留地に寄り、ウラン鉱山跡地にも足をのばした。ちかくにあるサント・ドミンゴ・プエブロ族の伝統的なお祭りに招待されていたソーシは、わたしたちを一緒に参加させてくれた。その二日後には、わたしの知り合いを探しに、ヘマス・プエブロ族の居留地にも立ち寄ることができた。

そして八月上旬、ソーシの姪っ子の彼氏を「偵察」するために、宿を取っていたアルバカーキから高速道路を一途北上した。ひとまずオケ・オウェンゲ・プエブロ族の恩人たちを訪ねることにした。実は七ヵ月前（二〇一〇年一月）にもこの家族に会いにきたのだが、留守だった。彼らは電話をもっていないので、事前に連絡を取ることはできない。手紙をだしてもなしのつぶてだった。

いつもとおなじように、北上していた州道を左折し、居留地に入った。見覚えのある土レンガの家々を通り過ぎると、しばらく行った右手にダニエルの家がある。

ノックすると、なかから三匹の犬が吠えているのがきこえてきた。三年前にも会っているし、以前はこの場所に居候していたわたしのことを覚えているはずだ。警戒しているようではなかった。なにかを訴えるような、それでいて人なつこそうな吠え声だった。トイレの窓が開けっぱなしになっているのが気になった。窓の隙間からダニエルの名を叫ぶが、なかから返事はない。

誰もいないようだった。あまり強くドアを叩いたり、強引に開けたりすると、万が一わたしのことを知らない人物がなかにいた場合、強盗と勘ちがいして、いきなり撃ってくるかもしれない。空き巣が頻発している地域では、見知らぬ来訪者をとくに警戒する。あきらめて、そのまま引き返すことにした。

クルマにもどると、ソーシは携帯電話でジェードに連絡を入れ、彼氏の家を教えろと詰め寄っている。メイン・ストリートから右折した住宅地ということは、ダニエルの家とは反対側の集落だ。すぐにきた道をもどり、高速道路を横切り、居留地の東側にひろがる住宅地にむかった。

ソーシはふたたび、ジェードに電話をする。集落に入り、最初の角を右に曲がり、そのまま直進して右側にある家らしい。この地域には、家主が数日間でかけるとき、空き巣対策のために留守番を頼む習慣がある。一〇代だったころに留守番をしていた家が見えてきて、懐かしい光景がひろがっている。おそらくジェードの彼氏は、一〇年以上前、このあたりで遊んでいた子どものひとりで、わたしも会ったことがあるかもしれないと、不思議な気持ちがした。

ソーシは彼の家を見つけるとすぐにクルマを降りて、庭のほうから内部をうかがいはじめた。玄関の前に白いクルマが一台止まっている。ソーシは「ぜったいにこの家だ」と誰にともなくつぶやいた。ジェードがいった通りのようだ。ソーシが勢いよくそのまま玄関にまわって、ベルを鳴らすが誰もでてこない。ノックしても反応がない。もう仕事に行ったあとだろうか。

「なかに誰かいる気配がします。ジェードが彼に電話をしたのでしょう。きっとわたしのことを怖がっているのです」

ソーシの表情は厳しい。

「目上の人間ときちんと接することができない先住民は信用できません」

ソーシはここまできたのだから、どうしても彼に会っておきたいという。そこで、彼の職場で待ち伏せすることになった。

## カジノ街道

オケ・オウェンゲ・プエブロ族のカジノに立ち寄り、彼氏と彼の母親が出勤するのを待つ。しばらくこないうちに、新しいビルが建ち、ホテルも併設されていた。もともとは体育館（日本でいうプレハブ）のような建物ひとつだけだった。プエブロでは、カジノを受け入れるのか否かでもめていたことがあった。また、連邦政府は先住民カジノを容認する意向だったが、ニューメキシコ州政府は消極的だった。

いまでこそ、ディーラーを介した賭博も盛んにおこなわれているが、わたしがこの地域に生活していた一九九二年ごろ、このカジノはおもにスロットマシーンが並ぶ味気ないところだった。あるとき、数日間仕事を手伝ったあとに、先住民の友人たちがお礼にといって、このカジノに連れてきてくれたことがあった。夜の一〇時から賭けはじめ、翌朝の一〇時まで飲まず食わず、トイレにも行かずに全員が滑稽なくらい必死に賭けた。スロットマシーンのほうが、ブラックジャックなどのディーラーとの駆け引きがない分、簡単にのめりこんでしまい危険であると痛感したのを記憶している。

ランチを食べて、一時間ほどたったころ、ソーシは彼を探しに席を立った。わたしは、一セントから賭けられるスロットマシーンの前に陣取って、遊びながら気長に時間をつぶした。

ソーシはしばらく歩きまわっていたが、目当ての彼氏が見つからない。再度ジェードに電話をかける。すると今度は、彼が働いているのはオケ・オウェンゲ・プエブロ族ではなく、一五分ほど離れたポアケ・プエブロ族の居留地にあるカジノだという。

すぐにクルマを南に走らせ、ポアケ・プエブロ族の居留地に移動した。こちらのカジノのほうがサンタフェにちかく、集客力があるため規模が大きく、床に敷きつめられた絨毯もきれいだ。部族社会もカジノの収益で潤っている。しばらく、カジノ内を散策するが、それらしき人物が見つからない。

このカジノはコンサートなどができる、多目的ホールを兼ね備えている。イギリス出身のマキシー・プリーストがきたこともあれば、テキサス州のバンド、トルメンタがコンサートをおこなったこともある。大晦日にはイベントが開かれ、地域の先住民や、スパニッシュ、サンタフェの観光客などが一同にカウントダウンするのが定番だった。

ちょっと離れたべつのプエブロでは、シンディー・ローパーのコンサートの広告が目をひいた。日本でも有名な大スターが、辺境の居留地で歌う時代になったのだ。コンサート以外にも、ボクシングの興行や展覧会など、カジノの使われ方は幅広い。居留地の人びとが集う社交場としても利用されており、お年寄りが気軽に参加できるビンゴも催されている。

大きなカジノをくまなく探しても、彼氏とその母親は見つからない。イライラが募るソーシは、またジェードに電話をする。携帯電話ごしに、彼氏が働いている場所を正確に知らせるように、と彼女を追いつめるソーシの口調は、だんだん高圧的なものになっていった。

数分後にジェードから電話がかかってきた。ポアケ・プエブロ族のカジノにいるというのはまたしてもガセネタで、さらに南下したところにあるテスケ・プエブロ族の居留地のカジノで働いているらしい。ソーシの強硬な態度に、彼女は観念したのだろうか。ソーシも今回は確信をもったようだ。

「今度こそぜったいに大丈夫だ。テスケ・プエブロ族以外にない」

いわくつきの男性に会うためにカジノを渡り歩くのは、一昔前ならギャンブルが合法の大都会、ラスベガスくらいでしか実現しない。それがいまは、複数の先住民の居留地が高速道路沿いにある荒野の真んなかで、夜になるとコヨーテの遠吠えがこだまするような風景を見ながら、ジェードの彼氏とその母親を追う捜索劇がくりひろげられている。

クルマに乗りこんだわたしたち三人は、八分ほど高速道路を南に走り、テスケ・プエブロ族が所有するカジノに到着した。サンタフェから一番ちかいカジノは、観光地から定期的に客が見込める好立地を活かし、大きな成功を収めている。だから、この地域にあるカジノでは、一番きらびやかだ。

このカジノに立ち寄り、ギャンブルで勝ってから、サンタフェに映画を観に行き、帰りに晩ご飯を食べるのが、よくあるプエブロ族の休日の過ごしかたである。娯楽がない居留地では、カジノは鬱屈した現実を忘れられる場所だが、大金を落とす危険な空間にもなる。

サンタフェの南にも、部族が経営しているカジノが三軒、高速道路沿いに並んでいる。さらにアルバカーキの東には、ふたつの部族がカジノを経営している。当然、部族間で客を取りあう事態に発展している。カジノだけに頼る経済発展は、戦略的にも限界がある。

## カジノの親子

午後四時をすこし過ぎた、暑さが一番厳しい時間に、テスケ・プエブロ族のカジノの扉を開けた。薄暗い賭博場からは、電子音とともに、ギャンブラーの醸しだす熱気と闘争心のようなものが流れだし、あたりを圧倒していた。

カジノには、スロット・マシーンなどの機械とむきあうものと、トランプゲームなどの客とディーラーが直接勝負する類いのギャンブルがある。入口にちかいところにスロット・マシーンがおかれ、奥にトランプのテーブルが設置されている。そのどちらでも、勝負が白熱していた。

まずひとりの従業員を呼び止め、ガルシアの名前を告げ、ここで働いているかどうかを確認した。先住民の従業員は「まだきていない」と素っ気ない。ジェードの彼氏の勤務時間は、五時からのようだ。これに関しても、ジェードから得ていた情報とちがっていた。

最初に自宅を訪ねたとき、おそらく彼はなかにいたのだろう。案の定、居留守をしていたとソーシは怒りはじめた。従業員はソーシが先住民だからか、彼の勤務時間について事細かに教えてくれた。

彼が業務に就くまで一時間ほどある。せっかくここまできたのだから、ちょっとだけ賭けてみることにした。わたしは五ドル札をスロット・マシーンに入れ、ふたたび一セントずつケチケチ賭けはじめた。

しかし、掛け金が一セントだと、どうしてもきらびやかなカジノの外に残してきた地味な現実と自分自身を切り離すことができず、なんの気分転換にもならない。掛け金を一気に三〇倍（それでも三〇セント）にしてみた。

一回目は負け、三〇セントは流れてしまった。このことをプエブロの人たちはよくフィーディング（餌を与える）と表現する。育ててもしょうがないスロット・マシーンに餌付けする悲しさがこめられている。二回目もやはり負け。

「まあ、こんなものか」

ところが三回目で大当たりがでた。いきなり五〇ドル以上の儲けである。掛け金をもっと上げて、三ドルくらいにしていたら、その一〇倍儲かったのはいうまでもないが、そうはうまくいかないものである。

ソーシもスロット・マシーンで一〇ドルほど勝ち、これで晩飯代が浮いたと喜んでいた。わたしたちは引き換え券を印刷し、換金所へと早足で歩いた。むかしは狭かったためか「鳥かご」と呼ばれていた換金所は、いまはホテルのロビーのように大きくなっており、カウンターがいくつか設けられていた。そのむこうで三人の先住民女性が働いている。どのカウンターの前にも列ができていた。

わたしのうしろにソーシが並ぶ。おたがいいくばくかのお金を得たため、気分がよかった。姪っ子の彼氏のことなど、もうどうでもよくなっており、夕飯はなにを食べるか、と他愛もない話題に興じているときに、わたしがカウンターに呼ばれた。

そのあとにすぐ「ネクスト！」と、隣のカウンターからソーシにお呼びがかかった。女性のかすれた声が、威嚇的に響いた。特徴のある声だなと思った。

現金を得たソーシは、なにか納得のいかないような表情で歩いてきた。そのかすれた声の女性こそが、彼氏の母親だったのだ。卒業式以来の再会は、カジノのカウンターごしだった。換金してもらうあいだ、ちょっとだけ話せたようだ。ソーシが「お久しぶりです」と挨拶すると、「どうしてここにいるのですか」と母親は驚いたようにたずねたという。息子の交際相手の保護者が、ギャンブルで一〇ドル勝ち、そのアガリをもらいにきたのだから、相手もさぞかしびっくりしたことだろう。

しかも、このあたりでは珍しいアジア人の男女と一緒にいたのも意外だったようだ。その女性は、こちらの様子を換金所のなかから興味深そうに見つめていた。

外にでると、夕方のあたたかい日差しが、日干しレンガの建物を照らしていた。あたり一面が金色に輝いている。荒野が一瞬静まりかえり、地平線まで落ち着いた雰囲気になる。心がなごむ、平穏な時間だが、背後でつづいているカジノの喧噪が、後遺症のように頭のなかをぐるぐるとめぐっている。

だだっ広い駐車場にむかって歩きだそうとしたときに、カジノのロゴが入った紫色のポロシャツを着た、背の高い男性が目に入った。ジェードの彼氏である。ちょうど太陽光線を正面から受ける時間帯なので逆光になっており、はっきりと顔は見えないのだが、働いている姿を確認することができた。

彼の仕事は、客の代わりにクルマを駐車することと、カジノをあとにする客をマイクロバスに乗せ、駐車したクルマのところまで送ることである。このサービスを利用するのは、歩くのが困難なお年寄りが多く、彼は給与以外に客からチップを受け取ることができる。相場は一回につき一ドルから五ドルくらいだ。

ソーシとカジノの入口のベンチに黙って腰かけた。五〇メートルくらい離れたところでは、彼がカジノの客をマイクロバスに乗せて、駐車場に案内している。しばらくのあいだ、懸命に働く彼のことを、ソーシと一緒に眺めていた。彼はこちらに気づいていない。

ソーシがあまりに心配するので、どんな悪党かと身構えていたのだが、完全に拍子抜けした。近郊の町エスパニョーラ周辺で車高を極端に低くしたクルマを乗りまわす、地元の暴走族とはあきらかにちがう。乱暴者にも見えない。あどけない顔の素直そうな若者だった。

彼は初老の白人観光客をクルマまで連れて行き、すぐにカジノの玄関にもどり、べつの客とともに駐車場の奥に消えていった。

突然ソーシが、「帰りましょう」と立ちあがり、クルマにむかって歩きはじめた。まじめに働く彼の姿を見て、姪っ子との将来について詰問する気はなくなったようだ。彼が仕事中だったことを考慮したようにも見えた。

道すがら、わたしは「チョロ（スパニッシュのギャング）じゃないし、いいんじゃないかな」とだけいった。ソーシは無言だった。

### ふたたびプエブロへ

その日の夜中に突然目が覚めた。なにか夢を見たようだった。よくわからない夢だったが、その瞬間、完全に目が覚めた。

「明日、もう一度オケ・オウェンゲ・プエブロ族の居留地に行かなかったら、もう一生みんなと会えないかもしれない」

根拠のない漠然たる思いだけが脳裏に残っていた。なぜか全身が汗だくだった。アメリカで生活していても、ニューメキシコ州は容易にこられるところではない。こんな遠くまできて、むかしお世話になった家族や親友に挨拶ひとつできないのは、悲しいことだ。

つぎの日は日曜日だから部族政府庁舎は閉まっている。ダニエルの家に立ち寄って誰もいなければ、もう手がかりはない。アルバカーキからはクルマで二時間以上もかかるが、それでももう一度行ってみようと思った。

ただ、ソーシとはニューメキシコ州南部にあるメスカレロ・アパッチ族の居留地に一緒に行く計画をたてていたし、テスケ・プエブロ族のカジノでの彼氏とその母親との出会いも、後味のよいものではなかった。唯一のハイライトはカジノで五〇ドル勝ったことくらいか。

とくにあてもないのに、おなじ居留地を訪ねるのは建設的ではない。ソーシにしてみれば、半日が無駄になる。ただ、なんとしても行かなければ、と説明できない、妙な衝動にかられていた。

翌朝、朝食を食べながら、ソーシに北部行きをなんとなく提案すると、彼はやけにあっさり「ぜひ行こう」と即答してくれた。前日とおなじように高速道路を北上し、オケ・オウェンゲ・プエブロ族の居留地にむかった。

ダニエルの家に到着した。

入口の脇の窓が開いている。昨日となんにも変わらなかった。大声でダニエルの名前を連呼する。相変わらず犬が吠えているが、なぜか昨日よりもおとなしい。

「やっぱり会えなかった」

そのまま帰ろうとすると、ソーシが「隣の家の人にきいてみたらどうか。窓が開いたままで、なにか様子が変だ」とわたしをなだめるようにいう。隣の家は約五〇メートル離れている。きれいな土壁の家である。

その家に住んでいる家族を見たことはあるが、ダニエルはこの家とあまり行き来がなかったはずだ。親しいわけではない家のドアを叩くのは、内心あまり気がすすまなかった。

プエブロは概して閉鎖的なコミュニティで、それほど外の世界と接点があるわけではない。部族員以外のよそ者が、あてもなく訪ねて行くことはない。夜に知り合いの家に行ったら、こちらの顔が見えなかったらしく、拳銃を突きつけられたことを思いだした。

それでもソーシに促され、隣の家にむかった。昼間だが怪しまれてはいけないので、玄関をノックする前に声をかけ、それから網戸ごしに、来訪の意を告げた。

台所から窓ごしにわたしを見た女性は、むかしどこかで会ったことがある女性だった。きき覚えのある声で、「あっ、ダニエルの？」といきなり彼の名前を口にした。わたしが歩いてきた方角からなにかを察したのだろうか。もしかすると、前にダニエルの家に住まわせてもらったときのわたしを憶えていたのかもしれない。

「そうです。ダニエルに会いにきたのですが。ずいぶん前に隣の家に住まわせてもらっていた者です」

「会いにきたの？」

彼女は一瞬ぽかんとして、「なにも知らされていないのですか？」と呆気にとられたようにつぶやいた。

カリフォルニアからやってきたことを伝えると、その女性はだまって家に入り、台所から椅子をもってきて、軒先に置いた。わたしに、座るようにと促すと、慌ただしく家のなかにもどり、水の入ったガラスのコップをもってきた。

「とにかく、水を飲んでください。ゆっくり水を飲んでもらって、落ちついてから伝えるしきたりですから」

なにかただならぬ気配だ。

## ダニエルの事故

いわれるままに椅子に座り、女性がもってきたガラスのコップに口をつけた。その水を一気に飲み干すと、彼女はゆっくりと語りはじめた。

「ダニエルが生活費を稼ぐために、看板を描いていたのを知っていますか」

彼は伝統工芸品をつくることを生業にしていた。また、注文があると、企業のロゴやキャッチフレーズを高速道路沿いにある大きな看板や、クルマのボディーに描いたり、レストランの壁や広告の絵をデザインしたりと多才だった。その才能を活かして生活の糧にしていた。以前、その仕事を手伝ったこともある。

もちろん知っている、と答えると、彼女は話しはじめた。

「ダニエルは先週、エスパニョーラ市内の会社に依頼されて、はしごを使って大きな看板に文字を描いていました。そのときに突風が吹いて、バランスを崩し、はしごから転落して、地面に叩きつけられて重傷を負いました。そのままアルバカーキの病院に運ばれ、しばらくは意識があったのですが、一昨日の明け方に亡くなったのですよ。これから通夜、明日がお葬式です」

わたしは呆然としていた。なにをいわれているのか、わけがわからなかった。目の前には、土壁に反射した太陽の光が地面を照らす、プエブロ独特の景色がひろがっている。頭上には、ニューメキシコの夏の空がどこまでも突き抜けていた。

言葉を失っているわたしを横目に、彼女は、

「妹が、ダニエルの元の奥さんの弟と結婚しました。いまから義理の弟に連絡してあげましょう。いまごろ親族は、みんなで通夜の準備をしているはずです」

と、その場で携帯電話を取りだした。

「あービンボ、いまお客さんがきているのだけれども」

「もしかして、あのビンボか」

懐かしい名前だった。彼の名はセオドアというのだが、なぜか家族のみんなからビンボと呼ばれていた。

ビンボは釣りがうまかった。一緒に餌になるミミズを取りに土手に行ったことがある。当時、家族のなかでクーラーつきの家に住んでいるのは彼しかいなかったので、暑い日はたまり場になっていた。ビンボの息子の名前はティーシーで、いつも短髪だった。前に会ったとき、彼はまだ小学校低学年だった。頼まれて子守りをしたこともある。

電話口にわたしは思わず叫んだ。

「ビンボ、憶えているか。むかしダニエルのところで世話になっていた日本人」

受話器のむこうで、ビンボが啞然《あぜん》としている。すべてが通じた。

ビンボが「いまお前のブラザーに替わるから」と受話器を誰かにわたした。

電話にでてきたのは、ダニエルの息子ロッキーだった。

「遠いところすまない。通夜は六時からだから。頼むな」

と短くいった。三年ぶりに話をしたロッキーは、誰かがわたしに連絡を入れて、プエブロに駆けつけたと思ったようだった。

電話を切って、女性に礼を述べた。はじめて自己紹介をして、握手をした。彼女の名前はナンシーだった。きちんと顔を合わせたのははじめてだった。そして彼女が、ダニエルの親族が通夜の前に集まる家にわたしたちを連れて行ってくれることになった。

プエブロの西側の住宅地から高速道路を横切り、東側へ。クルマは昨日見たジェードの彼氏の家を通り過ぎ、四軒先で止まった。

「なんだ、サンドラの家か」

家のつくりが懐かしかった。そこは、ダニエルの元妻であるジョアンの妹、サンドラと、その夫アルビン、娘のレイチェルと息子のジョーが住んでいた家だった。親族の集まりや食事会はいつもこの家でおこなわれていた。

四年前にきたとき、わたしはこの家を訪ねたが留守だった。よそ者のわたしがうろうろしているのを怪しんだ隣人がすぐにやってきた。雪が舞う寒い朝だったが、その男性は完全に酔っぱらっていて、上半身は裸だった。

彼はわたしに、サンドラたちは引っ越した、と吐き捨てるようにいうと、勢いよく家のなかに入ってしまった。よそ者は帰れといわんばかりだった。

それ以来、サンドラ一家を見つけることはできず、連絡は途絶えたままだった。サンドラはもうここには住んではいないはずだ。ドアを叩くと、以前に一度会ったことがあるロッキーのガールフレンドのベルマがでてきた。ロッキーからすでに連絡を受けていた彼女は、通夜の時間まで家のなかで休むようにといってくれた。

## 再会

ベルマにジョアンの携帯電話の番号を教えてもらい、すぐに電話をかけた。

「いま、プエブロにいます」

「ジュン！　オー・マイ・ゴッド」

ジョアンと話すのは三年ぶりだろうか。興奮した様子で、コロラド州のプエブロにいるのかときいてきた。どうやら、コロラド州のちいさな町、プエブロ（先住民の居留地ではない）から、偶然電話をかけてきたと思っているらしい。

ロッキーのガールフレンドと一緒にいることを説明すると、とにかくその場所で待つようにと早口でいう。わたしはなにか気分が落ち着かなかったので、家の外で待たせてもらうことにした。一〇分ほどして、葬儀の準備のためにサンタフェに買い出しに行っていたジョアン、サンドラ、レイチェルなど、よく知っている人たちが帰ってきた。

いきなりあらわれたわたしに驚きながらも、全員、泣きながら抱きしめてくれた。どうしていままで連絡くれなかったのかと口々にいう。

なんども訪ねたが、会えなかった。それでもダニエルには定期的に会っていたことを伝えた。

矢継ぎ早にいろいろな質問を受けた。

「誰がダニエルの死を知らせたのか」

「いまどこに住んでいるのか」

どうやらロッキーと同様、わたしが誰かから連絡を受けて、かけつけてきたと思っているようだった。みんなが泣いている。

サンドラは八年前に引っ越したが、今年に入ってから、またこの家に移ってきたらしい。その間、この家には人が住んだり、住まなかったりしていたが、いずれの住人も、実はわたしがよく知っている人たちだった。

それなのに、誰にも会えなかったのは、タイミングが悪かったのだ。

「どうして今日になってきてくれたのか。もうすこし早くこられなかったのか。ダニエルが死ぬ前に会わせたかったのに」

ジョアンがくやしそうに声を絞りだす。あと二日早ければ、アルバカーキの救急医療センターに入院していたダニエルに面会できたのだ。無念だった。

「なぜこの暑いのに外で待っているの。クーラーが利いている家のなかで待っていればいいのに」とサンドラが声をあげた。妻やソーシもいたし、家主がいないのであれば、家で待たせてもらうのは、不自然だと思ったからだと答えた。

「自分の家なのだから、自由にしていなさい」と、しばらくぶりに会うのにやさしい。

ジョアンは以前、わたしの妻と会っている。しかし、このときまで、妻と面識がなかったサンドラは、「インディアンの女ではないのね」とわたしの耳元で高い声でささやいた。

二〇代のころ、居留地に残るようにいわれ、お見合いさせられそうになったのを思いだした。あのときに、すすめられるままに部族の人と結婚していたら、まったくべつの人生が待っていたのだろう。

これから通夜なので、この一〇年なにがあったかをゆっくり説明している時間はなかった。ただ、再会できたことがうれしかった。女性たちは、そのあとにサンドラの家で開かれる、食事会の準備にとりかからないといけない。

これから恩人の通夜に参加するというのに、そのとき身につけていたのは安い短パンと汚いTシャツだった。この服装ではさすがにまずい。ジョアンにたずねると、「その服装でもいいから、どうか出席してほしい」と懇願する目になった。しかしいくらなんでも、これでは気がひける。神聖な儀式の場所、しかもダニエルの通夜に、短パンで参加すべきではない。

「そこまでこだわるのならば、ウォルマートに行けばすぐになんでも揃います。いまはもうむかしとちがって、便利になりました」

ジョアンは一緒に時間を過ごしたあのころのことを話題にして、通夜前の重っ苦しい雰囲気をやわらげたそうな素振りをする。まだ、時間はあるので、妻とソーシと三人で、新しいウォルマートにむかった。

「ダニエルに会える最後の機会だから、ぜったいにきてください。通夜は六時から。ぜったいに遅れないで。インディアン・タイムではないからね」

とちょっとだけ微笑んだが、すぐに悲しげに下をむいた。

インディアン・タイムとは、のんびりした居留地の時間感覚をあらわした言葉である。先住民同士ではジョークでもちいることがあるが、先住民の時間にルーズな感覚を卑下する差別的な意味がふくまれるときがある。

居留地のすぐ外の町、エスパニョーラはギャングや暴走族の町といわれ、プエブロ族がカジノを誘致し、観光業に力を入れるまでは、大手のショッピングセンターは出店していなかった。当局が犯罪を一掃しようと、さまざまな試みをはじめたのは、カジノにきた観光客が、地元のギャングとのトラブルに巻きこまれる事件が相次いだからだ。

周辺にあるプエブロ族のカジノによる観光地化によって、警察の取り締まりが厳しくなり、地元のギャングは弱体化した。そして、町が潤ったあとに、あらたにやってきたメキシコのギャングがドラッグをばらまき、エスパニョーラ全域を完全に支配下においてしまった、と知り合いの元ギャングが教えてくれた。

観光客が安心してこられるようになったエスパニョーラでは、地元商店がつぎつぎと大手の量販店に取って代わられていった。それは白人の資本がスパニッシュ系の小売業者を立ち退かせ、地域色を一掃したことを意味していた。

わたしは、通夜のために黒のポロシャツとチノパンを買った。妻も黒っぽいワンピースと靴を見つけた。ソーシは、一通り新しい服を入手した。試着しているときに、ジョアンからなんども電話がかかってきた。

携帯電話の番号を教えたばかりなのだが、つねに連絡を取りあっていないと不安なようだった。離婚はしたが、二五年以上も連れ添い、親友でもあるダニエルを失い、寂しかったのだろう。

服以外にもフルーツの詰め合わせやお菓子、それと糖尿病に悩まされていたダニエルの大好物だった、ダイエット・コーラの二四缶セットも購入することにした。全部を足すとけっこうな額になった。レジでお金をだそうとすると、ソーシがすべて払うといって、わたしを止めた。

「あなたたちは、大事な家族を失いました。こんなときにこそ助けあうのが本当の友達です」

彼は当たり前のことをしているかのように、そっとお金を差しだした。

買い物のあと、着替えをすませたわたしたちが通夜の会場に到着したのは、ちょうど六時だった。オケ・オウェンゲ・プエブロ族の居留地の中心部にある、一五九八年に侵略者ファン・デ・オニャーテによって建てられたカトリック教会である。

## 不思議な夢

駐車場にいると、たちまちむかしの知り合い数人に囲まれた。みんな突如としてあらわれたわたしを見つけ、唖然としている。思いがけない再会ばかりだった。

以前のわたしがお世話になり、ともに飲み食いをし、遊び、学んだ面々が、ずらりと並んでいた。全員が、わたしに先住民の生活や文化について教えてくれた恩人だ。急に懐かしい顔ぶれに出会い、なにがなんだかよくわからなくなった。

ひとりひとりにきちんと説明しようとした。これまでなんども居留地を訪ねてはいたけれども、ダニエルとジョアンが離婚してからは連絡が取りにくくなったこと、サンドラが引っ越したのを知り、みんなと再会することをあきらめかけていたこと、でもダニエルには二年に一度の割合で会っていたから、妻も面識があったことなど、時間の許すかぎり話した。

さらに、七カ月前にもプエブロを訪ねたがダニエルに会えなかったことなどを伝えた。そして、昨日もダニエルの家に行ったけれども、誰もいないからそのままアルバカーキに引き返したことをつけ加えた。

「どうして昨日、アルバカーキまでもどったのに、今日またきたのか。誰がダニエルの死を知らせたのか」

と理解できないような顔をする。わたしは、自分の胸にしまっていた前夜の夢のことを打ち明けた。

夢にでてきたのは、ダニエルだった。遠くにいるようでもあったし、すぐちかくにいるようでもあった。距離がどれくらい離れていたかは、うまく説明できないのだが、彼はなぜか幸せそうに笑いながら手招きをしていた。そんな彼に、

「今日、家に行ったけれど、いなかったじゃないか」

とわたしは大声をだした。が、彼はきこえないようで、ただ手招きをつづけていた。お気に入りの白いカウボーイハットをかぶったダニエルは、晴れ晴れとした顔だった。

ダニエルはしつこく手招きしながら、「こっちへこい。みんなに会えるぞ」と呼びかけているみたいだった。その声ははっきりとはきこえなかったが、なぜか心にぐさっと突き刺さった。それでわたしは飛び起きたのだ。

誰も信じないと思ったし、元来わたしは無信仰で、オカルトの趣味はない。そういった類いのものを信じる人がいたとしても、それはそれで尊重するが、あえてちかづくことはしない。興味がないのだ。だからこの夢のことを、まわりの人たちが信じなくてもよかった。

ところがその話をきいた部族の人たちは、誰も疑うことなく、すんなり受け入れてくれた。

「ああ。呼ばれたんだ。ダニエルはお前のことを本当の息子のように思っていたから、旅立つ前に呼んだのだろう」

とみんなが涙声になった。自分にとっては奇妙な夢だったが、彼らはごく普通のこととしてとらえてくれた。

## アメイジング・グレイスをききながら

やがて、ダニエルの遺体が部族の男性たちによって運ばれてきた。木でつくられた担架の上に、毛布で覆われ、声を発しないダニエルが寝かせられていた。肩の高さに担ぎ上げられた遺体を先頭に、わたしたち参列者は、教会の大きな入口をくぐった。

ひんやりとした内部は静まりかえり、厳粛な雰囲気だった。あかりが灯された祭壇の前まで歩き、わたしたちは身内の席に座るように指示された。正面から二列目の木製の長椅子に三人で腰を下ろした。毛布に包まれたダニエルはろうそくが灯された祭壇の前に置かれた。彼の胸元には、見覚えのある白いカウボーイハットがのせられていた。出席者は五〇人にも満たない、さびしい通夜だった。

わたしの席からは、瞳を閉じたダニエルの顔がよく見えた。二年前にあったときよりも、すこしふっくらとしていた。穏やかな表情で眠っているようだった。長髪はポニーテールに結えられていた。肩を揺すれば、起きて挨拶をしてくれそうなほど、安らかなすっきりとした顔で、ほっとした。なにも悔いがない人の顔なのかもしれない。そう思えることがせめてもの救いだった。通夜のあいだ、彼の顔をずっと見つめていた。

部族の女性たちによる合唱隊は、テワ語、スペイン語、英語の賛美歌を歌いつづけた。その歌声が高い天井に跳ね返り教会全体に響きわたる。合唱隊には友人の母親の顔もある。ときおり、その歌声が涙声にもきこえた。

透き通るような声にあわせたラトル（マラカス）の伴奏もシンプルでやさしく、心地よいリズムをきざんでいた。教会にこだまするアメイジング・グレイスの旋律をきいていると、さまざまなことが頭のなかをよぎっていった。いろいろなことを積み重ねた、愛情のこもった人間関係だった。

ダニエルは、伝統工芸家として地元では有名だった。先住民のお祭りがあると遠くの居留地にも気軽にクルマを走らせた。出店をだして、観光客や先住民を相手にドリーム・キャッチャーやペンダントを売っていた。一緒に店番をすると、客足が途絶えた隙に、ダコタ族の伝統文化や、工芸品のつくりかたのコツなどを、惜しげもなく教えてくれた。

彼の出店には、プエブロ族だけではなく、ラコタ族やシャイアン族など平原部族の人たちが雑談をしにやってきた。そのひとりひとりにダニエルは、わたしのことを丁寧に紹介してくれた。なんらかの理由で中西部の大平原を離れ、ニューメキシコ州に移り住んだ人たちの結束は、とても固かった。

広大な平原部にはさまざまな伝統文化や、複数の言語が存在した。言葉の壁があっても、ことなる部族の人びとをつないだのは手話だった。ダニエルは暇さえあれば、わたしに平原部族に伝わるむかしながらの手話を伝授してくれた。これをふたりでやると、プエブロの誰もわからないのが、なんとも楽しかったようだ。

## ワナビーへの蔑み

一〇代後半から二〇代のころ、わたしはネックレスなどの装飾品を身につけるのが嫌だった。だからダニエルがつくってくれた伝統的な装飾品を、いつも大切にしまっておいた。身につけるようにいわれても、そうしなかったのは、大事な宝物をなくしたくなかったからだ。

そして、もうひとつ理由があった。それはワナビーと思われたくないというこだわりである。先住民でもないのに、装飾品を身につけ、先住民であるかのようにふるまう人は、ワナビーと呼ばれている。

先住民のあいだで、ワナビーは蔑みの対象である。わたしは、居留地の困難を生き抜いてきた先住民にしかわからない世界があると信じていたし、ワナビー的な生きかたを軽蔑していた。よそ者であることを自覚し、控えめでいることが必要だと感じていたからだ。

けれどもダニエルは、いくら装飾品をつくっても、いっこうに身につけないわたしに、「そんな態度は先住民社会に敵をつくるだけだ」とちょっとだけ怒っていた。

いまから考えると、もらったものを身につけない頑なな態度は、誤解を生んでいた。あげたものが気に入らないのでは、と勘繰ったのだろう。彼はこれでもかといわんばかりに、いろいろなものをつくってくれた。

ある伝統儀式のときに、彼に敬意を表するために、もらった装飾品のいくつかを身につけてみた。ダニエルはとても喜んでいた。機嫌がよくなった彼は、装飾品で雰囲気がガラリと変わったわたしを、神聖な儀式のときに利用する建物の前に立たせて、自慢の日本製カメラで写真に収めた。そして、得意そうにこういった。

「いつか本を書いたら、この写真を著者近影に使うように」

当時は自分が将来、四年制の大学に行くことや、大学院にすすみ研究者になること、ましてや本を書くようになることなど、夢にも思っていなかった。彼はなにかを予測していたのだろうか。ちなみに、この場所での写真撮影は現在、部族政府により禁じられている。だから、せっかくダニエルが撮ってくれた写真を公開することはできない。

そのころ（一九九三年ごろ）、わたしは尺八と沖縄三味線を演奏しており、たまにコンサートを開いていた。あるとき、こなくてよいといったのに、仕事の合い間にわざわざちいさなコンサートを見にきてくれた。

会場が急遽変更になり、町の教会を借りておこなったコンサートだったのだが、大雨が降り、客はまばらだった。急ごしらえのステージに上がったわたしの目に、数人の先住民の姿が目に入った。ダニエルがつれてきてくれたのだった。コンサートのあとで彼は涙ぐんでいたが、なぜかはきけなかった。

地元の短大に通っていたとき、わたしの名前はなんどか成績優秀者リストに掲載された。ダニエルはその記事をいつも大事そうに切り抜いて、保管していた。それ以外にも、コンサート情報などで、わたしの名前を紙面に見つけては、丁寧にスクラップしていた。

プエブロを離れ、カリフォルニアに引っ越す朝、ダニエルは、「新しい環境に移るのはつらいことだ。その場所に慣れるのは容易なことではない。苦しくなったらまたいつでも帰ってくればいい」と悲しそうにつぶやいた。

そのやさしさに支えられて、わたしはカリフォルニアに移り、大学に通った。先住民研究を専攻したひとつの理由は、ダニエルの先祖や、彼らが歩んできた道、そして彼と、彼の家族が直面する現状について学びたいと考えるようになったからだ。

## ダニエルの約束

ただ、先住民研究をおこなうことは、お世話になった人たちを、研究対象にすることでもある。先住民の人たちが人類学者に抱く複雑な思いを耳にしていたわたしは、戸惑いを感じていた。プエブロの人たちと距離ができてしまうのではないかと心配だった。

ダニエルに相談すると、「俺たちを実験用のネズミとさえ思わなければいい」と、さりげなくいってくれた。

カリフォルニアに引っ越したあと、なんどもなんども小包が届いた。食べ物が送られてきたこともあった。あるときダニエルが、テスケ・プエブロ族のカジノで、一二五〇ドルほどの大穴を当てた。そのときには、白い運動靴とジーパンを五本も送ってくれた。どれも身体にぴったりだった。いつのまにか、わたしのズボンと靴のサイズを憶えていてくれたのだ。

伝統儀式のときは、撮ってはいけない写真を張り切って撮影し、わざわざ送ってくれたりした。研究に役立てろ、と短い手紙がつけられていた。

カリフォルニア大学では、先住民研究を専攻しても就職口はないと、同級生からいわれつづけた。たしかに先住民研究の学位は就職にはつながらないが、べつの科目を専攻したほうがよかったと思ったことはない。ダニエルとの絆や部族の人たちとの友情が、わたしにはなにものにも代えがたい財産だからだ。

彼に会うと、決まってこういわれていた。

「先住民の研究をつづけると、行った先々で、いろいろな部族の人が親しくしてくれるだろう。でも、最後にお前が帰ってくるところは、このプエブロであることを忘れないように」

自身はダコタ族とアリカラ族の出身で、プエブロではよそ者だった。何年もかけて人間関係をつくり上げるなかで、彼はここに自分のホーム、居場所を見つけたのかもしれない。それはそのまま、外国人としてアメリカで生活していたわたしにもあてはまった。

修士課程のときに調査で訪れたメスカレロ・アパッチ族の居留地で出会った人たちは、偶然にもダニエルがサンタフェのアメリカン・インディアン芸術学校に通っていたときの同級生だった。行く先々で共通の友人ができた。彼を通して、先住民社会をよりひろく見ることができるようになった。

カリフォルニアに移ったあとも、一〇年ほど前まではプエブロを頻繁に訪れ、手紙や電話のやりとりもしていた。しかしここ数年は、連絡が滞りがちだった。とくに親しくしていたのが、ダニエルと離婚したジョアンの姉妹とその家族だったので、ダニエルの手前、連絡がとりにくかったのだ。そんなわたしに、彼はいつもこういっていた。

「みんなには、お前がきたことをきちんと伝える。俺がいつか必ず、あの家族とお前をひきあわせるから心配するな。ぜったいにまた、みんなをひとつにするからな」

彼はちゃんと約束を守ってくれた。しかし、まさかこんな形でみんなとの再会が実現するとは思っていなかった。家族や友人との再会は、ダニエルからわたしへの最後の贈り物だったのだ。安らかな顔をして横たわるダニエルに、心のなかで「ありがとう」といった。

## 遠い世界

通夜の最後、参加者ひとりひとりがダニエルのそばに歩み寄り、彼に別れを告げ、教会の正面からむかって右側の、最前列に設けられた家族席の前を通る。久しぶりに会うロッキーは、わたしを抱きしめて号泣した。そのちかくに、わたしの肘《ひじ》を両手で握りしめる人がいた。

「会えて本当によかった」とか細い声でささやく。ちいさな肩が教会の低い木製の長椅子の前で揺れている。ジョアンの長姉、デイジーだった。ダニエルが、彼女の息子が殺された話をしていたのを思いだした。

「あなたはぜったいに遠くへ連れて行かれないように」となんども念を押す。そして彼女は「どんどんいい人ばかりが自分の前からいなくなっていく」と泣きながらつぶやいた。

通夜のあと、駐車場で久しぶりに出会った人たちに挨拶をしているときだった。まわりの人と一瞬離れたとき、生あたたかい砂漠の風が遠くから吹いた。そして背後からきき覚えのある声が、すっと耳に入ってきた。

「お前はぜったいにくると思っていた。こんな悲しいときだが、会えてよかった」

それだけいってその人影はすぐにいなくなった。ドラッグに溺れているという噂の、かつての親友だった。

破天荒な暮らしをしているからか、部族では「長生きできない男」と呼ばれていた。だが、わたしのよく知っている彼は、植木の世話をするのが好きな、やさしい男だった。うしろ姿を見つめながら、彼がどこか遠くへ行ってしまうような気がした。部族社会に、彼の居場所はもうないのかもしれない。

その後、サンドラの家に集まり、順番にテーブルについて夕飯を食べた。みんな無口だった。午後一〇時をまわり、そろそろアルバカーキのホテルに引き返す時間になった。明朝も九時からはじまる葬儀に間に合うように、プエブロに帰ってこなくてはならない。ひとりひとりにお礼をいってまわる。最後に、奥の寝室でほかの女性たちと談話中のジョアンを見つけ、出発することを告げた。すぐに彼女は、

「それなら、カギを渡すから。あとでわたしも行くから。いろいろ話したい」

といって、また寝室に入り、ハンドバッグを手にしてでてきた。

「あなたの友達の分も泊まるところはあるから」

と、居留地内の友人の家を一軒まるまる使いなさいと諭すようにいう。

「明朝、宿をチェックアウトしなくてはいけない。どうしてもアルバカーキにもどらなくては」

「そんなに遠くまで行って、また明日ここにもどってこられるの」

ジョアンは心配そうな目をする。アルバカーキまで、クルマで二時間の距離だが、たしかに遠い別世界のように感じられた。

なかなか全員にお礼をいい終えることができず、プエブロをあとにしたときは、一一時をまわっていた。そのまま、一路アルバカーキにむかった。静まりかえった高速道路を時速七五マイル（一二〇キロ）で南下する。

昨日、ジェードの彼氏を探しまわったカジノのライトだけが、暗闇のなかに浮かんでは消え、独特の静けさをつくりだしていた。

## 金色の大地

翌日の葬儀も、朝九時からおなじ教会でおこなわれた。わたしたち三人は、アルバカーキを朝七時前に出発し、ギリギリに到着した。

そのあいだもなんどもプエブロの人たちから携帯電話に連絡が入る。遠い街アルバカーキから、そんなに早い時間に本当にこられるのかと気をもんでいたのだろう。

葬儀を取り仕切ったのは、アフリカ出身の司祭だった。アフリカからやってきた彼がプエブロの教会に配属されているのは、なかなか興味深い現象である。

葬儀の終盤に、わたしのひとつ年下で、現在アルバカーキで保護観察官として働くサンドラの娘レイチェルが祭壇に立ち、親族を代表して弔辞を読んだ。

ダニエルが一五人きょうだいの大家族の出身だったこと。ネブラスカのオマハで高校を卒業し、そのあとサンタフェのアメリカン・インディアン芸術学校に通ったこと。そこでジョアンに出会ったこと。ふたりは離婚後も最高の友人だったこと。伝統行事のときにはアーティストとしての才能を発揮し、家族のダンスの衣装などはすべて彼が手がけていたこと。大けがをして瀕死の状況にありながらも、最後まで見舞いにやってきた家族を気遣い、ジョークをいって笑わせていたこと。部族の人たちの記憶にいつまでも残るであろう、ダニエルの思い出を語るのをききながら、わたしは胸がいっぱいになった。レイチェルのスピーチは、こう結ばれていた。

「もうわたしたちは大丈夫です。自分たちでがんばって生きていきます。本当にありがとう。どうぞゆっくり休んでください」

彼女の挨拶のあとは、しばらく、すすり泣きの声だけが教会に響いた。

部族の墓地はプエブロの中心部から歩いて二分ほどの、住宅地のはずれにあった。無数の十字架が立ち並ぶ墓地で、親友の名前をいくつか発見する。プエブロの家族に囲まれたこの場所で、ダニエルは永遠に眠るのだ。それが彼にとって一番いいのだろう。

「ダニエルは部族員ではありませんでしたが、尊敬すべきプエブロの住人でした。そのことに敬意を表します」

と、埋葬に立ち会った部族政府の要人から挨拶があった。本来ならば、この墓地に埋葬が許されるのは部族員のみであるが、ダニエルの功績を称え、特例を認めたのだ。

墓地の奥に深さ三メートルほどの、シングルベッドよりもわずかにちいさなサイズの長方形の穴が掘られていた。その北側の長い一辺のふちから、一メートルほど離れたところに親族が立っている。穴の底に、毛布にくるまったダニエルが横たえられた。参列者はひとりひとり土を手に取り、穴に入れる。そして親族と挨拶を交わし、穴を一周してお別れする手順だった。

わたしの番になり、穴の横にある土の山から、ほんの少量の土を手にとった。握りしめた土は手のなかでふんわりと弾力があった。ニューメキシコの砂漠のあたたかさだった。ニューメキシコ州は「Land of Enchantment（魔法にかけられた大地）」と称されている。

この大地でなければ、見えないものはいくつもある。雨上がりには大地が金色に輝き、何本もの虹が立つ。複数の虹のたもとを同時に見たことがあった。

わたしの一〇代後半から二〇代前半、いわゆる青春時代は、この大地と、そこに生きる人たちとともにあった。異国で先住民の人たちに囲まれ、凝縮された日々の連続だったが、そんななかで、ダニエルはいつもつまらないジョークをいって、愉快な雰囲気をつくっていた。きっと、そうでもしないと耐えきれないほど、厳しい現実を凝視してきた人生だったのだろう。

穴のなかに横たえられたダニエルを見下ろすのはつらかったが、これが最後と思えば正視しないわけにはいかない。わたしが差しだした右手に握られた土は、手をひらくと風に舞い、そのまま地底に吸いとられていった。ダニエルの肩にその土がかぶさった。

部族の人からもらった一輪の花も、そのままゆっくりと穴のなかを舞って地底へと降りていった。わたしは深々と頭を下げ、お辞儀をした。感謝の気持ちでいっぱいだった。ふと口をついてでたのは、以前ダニエルから教わったラコタ語ではなく、プエブロの言葉であるテワ語だった。彼はテワの大地の一部になったのだ。

部族の墓地からすぐのところに荒地がひろがっていた。むかし、この荒地の奥の草場で飲み会があった。友人に誘われて行く予定にしていたのだが、ダニエルがあまりよい顔をしなかったので、庭にラジカセをだして、数人で騒いでその夜は終わった。

二日後の新聞で、その夜、その場所で、三人が銃撃されて死んだことを知った。ダニエルはその記事を黙って読んだあと、その場で凍りついているわたしに、なにもいわなかった。ただ、遠くを見つめていた。

彼がいたからこそ、いまがあるのかもしれない。

## 謎の「インディアン・ガイ」

通夜や葬儀で、すべての人の視線がソーシにむかう。どうしてべつの部族の人間が近親者だけでおこなっている葬儀の席にいるのか、とそこにいる誰もが疑問を抱いた。さらに、その先住民が日本人に連れてこられたとなれば、みんなの関心はもっと強くなる。

ソーシが自分の素性をみんなに打ち明けたのは、葬儀のあとの昼食の席だった。姪がガルシア家の息子と交際していることも公表した。そのあとすぐ、何人かの男性から、「あのインディアンの姪っ子って、のっぽの彼女なんだってな」と耳元でささやかれた。

この居留地では、わたしたちが追いかけていた例の彼氏を「のっぽ（tall guy）」と呼んでいた。身長約一八五センチの彼は、平均的なプエブロ族の男性より背が高いからだ。

「そんなことをやっていると、そのうち部族のみんなから、マッチメーカー（仲人）って呼ばれるぞ。俺にもほかの部族の女性を紹介してくれ」

葬式のあととは思えないような、のんびりとした無邪気な声が飛ぶ。前日案内してくれたダニエルの隣人であるナンシーの甥が、ちかづいてきた。

「のっぽは俺の従兄弟だ。なんであいつの彼女の伯父さんをいきなり連れてきたんだ」

と不思議がっている。

男連中は一様に、にやにやしながら、「インディアン・スクールの卒業ダンスパーティの前にここにきて、ドレスを着せてもらっていたのを見た。髪飾りもきれいだった。プエブロじゃ、知らない奴はいないよ。有名な話だ」と、楽しそうに打ち明ける。「なかなか、かわいい娘だったぞ」などの声もきこえる。

高校の卒業式の前ともなれば、これからの将来をどのように生きるかが家族の話題になる。プエブロでは、一八歳で結婚することは珍しいことではない。卒業式のダンスの相手イコール結婚相手とみなされても当然だった。パーティの準備のために、交際相手の男性の部族を訪れることは、インディアン・スクールではよくあることだ。

本来ならば、女生徒は自分の居留地に帰って、化粧や衣装付けをするのだが、ジェードのように寄宿生で居留地が遠い場合は、相手の家に行く習わしだ。だから、パーティの準備はプエブロの女性たちにとって、将来自分の身内に加わる女性を見定める、大事な儀式のような意味合いがある。

あとになってから、ジェードにこのときのことをきいてみた。

「彼の母親のお姉さんがいました。あなたが会ったナンシーです。彼女に、「あなたは自分が美人だと思っているのでしょう」と嫌味をいわれました」

と複雑な表情を浮かべた。べつの部族の年長の女性たちに囲まれて、まだ一八歳のジェードはつらかったらしい。

プエブロ族の女性は、ストレートなコミュニケーションをよしとするモハベ族とはことなり、やんわりと、婉曲ないい回しをすることが多い。そしてジェードは、プエブロの女性たちの好奇な視線を存分に感じたという。

いっぽうのナンシーは、ジェードのことをしっかりとしていて、美しい娘だったとわたしに語った。彼女は、いい印象をプエブロ族の居留地に残していた。ナンシーは彼女なりに、甥のガールフレンドの面倒をみようとしていたのだろう。

そして今回、ダニエルの葬儀の席に突如としてあらわれたのが、彼女の伯父にあたるソーシである。家族中が彼に注目していたのもうなずける。そしてナンシーをはじめ、ガルシア家の人たちは、彼の一挙手一投足をつぶさに観察していた。

その日までソーシは、ジェードの彼氏とその母親にしか会ったことがなく、どんなきょうだいや親族がいるのか、家族構成に興味があっても、それを知る由はなかった。「偵察」に行く気合いは凄まじいものがあったが、まさかここまで至近距離で、姪の交際相手の家族や親族と接する機会を得られるとは思っていなかったのだ。

ソーシはこの日、ナンシー以下、ガルシア親子と一緒に葬儀に参加し、そのあとの昼食も同席できたことに、かなり興奮していた。通夜から葬儀までのあいだ、部族の人たちと接することができたのは、予想外の収穫だったと喜んでいた。

だが彼は、姪の彼氏についてますます批判的になっていた。彼もその母親も、本来ならば通夜と葬儀に参加しなくてはいけないのだが、仕事を理由に姿を見せなかったからだ。勤務時間が夜なので通夜は無理だったとしても、葬儀には出席できたはずだ。

ソーシは、ジェードの伯父である自分がいるから、のっぽは参加を渋り、母親もこなかったのではないかと推測していた。葬儀のあとの食事の席では、きちんとした会話が要求されれば、あいまいな返事はできない。

「姪のことをどう考えているのか」ときかれたら、将来設計をきちんと説明しなくてはならなくなる。「カジノの駐車場の運転手を一生つづけるつもりなのか」とか、「ずっとオケ・オウェンゲで母親と暮らすつもりなのか」など、一八歳の若者には逃げ道がなかなか見つけられないような、鋭い質問の数々が浴びせられるのは自明のことだった。

「親子で逃げたな」とソーシは、得意そうに息巻いていた。

## 先住民のネットワーク

昼食のあと、サンドラ宅の居間でくつろいでいると、長髪の二〇代の女性、リアから声をかけられた。さきほどから、こちらをチラチラとうかがいながら、ずっとメールをしているので、なんとなく気になっていた。こともあろうに、葬儀のあと片時も携帯電話を離さず、夢中で指を動かしているのが、不思議だった。

「ワシントン州に住んでいる姉が、あなたと奥さんの写真を見たいといっているのだけれども、外にでて撮らせてもらってもいいかしら」

と挨拶もそこそこに、唐突だ。葬儀のあとに写真を撮るなんて不謹慎だなと思ったが、ワシントン州といえば、それはヤカマ族の居留地にいるリディアのことか、と咄嗟に名前と顔が頭に浮かんだ。リディアは、ヤカマ族の男性と結婚したジョアンの姉の娘で、よく一緒に遊んだ人だった。そのことをいうと、彼女は、「イエス」というだけで、素っ気ない。促されるままに、妻とふたりで玄関から外にでた。昼時の強い日差しがふり注ぐなか、土壁の家を背景にして、すぐに撮影は終わった。

その写真はリアの携帯電話で、そのままリディアに送られた。ニューメキシコ州のプエブロ族居留地から、ワシントン州のヤカマ族居留地まで、むかしは移動だけで数カ月を要した二〇〇〇キロもの距離を、一瞬でつながった。

おそらくその写真は、リディアによって、共通の友人がいる、ニューメキシコのほかの部族の居留地に転送されるのだろう。

先住民のあいだのコミュニケーションも、ハイテク化がすすんでいる。おなじようなことが、それより四日前に訪れたラグーナ・プエブロ族の居留地でも起きた。この居留地を訪ねた日の夜、ソーシの携帯電話が鳴った。オクラホマ州に引っ越したラグーナ・プエブロ族の女性からだった。彼が故郷を訪ねたニュースは、オクラホマ州に住む彼女の携帯電話にメールで伝えられていた。

亡くなったダニエルは、わたしの夢にでてきたのだが、彼の葬式に集まった先住民の親族は、携帯電話のコミュニケーションを駆使しているのだ。

先住民はメモリー、つまり記憶の文化をもつといわれる。先祖の記憶と体験が、現在の先住民の営みにつながっている。そのいっぽうで先住民は、変化にたいして柔軟だ。たとえば、先祖から受け継いだダンスを踊るにしても、衣装は革製からナイロン製になり、ボタンは貝や石、木の実からプラスチックに変化したりする。それでもソーシは、先住民の文化は、変わりながら、成長していると話す。

「デパートで買ったビニール製の飾りを中国製の衣装につけて、伝統儀式にでることがあります。文化はわたしたちの営みを通じて守られています。日々の営みが大切なのであって、物質的な側面はあまり意味をもたないのです」

実際に、われわれもウォルマートで買った服で、ダニエルを見送った。その場所にいて、心をこめて儀式に参加することが大事なのだ。居留地の人びとは、外の世界とのつながりと、さまざまな変化を経験しながら生きている。それもある種のサバイバルなのだ。

## プエブロの「家族」

午後二時を過ぎ、出発する時間になった。プエブロの人たちとまたすぐに再会することを約束し、ひとりひとりにお礼をいってから、別れを告げた。そのあとすぐに、ソーシが住む居留地がある、アリゾナ州南西部にむかった。

クルマのなかでソーシが、「ダニエルは君を待っていたのだろう」としみじみとした声で語りかけてきた。そこにいるべき人間であれば、なにがあっても、そこにいるべきなのだ。どれだけクルマが渋滞しようとも、遠く離れていても、そこにいるべきであるのならば、なにがなんでもそこにいる。もしも、なにかの事情でそこに行かれないのであれば、それも人生におけるひとつの運命である、と考えるのがモハベ流らしい。

「みんながあなたを家族の一員として受け入れていました。どうしてあなたは、最初にオケ・オウェンゲ・プエブロ族のことをきいたときに、家族がいるといってくれなかったのですか」

先住民社会に生きるソーシの素朴な疑問だった。

「わたしはワナビーではありません。それに、プエブロ族に家族がいるなんて、偉そうなことをいう資格はありません」

と話すと、ソーシは首をふっていった。

「いや、あなたは彼らの家族なのだから、素直に受けとめなければならない」

先住民でもないのに、先住民のふりをしたくない。自分は自分でいい。彼らが家族と思ってくれることを、心からありがたいと思っている。が、先住民には先住民にしかわからない、奥の深い世界がある。わたしはそれを尊重したい。

彼らにはいつも支えてもらい、ただただ感謝の気持ちしかない。だからといって、自分が彼らの家族の一員としての義務をきちんと果たしてきたかといえば、そうとは思えない。わたしは彼らの家族になれるほど、やさしい人間ではない。

プエブロの家を訪ねるときに、わたしは必ずドアをノックする。「自分の家をノックするのはやめろ」とよく叱られたのを思いだす。知りあい同士でしか行き来がない部族社会で、ドアをノックする人は稀だ。

ただ、毎年六月、オケ・オウェンゲ・プエブロ族の居留地で開催されるフィースト・デイのイベントでは、外部から大勢の客を迎える。部族員と部外者の区別がなく、ときに一〇〇〇人を超える来訪者に伝統料理を盛大にふるまう儀式である。

この日のテーブルには、緑色のチリと鶏肉のスープや赤いチリが豊富に入ったシチュー、ポソレ（肉と野菜、トウモロコシなどが入った伝統的なスープ）、バッファロー肉のスープなどの料理とはべつに、フライドチキンやマッシュポテトなどをはじめ、一般的なアメリカ料理も並ぶ。

フィースト・デイの準備はおもに女性の仕事で、居留地でひっそりとおこなわれる。早朝、庭にある土壁のかまど（かまくらのような形をしている）に薪をくべ、スペイン人から伝えられたパン（日本でも買えるパン・ドゥ・シャンパーニュと似ている）を、一気に一〇〇個ちかく焼き上げる。たいへんな労働だが、それをかけ声に合わせて、絶妙なタイミングでこなしている彼らを見るのが好きだった。焼き上がったパンの香りに包まれて見た、砂漠の朝焼けは美しかった。

みんなが揃ったときにおこなわれる家族対抗バレーボールやトランプでも、わたしはいつも真剣だった。小学生相手にトランプをやり、連戦連勝して喜んでいるわたしを見て、「ジュンはぜったいに学者になる」と宣言したのは、ジョアンの長姉のデイジーだった。それだからかどうかはわからないが、ドラッグの売人から、しつこく追い回されなくなった。

彼らの日常において、血縁関係もなく、婚姻関係もなかったのはわたしだけだった。だからこそなおさら、感謝の気持ちばかりがわいてくる。伝統儀式の準備を手伝わせてもらえたことや、部族にまつわる話を夜遅くまできかせてもらえたのは、いまから考えるとなによりも貴重な体験だった。

ダニエルからは、人に会ったら、プエブロでの経験をちゃんと語るようにといわれていた。彼がわたしに、いつか本を書く日がくると予言したのは当たったが、「いつかそれでちゃんと生活できる日がくる」との彼の確信に満ちた発言は、見事にはずれた。「大金を稼ぎすぎないように」という勝手な心配も、現在のところ彼の杞憂《きゆう》に終わっている。

## それぞれの進路

ダニエルの葬儀から二カ月ほどして、若者たちに別れの季節がやってきた。ジェードとのっぽは、ニューメキシコ州とカリフォルニア州の遠距離におかれた。これはやはり難しかったようだ。のっぽはプエブロで生まれ育ち、ちかくの街にあるインディアン・スクールを卒業し、べつのプエブロ族が経営するカジノで仕事をしている。地域に根ざした自分のルーツを尊び、先住民社会のなかで生きていくことを選んだようだ。それは尊重すべきことだ。がんばってほしいと、彼の親戚に伝えてもらった。

いっぽうアリゾナ州の居留地に生まれたジェードは、母親を亡くしてフィーニックスの都市部で育ち、となりの州にあるインディアン・スクールに寄宿して、勉強に励んできた。彼女はカリフォルニア州サンノゼにあるサンタ・クララ大学に進学し、いずれは法科大学院に挑戦する決意を固めつつある。大学の寮でのルームメイトは、ユダヤ系アメリカ人だそうだ。新しい世界の冒険を、ジェードは心から楽しんでいる。

ふたりの若者を見ていると、その柔軟性を豊富にふくんだバイタリティと将来の可能性が眩しくみえた。いつか日本にも遊びにきてほしい。ふたりの生きかたは、それぞれに輝いている。これからの先住民社会は、彼らの世代がつくっていくのだ。

## 塀のむこう

しばらくして、葬儀で再会したレイチェルから、以前お世話になったプエブロ族の友人が、職場の金を横領するという罪を犯してしまった、との知らせを受けた。

彼女には弁護士を雇う余裕はない。予想される判決は短めに見積もっても懲役六〇年。もちろん、彼女の罪は重い。が、その六〇年間の年月が、数年でもいいから、どうにか短くならないものかと考えてしまう。

無事に出所したとしても、そのころには彼女は一〇〇歳を目前にしているはずだ。部族社会に帰ってこられるのだろうか。塀のむこう側でいったいどんな希望を見つけられるのだろうか。居留地に残された幼い子どもたちは、どうなってしまうのだろうか。

いまから一九年前、彼女がよく一緒に居留地のなかを歩いてくれたことを思いだした。彼女の家に行くと必ず、腹一杯になるまでごちそうでもてなしてくれた。

毎年春にアルバカーキでおこなわれる、全米で一番の規模のパウワウを、部族の人たちと見に行ったことがある。そのあとフォーティー・ナインという、こちらも全米一の規模である先住民の飲み会に、彼女をふくむ三人のプエブロ族の友人と参加した。

高速道路の下の広大な広場には、六〇〇人以上の先住民がいた。月明かりに照らされて、幻想的だったが、ほぼ全員が酔っぱらっている。ドラムを叩いているグループがふたつ、満天の星空にむけてビートをきざみつづけている。

プエブロの女性たちといたためか、ナンパ目的で近寄ってきたナバホ族の男たちが、からんできた。彼らは一様にかなり泥酔している。

「どこの部族の人間だ。ナバホじゃないなら、金をだせ。逆らったら殺すぞ」

ポケットのなかには、なにかが潜んでいそうだった。凄みかたが半端じゃない。すかさず、わたしが「嫌だ」と拒否すると、ナバホ族だけでなく、アパッチ族、ズニ族の男性が加わり、その輪はどんどん大きくなっていった。袋だたきにあいそうな険悪な雰囲気だ。普段仲の悪い部族でも、こういうときの同盟結成はすばやい。

わたしは完全にびびってしまい、上着の内側に非常事態用に、飲みかけのビール瓶を握りしめていた。が、あまりの恐怖に震えが止まらず、ビールがシャツにこぼれ散った。そのときに、長い髪のナバホ族の女性に頼んで、わたしを救ってくれたのが彼女だった。

彼女がつれてきたナバホ族の女性は、闇夜のなかでさえ、端正な顔立ちであることがはっきりと見てとれるほどの美人だったが、なぜか下着姿だった。まわりの男どもの関心は一瞬にしてその娘に注がれた。彼女はしばらく男たちを誘惑していたが、やがてその場をあとにした。命拾いをしたと胸をなでおろした。結局、わたしたちは、その会場に明け方までいた。

それから数カ月して、わたしを救ってくれた友人は家族と離れ、ひとりで大都市、アルバカーキに移住する。

「大学に行って勉強したい」

と願っていた彼女を待ち受けていたのは、教員による人種差別だった。期日前に論文を提出しても、受け取っていないといわれ、奨学金は打ち切られた。彼女は、居留地に帰ってきた。

しかし、都市部での暮らしを経験したあとの居留地での生活は、彼女には退屈だったのだろう。そのころの彼女のことはよく知らないが、よそ行きの服を着てクルマに乗った彼女の姿をよく見かけたのを憶えている。

それからすこしして道ばたで会い、立ち話をした彼女は、別人のようにふっくらとしていた。あとから、部族の人たちから、彼女が妊娠中だときかされた。相手はべつの部族の男性だったが、彼は彼女が妊娠していることを知らないようだった。

その後、出産。数年たってから、子どもを連れてべつの男性と結婚した。相手はスパニッシュだった。文化のまったくちがうスパニッシュの社会で、彼女は奮闘していた。

彼女の結婚式にはでられなかったが、その数日前に開催された結婚を祝うダンス・パーティには、参加することができた。わたしの髪はぼさぼさで、よそ行きの服をもっていなかった。理髪師をしているジョアンの姉、ベティーに髪の毛を短く刈りこんでもらって、新品のシャツを借りて出席した。部族の人たちが一堂に会したパーティの最中に、強面の彼女の父親と、かなり若く見える母親に挨拶をした。

その後、居留地を訪ねたとき、バレーボールをしている彼女を目撃した。わたしは相手チームを応援していたので、あとで話そうと合図して、それっきりだった。

そんな思い出のある友人が、おそらく一生塀のなかというのは悲しい。二度と昔話ができない遠くに行ってしまったのだ。なにが彼女をそうさせたのか。貧困なのか、居留地の閉塞感なのか。わたしには答えがない。

彼女の状況が落ち着いたら、手紙を書こうと思っている。刑務所に収監された先住民に手紙を書くのは、はじめてのことではない。いずれは面会に行けることを願っている。

ダニエルの葬式から四カ月後、二〇一一年一月、マイナス二〇度になるほどの寒気がニューメキシコ州北部を覆った日、オケ・オウェンゲ・プエブロ族の「家族」を再訪した。ソーシの説教と、サンドラが「家族なのだから」とやさしくつぶやいたときの声を思いだしながら、わたしはノックをせずに、土壁の家屋についた木製のドアを開けた。

暖炉に薪がくべられた、あたたかい部屋のなかには、いくつもの笑顔が待っていた。

ダニエル・ワイナンス 1947-2010（1993年撮影）

# あとがき

先住民研究をはじめてから、今年で二〇年になる。

一七歳のときに中国西部、パキスタンへ伸びる砂漠の道に面した町、カシュガルのウイグル族居住区を訪れた。迫害を受けながらも、懸命に生きる彼らの姿に心を打たれ、ひとつの「国家」の貌《かお》とかたちに興味をもった。

その翌年、一八歳のときに、はじめてワシントン州にある先住民の居留地に行った。それ以来、いままでに訪れた部族は一〇〇を超えた。それでもまだまだ未知の部族のほうがはるかに多いのも、先住民研究の奥深さであり、醍醐味である。

つい先だってのある朝、ニューメキシコ州のピクリス・プエブロ族を訪ねる前に、チョクトー族の友人に手紙を書いていると、サン・カルロス・アパッチ族の友人から電話があった。それからたてつづけに、モハベ族、ダコタ族、オケ・オウェンゲ・プエブロ族の人たちから、携帯電話に連絡がきた。

その日の夕暮れどき、ピクリス・プエブロ族からの帰り道、オケ・オウェンゲ・プエブロ族の居留地に立ち寄った。すると、わたしがきていることを耳にしたサンタ・クララ・プエブロ族の知人から、寄ってくれ、との電話がきた。一日をふり返ってみて、この二〇年間のつきあいの重さを実感した。

居留地の友人宅の洗面所で、ずいぶん前に置き忘れていった、日本製のシャンプーを発見したりすると、長い年月のあいだに培われた絆のようなものに気づかされたりする。

長く研究をつづけていこう、という強い思いがあったわけではない。ただ、先住民の個人史や、居留地の社会問題、部族政府と州および連邦政府の関係を理解するのに時間がかかった。先住民の人びとと一緒に過ごした日々は、信頼関係を構築するために必要不可欠なものであったと思っているが、それにしても、なんともゆっくりした時の流れだった。

わたしを惹きつけるのは、先住民の人たちが生きる現在だが、そこから見えてくるのは、アメリカという大国に翻弄される部族の歴史でもあり、多民族社会のありかただった。そこには、イメージと現実のはざまで揺れる先住民の姿が映しだされている。

自分の好きなように、流されるように、ただただ先住民の人と一緒にいることを最優先し、いろいろなことに首をつっこむことをモットーに、時間だけを費やしてきた。

結果的に、離婚の相談にのり、ベビーシッターを任され、家の留守番をやり、結婚活動を後押しし、失踪《しっそう》した恋人探しに同行し、家族間の諍《いさか》いを仲裁し、アルコール依存症患者のいつ終わるともしれぬ繰りごとをきき、ドラッグの問題を抱える人の入院先をみつけ、進学相談や職探しにつきあうことになった。

どこまでが、おせっかいだったのかは、わからない。どんなときも必死だった。遠慮なくぶつかりあわない限り、先住民のことはわからない、と思っている。

先住民の人たちとの関わりを通じて、わたしはアメリカ社会の底辺で必死に生き抜こうとする人びとの苦しみ、そして希望を見つめてきた。彼らがぶつかる問題の大半は、貧困や差別が根源にあり、社会のあらゆる矛盾が彼らの苦しみに反映されているように思えた。

彼らの問題は、アメリカ社会全体が抱える闇となってひろがっている。それと同時に、わたしは彼らの日常のなかにほのかにみえる希望に癒やされ、勇気づけられてきた。


二〇〇九年四月から二年間、母校であるカリフォルニア大学バークレイ校に客員研究員としてもどった。その間、たくさんの部族の方々にお世話になった。在籍させてもらった同大学社会変革研究所や、古巣であるネイティブ・アメリカン学科のみなさんにも多大なご支援をいただいた。

本書執筆にあたり、一〇〇人以上の方にお話をきかせていただいた。とくにオケ・オウェンゲ・プエブロ族、ラグーナ・プエブロ族、ヘマス・プエブロ族、サント・ドミンゴ・プエブロ族、フォート・モハベ族、コロラド・リバー・インディアン部族、チェメウエビ族、ピノルビル・ポモ族、ヨケエヨ・ポモ族、ダコタ族、ミシシッピー・バンド・オブ・チョクトー族、ピクリス・プエブロ族、タオス・プエブロ族のみなさんには、調査の際に多大なる協力を得た。ありがとうございました。

なお、第一〇章に登場するダニエル・ワイナンスとその家族のことは、拙著『ぼくはアメリカを学んだ』（岩波ジュニア新書）でも紹介した。そのときは、事情があり仮名にしたが、本書では本名にしている。いつも家族のように接してくれる彼らのことを、心の支えにしている。

先住民をはじめとする、有色人種が直面する環境問題について研究している妻の徳子とは、調査旅行をともにし、さまざまな意見交換をしてきた。先住民社会についてもっとよく知ろうとすると、どうしても家族同士のつき合いが不可欠になる。急な来客や宿泊客がつづくこともよくあるが、どんなときも楽しんで協力してくれることに感謝している。

末尾になりましたが、本書執筆のきっかけは、大月書店編集部の西浩孝さんが拙著『ぼくはアメリカを学んだ』と『ネイティブ・アメリカン』（岩波新書）を読んで、その続編をつくりたいと提案してくださったからだ。企画から執筆の全行程において、的確なアドバイスをいただいた。心から御礼申し上げます。話をきかせてくださった部族の人びとの声が活字になり、読者のみなさんとのあらたな対話が生まれることが、とてもうれしい。

（文中、煩雑さをさけるため、敬称は略させていただきました。年齢と肩書きはインタビュー時のものです。）


これまでに出会ったすべての先住民のみなさんに感謝をこめて。

二〇一一年一〇月一日

鎌田　遵

初出一覧

第2章：「消えゆく希望――移民社会・米国は今（全六回）」二〇〇九年八月〜九月、共同通信社より配信

第3章：「『ブラック・オア・ホワイト』――人種の壁を越えて」『現代思想』二〇〇九年八月臨時増刊号（総特集＝マイケル・ジャクソン）

いずれも本書掲載にあたり、再取材し、大幅に加筆・修正をおこないました。

そのほかはすべて書き下ろしです。

# おもな参考文献


## 日本語文献

鎌田遵『ぼくはアメリカを学んだ』岩波ジュニア新書、2007年

――――『ネイティブ・アメリカン――先住民社会の現在』岩波新書、2009年

## 英語文献

Colson, Williams. *The Makah Indians : A Study of An Indian Tribe in Modern American Society*. Green Wood Press Publishers, 1977.

Cote, Charlotte. *Spirits of Our Whaling Ancestors : Revitalizing Makah and Nuu-chah-nulth Traditions*. University of Washington Press, 2010.

Guyette, Susan and David White. "Tourism, Difference, and Power in the Borderland," in *The Culture of Tourism, the Tourism of Culture* edited by Hal K. Rothman. University of New Mexico Press, 2003.

Martin, Chief Philip. *Chief : The Autobiography of Chief Philip Martin, Longtime Tribal Leader, Mississippi Band of Choctaw Indians*. Quil Ridge Press, 2009.

Mississippi Band of Choctaw Indians Office of the Tribal Miko. *Tribal Profile*. Mississippi Band of Choctaw Indians Office of the Tribal Miko, 2008.

Anderson, Gary C. *The Little Crow : The Spokesman for the Sioux*. Minnesota Historical Society Press, 1986.

Pinoleville Pomo Nation. *Pinoleville Pomo Nation*. Ukiah, CA, nd.

Smith, Andrea. *Conquest : Sexual Violence and American Indian Genocide*. South End Press, 2005.

Swan, James G. *The Indians of Cape Flattery, at the Entrance to the Strait of Fuca, Washington Territory*. Smithsonian Institution Publication, 1870.

Waterman, T. T. *The Whaling Equipment of the Makah Indians*. University of Washington Publications, 1920.

## オンライン資料（すべて2011年７月に閲覧）

Kilpatrick, Judith. "Christopher Columbus Mercer Jr.(1924-)." The Encyclopedia of Arkansas History & Culture. 〈http://encyclopediaofarkansas.net/encyclopedia/entry-detail.aspx?entryID=734〉

Little Earth of United Tribes. "About Us." 〈http://www.littleearth.org/mura/default/index.cfm/about-us/〉
Mendocino Winegrape & Wine Commission. "Press Fact." 〈http://www.mendowine.com/media/media-kit.php〉
Mississippi Band of Choctaw Indians. 〈http://www.choctaw.org/〉
National Council of American Indians. "Methamphetamine in Indian Country：An American Problem uniquely affecting Indian Country Creative Tribal Solutions."〈http://www.ncai.org/ncai/Meth/Meth_in_Indian_Country_and_Creative_Tribal_Solutions_July.pdf〉
National Indian Gaming Association. "The Economic Impact of Indian Gaming in 2009." 〈http://www.indiangaming.org/info/NIGA_2009_Economic_Impact_Report.pdf〉
National Indian Gaming Commission. 〈http://www.nigc.gov/〉
National Park Service. "National Nagpra Frequently Asked Questions." 〈http://www.nps.gov/nagpra/FAQ/INDEX.HTM〉
The Tachi Yokut Tribe. "Tachi Yokut History." 〈http://www.tachi-yokut.com/history2.html〉
US Census Bureau. "2010 Demographic Profile Data." 〈http://factfinder2.census.gov/faces/tableservices/jsf/pages/productview.xhtml?pid=DEC_10_DP_DPDP1&prodType=table〉

## 新聞記事

*Albuquerque Journal*
Smith, Brendan. "Pueblo asks Supreme Court to halt mine's growth." (October 25, 2001)
*Christian Science Monitor*
Mason, M. S.. "Hotel ownership brightens Picuris Indians' future." (April 14, 1992)
*The Seattle Times*
Mapes, Lynda V. "Police-shooting victim 'struggled with a lot of things'." (September 1, 2010)
*US Federal News*
"Information issued by U.S. Attorney's Office for Arizona on July 8：Parker women sentenced for shooting victim in her home." (July 8, 2008)
"Parker man pleads guilty to second-degree murder for killing former girlfriend."

（July 1, 2009）
"Operation 'Alice in Wonderland' takes down Meth dealers in Indiana Country."（February 19, 2010）

### 連邦環境保護庁による文書と出版物

U.S. Environmental Protection Agency. "EPA awards over $100,000 to Picuris Pueblo."（December 19, 2007）
———. "EPA awards over $50,000 to the Pueblo of Picuris."（January 29, 2008）
———. "U.S. EPA honors 16 Northern and Central California environmental heroes."（April 14, 2008）

著者　鎌田 遵（かまた じゅん）
1972年東京都生まれ。亜細亜大学専任講師。カリフォルニア大学バークレイ校ネイティブ・アメリカン学科卒業。同大学大学院ロサンゼルス校アメリカン・インディアン学研究科修士課程修了。同大学院公共政策・社会調査研究所都市計画学研究科博士課程修了（都市計画学Ph.D.)。カリフォルニア大学バークレイ校社会変革研究所客員研究員(2009〜2011年)。専門は、アメリカ研究、アメリカ先住民研究、都市計画学。著書に、『「辺境」の抵抗——核廃棄物とアメリカ先住民の社会運動』（御茶の水書房、2006年、アメリカ学会清水博賞受賞)、『ぼくはアメリカを学んだ』（岩波ジュニア新書、2007年)、『ネイティブ・アメリカン——先住民社会の現在』（岩波新書、2009年）などがある。その他、「連帯とサステイナビリティ——モハベ族の闘い」（木村武史編著『サステイナブルな社会を目指して』春風社、2008年)、「福島原発避難民を訪ねて」（石橋克彦編『原発を終わらせる』岩波新書、2011年）を執筆。

ドキュメント アメリカ先住民
あらたな歴史をきざむ民

2011年11月18日　第1刷発行

定価はカバーに
表示してあります

著　者　鎌　田　　遵

発行者　中　川　　進

〒113-0033 東京都文京区本郷2-11-9

発行所　株式会社　大　月　書　店

印刷　三晃印刷
製本　ブロケード

電話（代表）03-3813-4651　FAX 03-3813-4656　振替 00130-7-16387
http://www.otsukishoten.co.jp/



ISBN978-4-272-33067-6　C0036　Printed in Japan

アメリカは変われるか？
立ち上がる市民たち！
堤未果著
四六判九六頁 本体一〇〇〇円

格差国家アメリカ
広がる貧困、つのる不平等
大塚秀之著
四六判二〇〇頁 本体一八〇〇円

アップタウン・キッズ
ニューヨーク・ハーレムの公営団地とストリート文化
ウィリアムズ他著
中村寛訳
四六判三二〇頁 本体三六〇〇円

アメリカと戦争 1775-2007
「意図せざる結果」の歴史
ヘイガン他著
高田馨里訳
四六判三二〇頁 本体二八〇〇円

大月書店刊
価格税別